씨네 폴리틱스

영 화 는 **다** 정 치 적 이 다

씨네 폴리틱스

– 영화는 다 정치적이다 –

박종성 지음

인간사랑

머/ 리/ 글/

그대, 아직도 영화 한편으로 메마른 눈물샘 기꺼이 터뜨릴 수 있는가. 차마 말 못 하던 슬픔, 이젠 한사코 뿌리치지 않으며 평생 간직할 자신일랑 생겨나는가.

웃음이란 아예 생각지도 않던 당신께서 그처럼 배 움켜잡고 뒹구는 까닭이란 정말이지 뭐란 말인가. 그만큼 행복하였고 그토록 진저리쳤으므로 세상 힐끗거리며 옷매무새 다시 고치는 이유도 정녕 믿을 수 있는 것일까.

이즈음 느닷없이 새삼스러워지는 물음 하나. 정말이지 영화는 사람을 바꿀 수 있는 걸까. 정말? 그렇담 어디까지?

소주나 마약보다 강하고 담배나 사랑보다 더 독한 위안의 열쇠가 극장 안에 숨어 있담 모를까, 이제 와 무슨 영화 타령이냐며 심드렁 눈 흘길 작정이라면 할 말은 없다. 하지만,

누군가 '죽음'으로 슬퍼졌고 그보다 더 싫었던 '이별' 때문에

황량해져 버린 마음이었던들 그마저 녹아버린 얼음처럼 기억의 쇠못으로만 박혀 있을 뿐, 따지자면 어느덧 오간 데 없는 일 아니었던가.

거짓처럼 사라진 아픔 위에서 이내 다시 울고 웃을 수 있는 일이 새로운 기막힘이자 희한한 행복의 스타트 라인이라면 문제는 그러나 달라진다.

울어서 더욱 영롱하고 한껏 빛날 슬픔이라면 펑펑 울도록 내버려 둘 것. 그래도 정녕 남아 있는 웃음이라면 웃다 죽더라도 끝내 모른 척할 것.

하여 기진맥진으로 쓰러져 재기의 가망이야 있든 없든, 가슴 속 저 밑바닥 침전물 하나 남기지 않고 울어재낄라 치면 눈물의 위력이야 그때 더욱 찬연히 막강해지는 일 아닐까.

가없는 웃음으로 다시 만나는 울음 역시 마찬가지리라. 그처럼 웃을 일 없으리라 다짐했건만 삶의 숲 속 빈터에서 잠시 만난 영화 한편이 저리도 티 없이 까르륵거리도록 희열의 절벽 끝까지 우리를 밀어버릴 일이었다면 교만의 사슬이야말로 진작 끊을 일 아니었을까.

더 없는 웃음으로 눈물을 닦든, 더 이상 내지를 탄식도 함성도 없이 기쁨을 예약하든, 그래서 기쁨과 슬픔이 서로를 불러내고 달래주는 순간들이 기적처럼 다가옴을 몸서리치도록 확인할 일이다.

눈물과 미소의 정치학이 힘을 얻는 모멘트가 하필 영화로 인해 본격화한다면 이제 어쩔 일인가. 아니, 그것이 대책 없는 공포와 처연함으로 단 한 발짝 문밖을 향하지도 못할 호러의 엄습 때문이었다면 필름은 구태여 플라톤이나 헤겔보다 몇 발짝 더 가까이 있는 두려운 권력이 되는 건 아닐는지.

숨 막히도록 무거운 사상과 철학의 족쇄도 가뿐히 들어올리는 새로운 감동이라는 게 유독 영화에서 우러나오는 나날도 이젠 지겹도록 쌓이지 않았는가. 그것으로 역사를 농하고 그로써 정치를 욕하는 세상 아닌가. 그래서 정말이지 견딜 수 없도록 가벼워진 모두는 다시 불평등해질까 안달하고 누군가 또 우릴 옥죄어 다시 불행해지지나 않을까 쓸데없이 염려하기도 한다.

그러나 영화가 시대의 권력이자 교사이며 곧 꿈의 공장에서 만들어지는 역사의 솜사탕임을 뉘라 모를까. 어디 그뿐이랴. 영화는 어느덧 상품(movie)이자 예술(cinema)이며 정치(film)인 것을.

하지만 이 묘한 다중성의 매력이 풍기는 지분(脂粉) 냄새 궁금하여 다시 덤벼들 일은 아니었다. 거기서 좀 더 들어가야 할 까닭은 따로 있었다.

영화는 여전히 오락과 이음동어이며 한없이 가볍거나 무책임해도 좋은 양 시대의 '새털'처럼 세상 속을 떠다니고 있다는 점. 영화는 허구이자 비현실이며 어디든 누구든 함께 동반 · 교류할 모순의 전능함으로 스스로 꾸미고 홀로 자랑하려 든다는 점. 영화는 무엇이든 담고 언제든 버릴 수 있는 뚜껑 없는 혼합 용기이며, 이내 삶과 죽음의 경계를 함부로 넘나들 이승의 무한 특권을 독점한다는 점.

그러나 이는 어처구니없는 편견의 항목들이다. 적어도 잘못된 믿음의 라벨들로 늘러붙은 인식의 고가구부터 폐기할 것. 영화를 마치 문화와 예술의 치외법권 지대인 양 오인하는 저 창연한 생각의 설합(舌盒)부터 이제 기꺼이 내다버릴 것. 우선 그것이었다.

하여 다시 분명히 해야 할 점은 영화가 담는 진지함이란 대체 무엇인지에 관한 생각들이다. 그렇다고 결코 한없이 무겁거나 까다로운 메시지들로 목 졸라 인식의 자유부터 말살하려는 새로운 사슬이 영화가 감춰놓은 '뒤뜰의 흉기'라 오해하진 말자. 어차피 현실은 영화보다 더 가혹하고 필름 속 넘쳐나는 피고름보다 더 선연한 통증으로 인간을 휘갈기는 악마의 도가니니까. 믿을 인간이란 어디에도 없으며 기대고 안길 사랑이란 '것'도 구원을 꿈꾸는 척, 늘 슬픈 표정 익숙한 이들이 파놓은 무지갯빛 '덫'이었으니까.

아니, 그걸 고스란히 숨긴 채 천연스레 커튼 열어젖히며 얼굴 쳐드는 그 억센 이름이란 바로 '현실' 아니었는가. 아득하고 참담하여도 그나마 헤치고 버틸 여력이 생겨나는 까닭이야 사람마다 다르리라. 다만 백분(百分)의 시간쯤, 아니 그보다 좀 더 오래도록 스크린에 빨려들어 '죽다 살다' 다시금 세상으로 되돌아 올 영화가 있어 그래도 행복한 건 이승의 축복 가운데 하나 아닐까(기어코 영화는 아니라며 도리질하는 사람들일랑 빼고).

불 끄고 문 닫고 숨죽여 앞만 쳐다보는 방식이든, 비껴 누워 바라보다 이내 코골고 자는 기형의 경로로든 나 대신 죽어주고 사랑마저 해주는 사람 있어 그만큼만이라도 기분 좋았다면 영화는 이제 거기서 장렬히 전사해도 무방한 것 아닐까. 그대로 기꺼이 족하고 말.

보고 느낀 만큼만 행복하게 해주었다면 영화의 파괴력은 극장 문턱을 넘지 못하였을 것이다. 기대 이상의 상상과 경험을 대신하는 움직임이 종횡무진 펼쳐져 더 크고 넓은, 그리고 막강한 이미지를 재생산해낼 밑그림을 시도 때도 없이 토해내는 기운이 그 안에서 화수분처럼 샘솟아 지난 세월은 기쁘지 않았던가.

현실이 영화보다 한참이나 가혹한 까닭은 그럼 뭘까. 메마르게 자조(自嘲)하자면, 그건 극장 문을 나서도 꾸역꾸역 살아야만 한다는 주문 때문이 아닐까. 아니, 한사코 살아내야만 한다는, 어쩌면 그냥 살아질지도 모를 나날을 역겹고 퍼석거려도 견뎌야 할 의무가 우릴 환장(換腸)의 시간 속으로 인도할지니.

영화가 현실보다 더 현실적일 때, 그래서 화면 속 저 남자, 그 여자가 바로 '내 애기' 로 둔갑해 버릴 때 박스 오피스는 어차피 붐비고 있었다. 게다가 현실이 영화보다 더 영화적으로 열려 살맛나는 세상으로 동공을 터뜨리던 날, 그냥 그대로 엎어져 코 박고 죽어도 좋을 것만 같았던 우리 젊은 날들은 마냥 기쁘기만 하지 않았었는지.

둘 사이가 갈등하고 밀쳐낼 까닭이야 어딘들 없었다. 싸운 적도, 미워할 리도 서로 없는 '둘' 이 주고받는 건 어차피 고상하게 불러 '영향력' 이란 어휘의 기묘한 힘이었으니까.

서로가 서로를 가르치려 덤빌 때 둘은 서먹하기도 했다. 다만 이제는 같이 가야 할, 서로가 '거울' 이며 '족쇄' 임을 알아차린 기연(奇緣)의 나날들 뒤로 훌쩍 커져버린 정치적 폭발력만 애써 누르며 또 숨기고 있었다.

영화는 분명 '정치적' 이다. 울리고 웃기는 정치력만이 아니라 만나고 갈라서게 하며 때로 헐떡이면서 탐하다 냉정하게 마주 앉는 유인의 협상력도 영화는 발휘한다. 정녕 마물처럼 귀신처럼.

본 만큼, 아니 그 이상으로 휘어잡고 비트는 저 마력의 기운을 다시 매력이라고 다듬든 말든, 일단 맛본 영화의 정치력을 뉘라 지우고 무엇으로 묶게 만들 것인가. 아니 될 일이다. 애당초 그건.

그러나 기이하게도 이 나라에서 영화의 정치력이 미치지 못하는 한 군데 여백은 따로 있었다. 다른 곳 다 비추고 다른 이들은 모조리 휘어잡고도 그들이 사는 그곳만큼은 감독 뜻대로 물들이지 못한 별난 구역. 그래서 감독이 끝내 권력자가 되지 못하고 현장의 독재자로만 남아 있어야 했던 숨은 사연의 텃밭.

유독 정치적인 대표 매체로 이 땅의 영화가 자기 정치력을 (직업)정치 그 자체에 직접 투사하지 못한 무능의 대가는 생각보다 혹독했다. 왜 그랬을까. 다시 정리해 보자. 그 무엇보다 '정치적인' 영화가 막상 '정치'의 세계 앞에선 입 다물고 뒷짐 진 채 곁눈질로만 팔짱 낀 자신의 처지를 변명하고야 말았던 지난 속내의 껍데기들을.

언어의 유희나 담론의 대칭성을 즐기려 꺼내는 말이 아니다. '현실보다 더 현실적인 영화는 극도로 정치적이되, 정치적인 영화는 정치영화로 뿌리내리지 못하고 영화보다 더 영화적인 정치현실의 주변을 맴도는 정치적 고뇌의 숨은 주체로만 왜 남아 있으려 하는 것'인지.

두려움? 경계? 거리두기? 예술적 점잖음? 상업적 기민성? 건설적 공조? 전략적 공생? 의연함을 가장한 무관심? 더러움과 비루함의 적극적 기피? 문화적 자기정화? 호방하게 얻기보다 잃을 것을 먼저 염려하는 합리적 선택의 강화?

변명의 목소리조차 언제 어느 땐들 영화의 공급 진영에서 크게 추동되진 않고 있었다. 뭉쳐서 돌파해야 할 타깃 치고는 너무나 추상적이고 당장 들어 올려야 할 현실의 무쇠 솥은 나날이 따로 버겁기만 하였기 때문이다. 여기가 거기보다 더 급하다는 핑계. 내려놓긴 늦었고 단숨에 들어올리긴 또 힘에 부치는 현실의 장벽을 평소의 정치력으로 뚫기란 역부족이었다.

정녕코 통렬히, 그리고 싸움답게 끝낼 제도 권력과의 '한판'이었다면 기왕의 정치력 또한 튼실히 기를 일이었다. 그리고 권력의 외피 안에서 으르렁거리던 오만한 정치와 편견에 찌든 폭력과도 진작 맞붙을 일이었다.

대들다 말 일이었다면 나서지도 말 일이었으리라. 권력이 폭력의 암내 숨기며 영화를 옥죄고자 할 때, 소문만으로도 무서운 정치영화 한편으로 탐욕과 기갈(飢渴)의 속내는 진작 그리고 무참히 깨버릴 일 아니었을까. 백분이 버거웠다면 그 절반의 '런닝(running)'만으로도 영화를 향한 저들의 총구와 가늠자의 긴장은 제풀에 꺾어버렸어야 할 일 아니었겠는가 말이다.

짧아도 역사가 스며 있고 조용해도 함성의 곳곳 누비는 공포의 정치영화 한편이 저 많고 많은 멜로와 액션과 사랑의 아카이브 어느 한 구석에선들, 먼지 뒤집어쓰고 위력을 떨치는 일 한번 일어나지 않았던 까닭을 우리는 뭘로 헤아려야 하는 걸까.

누르면 밟히고 말 대상이라고 저들이 인식할 것이었다면 최소한, 장인(匠人)은 자존의 계층이며 전(前)근대의 두려운 광대들이라고 생각하게 할 일이었을 것이다. 하여 누구도 범접치 못할 대상들로.

세상 바꿔 보겠다고 길나선 혁명가와 영화감독이 동격으로 인식되던 시절도 있긴 있었다. 그건 혁명의 시나리오를 완수할 수 있다는 믿음과 비록 허구지만 그럴 수도 있을 것이라며 보아주던 숱한 관객들의 환호 때문에 가능했을 터였다.

현실이 영화보다 더 드라마틱하거나 영화가 현실보다 더 리얼할 때 세상은 살맛나는 공간으로 순간 크게 보인다. 그러나 그런 순간이 삶 속에서 얼마나 지속될는지 얘기할 필요는 없으리라. 아무리 잡아 늘리려 해도 '그건' 영화 한편 끝나도록 지탱할 리 만무니까.

고통의 현실을 조금이라도 가볍게 하고 지금보다 나은 세상 만들 책임이 정치의 몫으로 돌아간다는 데 뉘라 반대하랴. 그런데 어쩌랴. 영화는 그때마저도 현실을 조롱하며 정치와 지근거리로 존재하는 것을.

되풀이하건대, 그들이 그렇게 나란히 자리하고 있다는 걸 밝히려고 책까지 만들 생각은 아니었다. 그들 사이의 모종의 긴장, 그것이었다.

정치는 현실 개선의 최종 수단이 아니라 '오늘'이란 이름의 쓰레기통 뚜껑 위에 '악의 꽃'으로 존재한다는 사실. 사라져야 할 장식물임에도 사라질 리 없게 된 모순의 현실. 그걸 묘사할 수단은 더 이상 '말'도, 단순한 '활자매체'도 아니라는 저 기이함. 영화는 여기서 현실 모순을 공박하는 최강의 무기일 수 있다는 점. 이들이 맞부딪치며 빚어내는 갈등과 긴장이 어떤 방식으로 체계화될 수 있는지가 작업을 지탱하게 한 동력이었다.

이 나라에 영화가 왜 있는 건지 그것도 새삼 궁금하였다. 그러려면 정작 영화 속으로 뛰어들어야 했건만 곁에서도 보이는 이치는 따로 있었다. 정치는 무엇 때문에 '횡행하는지' 그 속내 들여다 보자

둘을 잇는 통로는 넓게 뚫려 있었다. 하지만 그 안에 긴장의 역사가 따로 있는지는 새로 파고들어야 할 문제였다.

정치가 현실을 망친 최악의 도구라는 '희극'을 진짜 '비극'으로 묘사할 임무는 고스란히 영화로 넘겨진다. 이같은 시대로 진입한 지도 벌써 오래다. 그러나 이 땅의 영화사가 그만한 저력을 담보하는지는 회의적이다. 영화는 영화로만 존재하고 정치는 정치로만 지탱하는 나라 상황도 단숨에 뒤바뀔 조짐은 없다.

모두가 권력을 향해 게걸스레 침 흘리고 있건만 얼굴만은 그게 아닌 듯 도리질하며 알량한 위엄과 도덕의 미농지(美濃紙) 아래 겨우겨우 버티려는 '그들'의 조국은 그러나 불안하기 짝 없는 나날들이다. 모두가 곁눈질하며 면도날 위를 달리면서도 베이고 피 흘린 기억이나 피고름 응어리진 가슴 속 추억일랑 시치미로 씻어내고 있다. 색다른 탐욕의 메뉴를 찾은 후 오로지 서바이벌. 그것을 위하여.

그래도 묻고 또 만들어야 한다. 권력의 허구와 영상의 충격이 서로 마주할 자리는 어디서 어떻게 마련할 것인지 고민하며 말이다. 하여 얻을 것은 '사랑'이며 공박할 것은 허구의 '권력'임을 다시 분명히 해두기로 하자.

'그런 영화'가 있다는 걸 실제 확인하기까지 그 역시 권력에 불과했다는 걸 확인하는 데 오랜 시간이 걸린 건 아이러니였다. 그러나 '그런 영화'를 보지 못하게, 만들지 못하게 한 또 다른 힘과 싸워야 할 책무가 모두에게 있다는 사실을 깨닫기까진 그리 오래 걸리지 않았다. '보기 전'까진 말하지 말 것. 만들기 전까진 '판단유보'할 것.

『정치와 영화』를 쓴 지 10년 만에 다시 찾은 British Film Institute

는 변함없었다. 영화연구에서 자료라는 게 뭔지 온몸으로 가르쳐 준 데이빗 샤프(David Sharp)와 숀 딜레이니(Sean Delaney). 끝내 얼굴 없이 통계로만 필자를 이끈 나타샤 페어번(Natasha Fairbairn). 철지난 주제에는 왜 매달리는지 의아해하면서도 끝내 불같이 도와준 케이트 스테이블즈(Kate Stables). 자기는 프로페서도 티쳐도 아니라며 굵은 목소리로 허리 낮추던 로라 멀비(Laura Mulvey).

케이트와 로라는 이제 그곳을 떠났지만 글의 출발은 그들 없이 힘겨웠다. 데이빗과 숀, 나타샤의 마무리 도움이 없었던들 제 모습 갖출 수도 없었다. 게다가 책 하나 만드는 데 전부를 거는 홍성례 · 윤영옥 씨 아니었던들 '꼴'은 이루어지지 않았을 것이다.

대륙의 다른 극점에 서서 하 많고 많은 직업 가운데 '영화연구'와 '책 만들기'로 자신을 아로 새기는 이들은 곧 정성과 꿈의 결합이 어떻게 가능한지 시계처럼 보여주고 있었다.

여전히 남는 문제는 저 숱한 영화들을 하염없이 '보고만 있을' 것인지, 아니면 기어이 '만들 것'인지로 모아진다.

2008. 9.

지은이 **박종성 씀**

Contents

차례

표 차례

그림 차례

I

정치영화와 정치적인 영화

1
정치영화 없는 나라의 정치적인 영화
욕(辱)과 농(弄)의 결탁

일정한 목표를 이루기 위해 사람들을 동원하고 지속적으로 설득하는 행위를 흔히 '정치'라 부른다. 그것이 자유든 민주든 혹은 이를 빙자한 권력 그 자체든 이같은 의도로 타인을 이끌며 그리로 가야 한다고 외치는 일들 모두를 포함해 말이다. 아주 좁혀 말하면 진짜 속마음일랑 꼭꼭 숨겨둔 채 거창한 명분으로 둘러대는 모든 합리화가 바로 정치인 셈이다. 그렇다면 지상의 모든 거룩한 슬로건과 고상한 구호들도 그것이 내거는 말과 속셈은 분명 다를 수밖에 없다.

왜 정치영화까지 필요한 세상이 되었을까. 영화마저 정치를 거론하고 정치적인 것들에 관심 두어야 할 이유는 따로 있는 걸까.[1] 이런 영화가 필요했다면 그 시기는 진작 당겨져야 했던 게 아닐까. 영화감독들도 속마음 은폐한 채 온 세상 관객들을 이끌고 뭔가 이루려

부르짖고 싶었던 정치적 콘텐츠야 진작부터 있지 않았겠는가. 권력이 약속한 대로 정의의 젖과 민주의 꿀이 강처럼 흐르는 세상이었다면 종교와 정치가 무슨 필요 있었을 것이며 법조문과 감옥 역시 늘어날 리 있었겠는가. 예술도 아름다움만 구가했을 터이고 아픔과 슬픔, 분노와 배반을 작가들이 노래할 이유조차 별로 없었을 것이다.

끝없는 배반과 약속 불이행, 계속되는 좌절과 저항의 역사는 그러나 얘길 다르게 만들었다. 역사의 극적 변화가 마치 지진 폭발이나 화산의 분출처럼 자주 반복되는 나라였더라면 세상 질서의 변화도 크게 달랐을 것이다. 아래로부터 위를 향한 변화의 모습이나 주체적 행동양식도 달랐을 터이고 질서의 전복이 던져주는 그림도 과거와는 차이가 났을 것이다. 하지만 흐르는 물살에 부초(浮草)처럼 떠다니며 '혁명'이란 꼬리표를 붙일 가망일랑 꿈꾸지 못한 채 삶이란 '그저 살아남음'에 지나지 않음을 재확인하기만 하는 나라의 문화란 남다를 수밖에 없었다.

이런 나라에서도 이젠 영화마저 새로운 권력의 원천이 되어 가고 있다. 모두가 전사이며 투사가 되어 거리로 뛰쳐나갈 만큼 용감해졌기에 감독도 정치권력의 과오와 약속 위반에 핏대 올리며 대드는 일이 전혀 이상스러울 리 없게 된 것이다. 영화의 정치화는 그래서 전혀 문제가 되지 않는다. 다만 차분히 따져볼 일들 몇 가지가 있다.

---

1) 박종성, "한국 정치의 영화적 해석과 한국 영화의 정치적 이해 : 영화정치학 시론," 서원대학교 사회과학연구소(편), 『사회과학연구』 제14집(2001), p. 87.

그건 뭘까.

혁명 없는 시대에, 아니 혁명 없던 나라에 왜 하필 이제 와 감독마저 흥분하는지, 그리고 지금이라도 분노하며 다가서는 앵글의 각도가 제대로 맞춰진 것인지 되새겨 볼 일이다. 하지만 우리의 뒤늦은 대듦과 뒤처진 화(火)냄과 지체된 영화의 정치화 앞에서 더 이상 정치영화의 가없는 빈곤을 탓하거나 자학하진 말자. 이제라도 만든다면, 아니 만들어 보자고 힘 모을 것이면 뭘 담을 건지 그게 문제니 말이다. 영화가 저항의 강력한 도구이자 무서운 비판수단임을 이 땅의 감독들인들 왜 몰랐으랴. 솔직히 되돌아보면 몰랐던 게 아니라 그저 모른 척했을 뿐이다. 유감스럽지만 이 나라 영화의 중추는 폭력을 감춘 정치권력의 폐부에 이유 있는 항변과 매력적 공격의 화살을 퍼붓지 못했다. 두려워 못 했든 그렇게 하고픈 의지가 없었든[2] 그나마 영화의 정치성을 드러낼 가장 안전하고 흥미로운 대피소는 이 땅의 역사였다.[3]

영화가 정치현실을 향해 곧바로 앵글을 고정시키지 못하고 대신 가버린 역사에 숨어들며 과거를 어루만지는 동안 필름으로 날아들 돌팔매는 그만큼 줄어들고 있었다. 따져 보자면 이 땅의 영화가

2) 최지향, "현대사 영화 쏟아지지만 정통 정치물은 아직 없어,"《한국일보》05/01/22, (26)면.

3) 박종성, "정치가 포위한 영화, 영화보다 재미없는 정치 : 한국 영화문화의 '빈터'는 어디인가," 한국 영화문화정책연구소 주최/한국영상자료원 · 강제규 필름 후원 〈제9회 한국 영화문화세미나〉 발제논문, 04/11/09, p. 11.

용감하지 못했던 이유야 얼마든지 확인되지 않는가. 그럼에도 불구하고 흘러간 세월 속에서 정치를 길어올리고 역사를 섞는 감독들 생각 속엔 뭐가 깃들어 있을까.

> 있었던 일들 다시 사건화하기. 픽션의 틀 안에 가둘망정 죽고 죽이는 관계 다시 만들기. 가설과 회고 속에서 역사적 상상과 재현 거듭하기. 표현의 극한과 은밀한 자기 주장 사이에서 교묘히 부르짖다 도망가기.

이같은 작업들이 자주 반복되는 걸 반갑게 바라볼 수만 없는 이유는 따로 또 있다.

> 직업 정치인들이 저지르는 극도의 인물 중심성과 카리스마적 리더십 의존(혹은 追隨). 스타 시스템 없인 홀로 지탱 못할 연출구조. 역사를 다루되 정작 역사는 사라지고 주연 배우만 홀로 남아 빛나고 마는 감동의 파편화.[4] 원작과 각색의 틈바구니에서 작가주의의 정치적 극대화를 노리는 감독들의 합리적 선택.

변수의 나열 이전에 짚어야 할 증세는 이미 심각한 병으로 발전 중이다. 어쩌자고 우리 영화는 역사의 바다에서 소재를 빌리고 그걸

4) 임근혜, "한국 영화, 고사 위기의 음반 · 출판 전철 밟나?," 『신동아』 통권541호, 04/10, pp. 552–559.

정치로 포장하되 한결같은 욕설의 그물을 스스로 뚫지 못하는 걸까. '씨바' 와 '씨방새', '니미' 와 '좆빵새', 아예 둘 다 합쳐 '니기미 씨발' 을 빼면 대사구조의 기본은 대관절 왜 지탱하기 어려운 걸까. 비록 저 막강한 티켓 구입원으로 10대들이 세력화했을망정, 기왕의 영화적 가벼움이 양아치와 코미디 문화에 다시 눌리고 순정과 여성 취향의 정치전략에서 한 발짝도 못 나갈 만큼 함정에 갇혀 헤매는 모습은 대관절 무엇으로 깰 것인가.

「실미도」가 불러일으킨 역사적 처연함과 정치적 분노도 쉴 새 없이 터져 나오는 설경구의 욕 앞에선 힘을 잃는다. 「그때 그 사람들」이 몰고 온 그날 하룻밤 파노라마도 가없이 내뱉는 한석규의 원색적 넋두리 앞에선 그저 무색할 뿐 온전한 감상은 힘들다. 그러나 저러나 대체 그 대사들은 시나리오에도 그러라고 들어 있었던 걸까. 총알 빗발치며 셀 수 없는 형형색색 폭탄들이 터져댔어도 한국전쟁은 정말이지 장동건과 원빈의 부릅뜬 두 눈보다 더 들여다 볼 필요 없는 역사적 사건이었을까.

설령 전면(前面)에서 정치를 다루지 못하여 대신 숨어든 곳이 역사였다 해도 한국 영화는 탈역사화의 와중에서도 진정성 하나만큼은 잃지 말아야 했다. 지금도 끝없이 욕해대는 이 땅의 감독들과 배우 앞에서 이 나라 역사는 대관절 무엇이며 이 땅의 정치는 또 뭐란 말인가. 무엇을 할 것인가. 아니, 어느 혁명가의 어법을 빌려 이 나라 정치영화 제작에서 긴급한 과제는 뭘까. 이 물음은 또 다른 반문으로 거듭나지 않을까. 역사가 행동을 요구할 때 침묵으로 일관해 온 게 우리였다면 정치영화는 진작 필요하지 않았을까. 조선이 저렇게 망하고 강점기가 저 같은 모습으로 사라졌어도 「실미도」는 서슬 푸르고 푸르던 그 시절에, 그리고 「그때 그 사람들」은 박정희 죽자마자 나왔어야 했던 게 아닌가[5] 말이다.

이제라도 만든 걸 대견해해야 하는가, 아니면 당대의 침묵을 다시 단죄해야 하는가. 어떤 물음으로든 다시 말 바꿔 채근해대도 모두가 각인헤야 할 새삼스런 사실은 영화가 갖는 앞으로의 책임 크기다. 영화가 엔터테인먼트의 도구만으로 스스로 만족하는 시대는 이제 갔다. 영화가 떠안아야 할 책무는 문화예술을 넘어 사회교육 차원으로 확장되었고, 나아가 정치계몽과 비판영역으로까지 뻗어나가는 중이다. 굳이 마이클 무어를 인용하지 않더라도 오늘의 영화가 정치권력의 과오와 폭력을 공격적으로 천착하는 자세는 눈여겨 보아야 한다. 영화는 시대의 투쟁을 외면할 수 없고 또 그래서도 안 되는 이유를 충분히 갖는다. 감독들은 작품으로 정치를 말하고 관객들의 역사적 책임을 가르치며 전파해야 할 역할을 장담할 수 있어야 한다.

이같은 문제를 제작진이 새삼 유념할 때 문화적 빈정거림이나 현란한 언어의 잔치쯤으로 현실 모순을 적절히 뭉개버리려는 예술적 무책임도 사라질 채비 갖추리라. 적당히 농락하다 되돌릴 실험적 의지만으로 정치영화의 대안을 찾을 것이라면 차라리 혹독한 정치적 하드코어로 공격적 영화전선을 업그레이드시킬 일[6]이다. 되레 그

5) 살아 있을 때 만드는 것까진 그만두었더라도 말이다.

6) 박종성, 『포르노는 없다 : 권력에 대한 복잡한 반감의 표현』(일산 : 인간사랑,

길이 정치영화의 근력을 키우는 새로운 경로가 될 것이다. 저잣거리의 가벼운 농담이나 치기 어린 객담 정도로 치부하고 말기에 이 나라 정치현실은 너무나 암울하고 희화적이기 때문이다. 다시 또 이삼십 년 기다려 오늘의 우스꽝스런 모습을 비꼬기엔 당장의 정치 무능과 무책임 부피가 엄청나단 얘기다.

그러나 권력의 모순을 무자비하게 물어뜯으며 강호의 열혈관객들로부터 환호와 지지를 끌어낼 뱃심은 지금 과연 두둑하게 마련되어 있는가. 문제는 현 단계 한국 영화가 갖는 정치적 긴장 유발의 가능성 크기로 모아진다. 한국 영화는 스스로 정치화할 저력[7]으로 가득 차 있을까. 그 자존이 오히려 권력을 압도할 위력으로 커갈 때 정치영화를 예술영화의 한 하위영역쯤으로 오인하는 우스운 관행도 사라질 것이다.

적당히 벗고 어설프게 드러낸 다음 법의 이름으로 단죄되느니, 모조리 벗어버린 채 자신의 치부로 상대의 더러움을 공격하는 영화적 순수가 더 감동적인 일임을 어디 꼭 웅변으로만 대신할 일이겠는가. 스크린 쿼터 사수나 영화정책의 민주적 수립도 이 일의 성사 여부를 확인한 다음 다음에야 짚어볼 문제다. 잘 만든 영화 하나가 울림이 크고 또 오래도록 멀리 퍼져나가는 이치를 예서까지 다시 강조

2003) ; "아류와 비속의 성 정치학 : 황색매체의 편승전략과 소프트코어의 문화전술," 서원대학교 사회과학연구소(편), 『사회과학연구』 제15집(2002), pp. 13-14 참조.

7) 어수웅, " '정치영화' 인가, '영화정치' 인가," 《조선일보》 05/01/26, (A5)면.

할 필요는 없을 것이다.

그날이 올 때까지 우리가 정치영화라고 생각하는 작품들 모두는 사실 정치적인 영화로 그친다. 다시 분명히 해두자. 모든 정치영화는 역사영화일 수 있다. 그러나 역사영화 모두가 정치영화는 아니다. 뿐만 아니라 정치적인 영화가 곧 정치영화가 되는 건 더더욱 아니다. 비슷하다고 다 같은 건 아니기 때문이다. 영화는 이 땅에서 삶의 치열한 과정을 담아내는 처절한 목적가치로 작동하지 않는다. 하긴 영화야 재미있으면 그뿐, 그렇잖아도 머리 아픈 세상에 영화까지 심각하고 진지해야 할 이유야 없을는지 모른다. 하물며 영화가 정치적일 필요까지?

가벼움의 대명사로 통용되는 오늘의 영화문화 속에서 이같은 물음은 민망스럽다. 그러나 아무리 영화환경이 오염되었어도 이를 바꿀 주체는 영화 외에 아무 것도 없다. 여기서 영화는 스스로 제3세력의 입지를 잃는다. 뿐만 아니라 영화는 자신을 옥죄고 망쳐놓은 조건까지 새롭게 만들 저력을 안는다. 이 점에서 모든 영화는 정치적이다. 나아가 그 잠재력이 극대화될 소지마저 늘 보유한다.

여기서 모든 영화가 정치적이라 함은 제작과 유통 주체 혹은 능동적 관객들이 의도하는 일련의 목적성을 뜻한다. 이 말은 곧 모든 영화는 재미있으면 그뿐, 정치적일 필요까지는 없다는 반론이나 그와 비슷한 항변에 대해서도 똑같이 반복 적용된다. 뒤집어 표현하자면 영화는 왜 재미있어야 하는지에 화자가 명쾌히 답하지 못할 때 영화는 흥미와 오락성 충족이란 일련의 목적이나 그 정치적 동기로부터도 결코 자유롭지 못하다는 얘기다. '재미있어야 한다'는 주문이나 '돈 되어야 한다'는 타산이 작품성과 예술성에 늘 따라붙는 성가신 불문율이라 해도 영화에서 '흥미'란 한 발짝 도망 못 갈 자신의 존재이유가 된다.

필요와 욕망이 때로 탐욕과 공모하여 영화세계에도 투자와 구매동기가 일치하는 경제법칙이 통용되고 있음은 그러니까 전혀 이상한 일이 아니다. 아니 궁금한 일은 따로 있을 터이다. 영화의 정치성은 그렇다 치더라도 그 반대 경우 말이다. 영화보다 더욱 영화적인 요소로 가득한 정치현실 혹은 현실정치는 막상 영화세계에서 무엇으로 받아들여지는지 말이다. 이건 영화학의 일상 명제로 현실보다 더 현실적인 영화가 드라마보다 한층 드라마틱한 현실 앞에서 무엇으로 작동하는지의 원론적 질문과 그대로 맞닿는다. 허구의 세계보다 더 허구적인 세계가 존재한다면, 그래서 그 존재를 관념으로 인정하고 실제로 수용하는 게 드라마틱한 삶이라면 이 거짓 같은 드라마와 이를 연출하는 거대공간으로 국가와 세상 틀은 필름 안에 무엇으로 녹아들고 있을까.

정치의 영화성이 새삼 문제된다면 그건 너무 식상한 나머지 생긴 무관심이거나 아니면 그것마저 영화의 몫은 아닐 것이란 상상 사이에서 답을 찾아야 했을 일이다. 그러나 정말 그랬던 걸까. 이 땅의 정치와 영화 사이[8]엔 아무 일도 없었을까. 흥미와 자본의 출처를 향

8) 박종성, 『정치와 영화 : 영상의 지배전략과 권력의 계산』(일산 : 인간사랑, 1999), 제1장.

해 동물적 후각을 숨김 없이 발휘한 이 나라 영화지평에서 정치는 대체 어느 정도 거리에 자리하고 있었던 걸까. 영화가 정치를 피했던 걸까, 아니면 정치가 영화를 멀리했던 걸까. 굳이 그래야 할 이유가 있었다면 그 정치적 동기는 무엇이었을까. 모든 영화가 정치적이라면 이제는 정색을 하고 (정치적 영화가 아니라) 정치영화 그 자체에 관심을 가질 일이다. 정말이지 이 땅의 숱한 정치적 영화들과 얼마 안 되는 정치영화 사이에 건너지 못할 깊은 골은 왜 생겨난 걸까.

얼마나 많은 정치영화가 이 땅에서 제작되었는지보다 중요한 건 한국 정치가 영화로 어떻게 다루어졌는지 먼저 천착하는 일이다. 어차피 많지 않은 작품들 가운데 영화적 가능성을 찾는 일은 그 다음이다. 여기서 영상제작 주체의 정치적 비판(혹은 공격적 은유) 능력과 역사의식 표출은 특히 중요하다. 두 요소는 서로를 필요로 하며 동시성을 요구한다. 바꾸어 말해 역사의식 없이 정치비판은 불가능하며 정치적 비판의지 없이 역사의식은 동원할 수 없다.[9]

정치영화는 양자의 연계 위에서 다른 장르의 예술단위들과 인위적으로 매개되는 새로운 결과물이다. 정치영화를 제작하는 과정에서 감독이 발휘하는 역사의식의 변용, 즉 상상력 범주는 무제한적이다. 이때 역사의 실제와 역사 해석의 틈새에서 용납될 수 있는 탄력 정도는 물론 넓지 않다. 역사의 자의적 해석이나 임의 변조는 상당한 사회적 책임을 감수해야 하기 때문이다. 그러나 영상의 역사 개입과

9) 마르크 페로 지음 · 주경철 옮김, 『역사와 영화』(서울 : 까치, 1999).

이를 토대로 한 대중적 전파에서 실제 역사 사실에 지나치게 구속받을 필요는 없다. 왜냐하면 영화가 갖는 극적 효과를 굳이 강조하지 않아도 정치영화는 역사에 스스로를 얽매는 장르가 아니기 때문이다.

한국의 정치영화가 이같은 원론적 주문이나 엄격한 이론적 기준에 합당한지 여부는 아직 제기할 단계가 아니다. 해방 후 현대사까진 아직 본격적으로 다루지 못해도 왕조국가의 기본이나 그 변혁을 의식한 영화들과 몇몇 예외적 작품들이 제작된 건 그나마 고무적이었다. 아직은 약하지만 현대사의 굴곡과 그 속에 스민 폭력구조를 해부하고 그에 관한 대중적 호응을 끌어낼 조짐이 보이는 것도 바람직한 현상이다.

2

한국 영화감독의 역사의식

영화로 보는 근 · 현대 한국 정치

흔히 「누가 용의 발톱을 보았는가」(1991)를 정치영화의 출발점으로 보지만 강우석 이전까지 정치를 소재로 한 영화 만들기는 드물었고 또 그만큼 엉뚱했다. 여기서는 그 이후 간헐적으로 이어진 작품들의 정치성과 이를 읽어낼 토대로 시나리오 일부를 살펴보기로 한다. 특히 눈여겨 보아야 할 대목은 감독의 역사의식과 정치의식이 교차하는 방식이다. 그들 서로가 어떤 효과를 갖는지는 늘 일정한 관심 대상이 된다.

여기서는 장르 전 장르로 한국의 정치영화가 아직 자리 잡지 못한 단계에서도 안전하게 기댔던 역사영화와 사회적 리얼리즘 형식을 취하되 일정한 정치성을 드러낸 작품들에 주목하고자 한다.

2-1
박 종 원

역사영화와 정치영화 사이의 확연한 경계 구분은 어렵다. 특히 장르를 미리 정하고 만든다거나 유통과 관람 이후 제작 주체가 특정한 의도로 이를 주문하는 일도 없었던 점을 감안하면 이는 더더욱 쉽지 않다. 그러나 대부분의 정치영화는 사극형식을 빌리거나 그 틀 안에 담론의 대강을 녹여내고 있었다.

박종원은 이인화의 소설, 『영원한 제국』(1993)을 영화로 다시 상상하고 정치적으로 재해석한다. 조선 후기의 정치갈등을 다룬 기존 작품으로 임권택의 「개벽」 등 몇 가지가 있지만 박종원처럼 상상과 해석이 탄력적인 경우는 흔치 않다. 그는 정조조 조선의 정치적 한계와 군주의 고뇌를 각색의 축으로 삼되, 노론과 남인의 갈등을 그 위에 교차시켜 한국의 정치개혁이 부딪치는 현재적 모순까지 여유있게 끌어낸다. 다음 대목은 정치적 기득권의 반개혁적 사고를 드러내는 좋은 부분이다.

규장각 검서관(檢書官) 장종오가 금직 도중 변사한 사건을 내사하는 과정에서 대교 이인몽과 참의 정약용, 그리고 이들을 견제하는 좌상 심환지 사이에는 묘한 갈등 기류가 흐른다. 물론 역사 속에 다음처럼 긴장 어린 대화가 실재했었는지는 전혀 다른 문제지만 말이다.

〈「영원한 제국」/ 박종원(1993) 〉

[대교] 이인몽(조재현 扮) : 외람된 말씀이오나, 죽구 사는 일이 어찌 사람 마음대로 되는 일이옵니까?

[좌상] 심환지(최종원 扮) : 그리 해서 … ?

이인몽 : 게다가 질식사에도 여러 가지가 있는 것이 아니겠사옵니까?

[형조 대신] : 그게 무슨 말인고?

이인몽 : 제 말은 … .

[참의] 정약용(김명곤 扮) : (인몽을 만류하며) 으흠.

심환지 : 그 말두 일리가 있네, 어디 장종오 한 사람만의 죄이겠나? 주상께서 뿌리 없는 서얼 출신을 기용하신 잘못도 있네.

정약용 : 대감, 무슨 말씀을 하시는 것이옵니까?

심환지 : 또 주상께서 잘못하시는 것을 보고도 말리지 못한 우리 조정 대신

들의 죄 또한 없다 못하네. 정 참의와 이 대교는 수고 많았네. 그만 물러들 가시게.

정약용 : 예.

그러나 정조의 모습은 이같은 대신들의 알력과 아랑곳 없다. 그는 개혁과 혁명이 무엇을 뜻하는지, 아니 그 차이가 무엇인지까지 이미 감 잡은 듯하다. 이 대목에서 박종원의 작가주의는 빛을 발한다. 물론 다음 시나리오는 원작에도, 『조선왕조실록』 어디에도 적혀 있지 않지만 여기서 군주와 세자의 의연함이 무엇을 암시하는지는 충분히 상상할 수 있다.

개혁을 단행하려는 18세기 말, 수구파의 도전과 전면 저항에 부딪친 정조는 느닷없이 프랑스 혁명이 조선왕조에서 무엇을 의미하는지 되뇐다.

정조(안성기 扮) : (두 손 모두 안경을 쥐고 눈에 대려 하다 다시 탁자 위로 내리며) 이런 편리한 물건을 만들었다는 저 멀리 法國에서는 굶주린 백성들이 폭도화되어 저희 군왕과 왕비의 목을 베고 피로 피를 씻는 대학살이 계속되는 천하대란이라 한다.

세자(홍경인 扮) : 어찌하여 그런 참혹한 일이 다 생겨났사옵니까?

정조 : 임금과 신하의 분별이 무너져 임금이 임금답지 아니하여 강한 이는 대대손손 특권을 누리며 전횡을 일삼고 약한 이는 영영세세토록 핍박받아 눈물만 뿌리고 있으니 이 어찌 세상의 참된 질서라 할 수 있겠

느냐.

세자 : 하오면 지금 같은 때에 군왕은 어찌해야 하옵니까?

정조 : (안경으로 탁자를 두드리며) 강한 자를 억누르고 약한 자를 부축하여 탕탕평평한 땅의 이치를 쫓아야 하느니라. 그러기 위해 구악을 갈아엎고 끊임없이 유신을 해갈 때 비로소 우리는 이제껏 꿈꾸어 왔던 이상의 나라, 그것을 이룰 수 있느니라.

〈 호학의 군주가 안경까지 써야 했던 뜻을 노론은 두려워했을까 〉

부자지간에 나누는 대화가 실화인지는 별 의미가 없다. 이 문제는 영화적 상상을 통한 인식 단련과 관련이 없기 때문이다. 여기서 「영원한 제국(1994)」이 정치영화로 적합한 기능을 발휘할 수 있는 이유도 잘 변명되는 셈이다. 즉 영화는 단순한 역사사실을 복원하는 리얼리즘의 도구가 아니며 잊혀진 과거를 분명히 드러내는 한시적 장치는 더더욱 아니란 점 말이다.

> 개혁을 단행했어도 죽어야만 했던 타국의 왕과 자신의 처지를 대비하는 정조의 판단. 개혁과 관계없이 민중의 손에 살해당하는 왕의 나라와 개혁 자체가 진척되지 않는 조선의 차이.

이러한 비교론적 시각을 영상과 대사 속에 삽입할 때 관객의 객관적 판단은 더욱 쉬워진다. 그리고 실제의 역사학습보다 더 입체적인 인식도 가능하다. 역사를 역사로만 이해하지 않고 대신 영화를 통해 접근할 때 정치적 상상효과는 이처럼 흥미로울 수 있다.

영화에서 개혁과 수구가 부딪치는 미장센은 곳곳에 지뢰처럼 숨어 있다. 다음 두 대목의 시나리오를 통해 당대의 역사와 영화적 상상의 틈새를 헤집어 보자. 여기서 좌상의 능청과 주상의 추상(秋霜)은 무얼 말하고자 하는 걸까?

> 이조판서 : 에헴, 소생 대령했사옵니다.
>
> [좌상] 심환지 : (서필을 들여다 보며) 하, 하아 … 이 사람두 죽을 날이 멀지 않았군! 그 글씨 잘 쓰던 사람이 필세가 이렇게 떨어졌으니, 쯧쯧쯧쯧.
>
> 이판 : 대감, 존체 평안하시옵니까?
>
> 좌상 : 여보게 吏判!
>
> 이판 : 예.

좌상 : 가까이 드시게! (吏判 접근함) 사람이란 그저 늙으면 집안에 들어앉아 거문고와 술에 정을 붙여야 하는 건데 어쩌다 관직에 발을 들여 역사에 끌려다니다 보니 죽을 때까지 몸 고생, 마음 고생이지. (재떨이 두 번 두드리며) 내가 왜 이러고 있는 줄 아나? 앞으로 어떤 파란이 닥칠지 모르는 판인데 자넨 무슨 배짱으로 나 몰라라 하는 겐가?

이판 : 파란이라뇨?

좌상 : 지금 주상 전하의 생부가 누구신가?

이판 : 사도세자 저하가 아닙니까?

좌상 : 그분이 어찌 죽었나?

이판 : 광인이 되자 선대왕께서 죽게 하지 않으셨습니까?

좌상 : 지금 주상께서도 그리 생각하실까?

이판 : (의아해하며) 네에?

좌상 : 사도세자가 우리 노론을 비판하구 자기 세력을 키우려 허자 우리가 미치광이로 몰아 죽게 했다고 생각하지 않겠나?

이판 : 하오나 그 일은 선대왕마마께서 직접 행하신 일 아니시옵니까?

좌상 : 직접? (손으로 書盤을 내리치며) 아니지! (애써 몸을 일으키며 吏判쪽으로 걸어나옴) 지금이나 그때나 세도를 갖고 있던 우리 노론이 선대왕을 위협해서 어쩔 수 없이 죽게 했다고 생각하구 있을 걸세. 아버지의 원수와는 같은 하늘을 이구 살 수 없는 법! 그러니 주상께선 칼을 갈아 오지 않았겠는가?

이판 : 하오나 지금 관직에는 거의 다 우리 노론들로 꽈아-악 … .

좌상 : (주먹을 움켜잡고 역정을 내며) 어찌 그토록 모를꼬? 자넨 지금 주상이 온전한 분으로 보이나? 주상은 미쳤네. 사도세자 저하의 아드님

아니신가?

이판 : 대감! 말씀이 너무 지나치십니다.

좌상 : 눈을 똑바로 뜨게!

이판 : 아니 도대체 무슨 근거로 그런 말씀을 하시는 겐니까? 아무리 주상이라도 이미 사십 년 전에 다 끝난 사도세자의 일을 가지고 이제 와서 그것이 사실과 다르다는 확실한 물증도 없이 무모한 직분을 내릴 수 있겠습니까?

좌상 : 물증? 물증이 있지! 주상에겐 우릴 역적으로 몰아 목을 칠 확실한 물증이 있다!

* * *

정조 : 又不! 옛날에 아름다운 법도 시속과 인정에 맞지 아니하면 更張해야 하는 법이요. 요즈음의 세태는 돈으로 벼슬도 매매한다 하지 않소? 이러한 때에 굳이 노비만을 붙들어 매어두는 것은 시대의 흐름과 맞지 아니하여 노비혁파를 이루고저 함이니 그리 아시오!

이인몽 : 다음은 의정부 우참찬 김세룡의 상소이옵니다. (잠시 숨을 가다듬고) 조정의 일은 조정의 일이요, 민가의 일은 민가의 일이옵니다. 서얼의 차별을 폐하시려는 전하의 교지는 이같은 분별을 따라야 하오리이다. 첫째, 서얼에게 아비를 아비로, 형을 형으로 부를 수 있게 하라 하심은 본래부터 조정에서 금한 것이 아니니 각 가정에서 알아서 하면 될 것이옵니다. 둘째, 적자가 없을 경우 서얼이 장자로서 대우받을 수 있다 하심도 각 가문에서 결정할 일이옵니다.

정조 : 뭣이?

– 화면 바뀜 –

좌상 : 이제껏 임진과 병자의 큰 국난을 치르고도 이 나라가 지탱되어 온 것이 누구 때문인가? 대의를 태산보다 중히 여기고 목숨을 鴻毛보다 가벼이 여긴 우리 사대부들 때문 아닌가? 헌데 지금 주상께서는 어떠하신가? 유신입네 뭐네 허시면서 … 혼자 꿈속의 나라를 그리고 계시네. 지금 조정은 사림의 公器가 아니라 주상 한 분 뜻대로 움직이는 사당이 되어가고 있네. 이 나라와 사직이 어찌 한 사람만의 것이란 말인가? 지금 우리가 왜 이렇게 모여 있어야 하나? 백성들이 배불리 먹고 잘 살 수 있도록 역사의 혼신을 다해야 할 중요한 시기에.

– 화면 바뀜 –

정조 : 계속 읽으라!

이인몽 : (지레 두려움에 떨며) 계, 계속 읽겠사옵니다. 신이 죽음을 무릅쓰고 아뢰옵건대 서얼의 차별을 폐하심은 명분의 문제가 아니요, 나라의 기틀을 뒤흔드는 변고이옵니다.

정조 : (대노하며) 변고?! 과인의 정책을 변고라고? 대체 제가 무엇이건대 이토록 말이 참담한고? 과인의 눈에는 적자도 없고 서얼도 없으며 양반도 종놈도 없다! 다스리는 자와 다스림을 받는 자의 분별이 임금과 백성만으로 충분한 것이야. 중인과 서얼에 대한 차별은 정녕코 과인의 뜻이 아니다. 누가 뭐라 해도 절대 용납할 수 없으니 그리 알라! (잠시 숨을 멈춤) 서얼호통과 노비혁파에 관한 상소는 끝났는가?

이인몽 : 예.

영화의 정치적 상상효과는 전근대 역사 속에서만 증폭되는 게 물론 아니다. 왕조의 몰락이 가까워질수록 권력부문의 탐욕과 무능에 대한 민중저항이 그만큼 커졌던 것도 이상한 일은 아니다. 조선사회 역시 예외가 아니다. 그렇다면 역사의 실제는 영화적 상상의 부재를 딛고 어떻게 다루어질까? 특히 왕조의 강제 해체와 그 이후 역사의 지속적 단절 속에서 제도폭력과 민중폭력의 충돌은 적잖은 영화적 화두였다는 데 주목할 필요가 있다.

2-2

임 권 택

영화 「개벽」(開闢, 1991)의 정치성은 작품 전체에서 억제되는 저항성이나 그 역설의 계몽효과에 있지 않다. 그보다 임권택은 최시형의 인간됨과 고뇌의 주변이 중심과 어떻게 연결되는지 보여주기 위해 짧지 않은 시간을 투자한다. 게다가 앞에는 최제우, 뒤에는 전봉준까지 모두 동원하여 동학운동사의 단절과 지속을 이야기한다.

끝내 기포(起暴)를 허락하는 해월(海月)이지만 그것이 불가항력의 압박 때문인지 아니면 자신의 사상적 동요와 노선의 극적 전환인지는 그러나 모호하다.

19세기 말까지 조선 기층민중에게, 특히 변혁을 꿈꾼 반(反)서학 기류 속에서조차 행동을 수반하는 집단정치의 합목적성이나 과

〈 해월은 기다려야 할 것이 '개벽'이라 했지만 녹두는 급했다 〉

격한 민중폭력이 억제되고 있는 건 어떻게 이해해야 할까? 이를 단순히 유교나 해월 탓으로만 돌릴 수 없는 건 또 무엇 때문일까? 폭력의 사용 여부를 놓고 고뇌하는 점에서 운동 지도부나 그 주변은 인식을 같이한다.

유생 A : 나도 한양에 와서 보니 교조신원운동이란 아무 뜻이 없는 듯싶소. 이제 동학운동은 伸寃運動에서 척양척왜의 반외세 운동으로 전환해야 할 것 같소.

유생 B : 그래도 해월 선생께선 평화적인 시위만 하라고 하셨는데 … .

유생 C : 도대체 체제의 변혁이 없는 평화가 어떻게 평화가 될 수가 있소? 나라가 없어지려고 하는 판인데 무슨 평화적 시위요?

해월을 따르는 일련의 무리들은 갑오봉기가 임박한 어느 날 밤, 서울 남소동 최창한(崔昌漢)의 집에 모여 이렇게 탄식한다. 그러나 전봉준의 기포와 해월의 끈질긴 기다림이 곧 개벽을 보장하는 건 아니었다. 죽어서도 기다림과 느림의 미학을 펼치려 애썼을 것이란 임권택의 해석은 때맞춰 고음 처리되는 배경음과 기와 너머 처연히 눈감은 교형 현장의 해월이 겹치며 한껏 고조된다. 임 감독은 영화의 마지막 대목을 이렇게 압축한다.

> 문 : 선생님, 개벽은 언제 오리-이까?
> 답 : 벌거진 산이 검어지고 온 길에 비단이 깔리고 만국의 군대가 우리 국토를 쓸고 지나간 후에 개벽은 이루어질 것이요.

개벽은 이루어졌는가. 그걸 변명하는 데 굳이 영화까지 도입할 필요는 없을 것이다. 하지만 강점기 조선사 연구의 빈곤과 그 문예적 상상의 허약까지 다시 확인하고 나면 영화적 응용의 황폐함을 여기서 다시 짚어봄은 자학이 아니라 차라리 맥 빠진 계몽이 될 것이다.

〈 19세기 운동가들도 고달프긴 마찬가지였다 〉

조선사는 그만두더라도 한국의 정치영화는 강점기에 눈 돌리지 않았다. 한때는 독립군 영화가 팔리던 시절도 있었으나 역사의 함정 속에서 펼쳐진 핍진한 삶을 있는 그대로 그려보려는 소박한 전략조차 우리에겐 없었다. 지성사의 빈곤과 문화사의 허약은 그처럼 서로를 비추는 거울이었다. 민족주의만으로 문화는 꽃피지 않는다는 점도 고려할 사항이다. 하지만 문제는 그 가슴 벅찬 이데올로기를 섣불리 다룰 경우, 장사도 판촉도 보장할 수 없다는 정치적 판단이 앞섰을 것이리라. 하물며 영화의 본격적 콘텐츠로 정신대나 3 · 1 운동까지 바랄 수 없던 일임도 왜 알지 못하겠는가?

임권택조차 강점기를 다루지 않았던 게 전략적 판단 때문인지 아닌지 알 수는 없다. 부박(浮薄)한 역사는 영화적 화두로도 어쩔 수 없는 대상이었는지 모른다. 다만 영화로 말하는 이들이 감독이라면 「태백산맥(1994)」에서 말하려 했던 임권택의 메시지는 「개벽」과 어떤 관련이 있는지, 그리고 그 사이 정치적 공백을 영화로 메우는 작업은 왜 잦지 않았는지 궁금할 따름이다.

「태백산맥」은 그나마 이같은 갈증과 궁금증을 해소한다. 박종원이 이인화를 재해석하는 것과 달리, 그것은 조정래의 숨은 탄식에 관한 임권택의 대리배설 같은 것이었다. 가령 빨지산 대장 염상진(김명곤 扮)이 도주한 후 토벌대장(안석환 扮)과 염의 부인 죽산댁(정경순 扮)이 나누는 악다구니는 영화이기 이전 이미 역사였고, 극보다 한층 더 극적인 감흥을 동원하기 때문이다.

1948년 10월, 여순항쟁의 충격은 제도폭력을 이렇게 위축시킨다.

토벌대장 : (두 눈 부릅뜨고 죽산댁을 위협하며) 똑바로 말해! 념상딘이와 내통하구 있디? 신고가 들어왔어!

죽산댁 : 넘게 짚는다고 없는 소리 할 내는 아닝게 고러들 마시오.

토벌대장 : 그러니까 할 수만 있다면 념상딘이를 돕겠다는기야?

죽산댁 : 도울 마음두 없지만 내 손으루 죽일수두 읍지라. 아, 미우나 고우나 아그들 아버징께.

토벌대장 : (서류철을 책상 위에 내려치며) 이거 안 되갔구만. 빨갱이 감싸도는 게 바루 빨갱이야! 콩밥 좀 먹어야 정신 차리겠나?

죽산댁 : 아, 좋을대루 허시요. 아 콩밥, 얻어 묵것다, 매 타작 안 당하것다. 고거 들어와 앉아 있으문 나는 더 이문이요.

토벌대장 : 당신, 감찰부장이 시동생이라구 믿구 까부는 모양인데,

죽산댁 : (대장 말꼬리 잡아채며) 고 놈 야그는 꺼내지두 마시요 잉! 그 놈은 시동상이 아니라 웬수요 웬수! 나야 남편 잘못 만난 죄루 어쩔 수 없다 쳐도 지 놈이 인간이라면 어린 조카들 헌테꺼정 그러케 매정하게 헐럽뎌? 어린 조카들이 굶는디도 쌀 한 톨 안 보내는 놈이 그 놈이요!

토벌대장 : 그러니까 남편이 빨갱이짓 못 하게 말렸어야지! 자식들 굶겨가면서 빨갱이짓 해서 뭐 하겠다는기야?

죽산댁 : 입은 삐둘어졌어도 말은 바로 하랬소! 자식이 굶은께 빨갱이짓 허제, 빨갱이짓 해서 굶긴 건 아니잖소?

토벌대장 : (죽산댁 뺨을 후려지며) 이 년이 미쳤나?

죽산댁 : (두 눈 부릅뜨며) 왜 때리요?

토벌대장 : (어이없어하며) 뭐 어 어?

죽산댁 : 나아-가 틀린 말 혔소? 설움 중에 굶는 설움이 지-일로 큰 것인데 한쪽에선 못 먹어서 부황든 사람들이 허천하게 많은디, 있는 사람들은 쌀가마니 쌓아놓구 유과해 먹구 떡해 먹구 요런 시상이 워찌 사람 살 시상이여라?

- 토벌대장이 다시 한 번 세차게 뺨을 때리자 죽산댁 달려듦/밀고 당기며 뒤엉킴 -

죽산댁 : (대장의 귀를 물어뜯으며) "어서 죽어라! 이 썩을 잡놈아!"

〈「태백산맥」/ 임권택(1994) 〉

영화 전편(全篇)을 흐르는 좌우익의 질긴 대립보다 차라리 필름 주변을 짓누르는 군상들의 대화는 정치투쟁의 여운을 분명히 각인

〈 고뇌란 이름의 껍질 깨기가 인텔리의 임무였던가 〉

한다. 지주의 아들이자 교사였던 김범우(안성기 扮)의 비동성. 그의 도움이 있었건만 그와는 아랑곳없이 노선과 사상의 다름에 관해 대차게 몰아붙이는 야학 교사(이지숙)의 힐문(詰問). 그 사이에서 우러나는 콘트라스트는 이념 대립 이상으로 여운을 지탱한다. 마르크스주의의 계몽? 방관적 우익? 혁명의 정당화? 좌익의 오류에 대한 조롱? 폭력의 지속적 투입?

이지숙 : 학생을 모집하느라 애를 먹고 있어요. 농사나 지을 건데 무슨 공부가 필요하냐는 거죠.

김범우 : 생계가 급한 사람들에겐 공부가 사치일 수도 있지요.

이지숙 : 그럴수록 교육이 필요하다는 걸 절감해요. 무지는 굴종을 낳고 그 위에 착취계급의 횡포가 계속되니까요. 불평등한 사회를 타파시키려면 인민을 깨우치는 방법밖에 없다고 생각합니다.

김범우 : 마치 교육으로 혁명가를 만들자는 얘기처럼 들리는군요. 교육의 목적은 혁명이 아니라 민족을 자각시키는 데 있소. 그래서 외세를 없

〈 얻은 것은 분단, 잃은 것은 사랑 〉

애고 민족의 분단을 … .

이지숙 : (말을 가로막으며) 아직도 그 민족타령이신가요? 이젠 그런 감상은 버리실 때가 됐다고 보는데요. 민족이란 말은 회색주의자들의 변명일 뿐이죠. 중요한 건 민족이 아니라 계급입니다. 착취계급에서 피착취계급을 해방시키는 것. 그 다음이 민족이죠. 선생님도 어느 쪽이든 확실히 선택을 하셔야 할 거예요. 회색주의자는 더 이상 용납이 안 되는 시대니까요. 자, 그럼. (뒤돌아 발길 옮김)

김범우 : … .

누구든 어느 한 진영에 발 딛지 않고는 생존할 수 없는 역사의 부박함. 그것이 당장은 사라질 수 없는 현실로 옥죄어들 때 비극이란 단어는 남과 북 어디에도 떠오를 여유가 솔직히 없었다. 살아남아야 한다는 단순하고 숭고한 과업뿐, 그 밖의 담론은 장식이자 사치였다.

2-3
정 지 영

질리도록 부딪치는 좌우가 민중 내부의 폭력분화를 그리는 게 「태백산맥」이라면 「남부군」(1990)은 고착화된 분단이 실질적 전국 투쟁에서 좌익 중심으로 해체될 수 있는지 혹독하게 묻는다. 여순항쟁과 한국전쟁을 가로지르는 두 해의 역사편차가 그다지 생소하지 않은 것도 이런 상황의 유사성 때문일 것이다. 차라리 그 길고도 험준한 태백산맥을 잡아 늘릴망정 그것이 눈 덮인 지리산 자락에 맞닿는 곡절도 이상할 리 없으리라[두 작품의 주도 공간으로 벌교(筏橋)와 피아골 사이의 지리적 편차는 차치하고라도 말이다].

정지영이 끌고 가는 좌우익의 골은 임권택이 그린 형제 사이의 거리보다 한결 깊었다. 민중항쟁의 골격은 같이 지탱하되 교전과 항변의 폭력구조는 정지영의 경우 한층 더 호전적이기 때문이다. 공격과 방어의 폭력 교환이 치열한 만큼 감상적 비소(誹笑)와 반어의 해학이 깊은 까닭도 여기에 있다.

토벌대와 빨지산 대원 사이의 총격을 잠시 멈추게 했던 건 정말 휴머니즘 때문이었을까. 그렇다면 다음 시나리오에서 인간적 연민의 편차는 구분할 수 있는 걸까. 논두렁 하나를 놓고 치열히 접전한 두 진영의 총질을 중단시킨 결정적 단서는 여하튼 자기 집 개를 잡으러 느닷없이 뛰어든 어린애 하나 때문이었다.

〈「남부군」/ 정지영(1990) 〉

– 논가로 뛰어드는 한 마리 개, 개를 잡으러 뛰어드는 어린아이 –

이 태(안성기 扮) : 사격중지!

국군 소대장 : 사격중지! (꼬마, 논들에서 개 끌어안음)

빨지산 대원 A : 아기야! 이리 와, 위험혀.

국군 소대장 : 꼬마야! 이쪽이야. 군인 아저씨한테 와야지.

빨지산 대원 A : 아그야, 이쪽으루 와–야.

국군 소대원 A : 그쪽은 빨갱이들이야. 사탕줄께 일루와!

빨지산 대원 B : 저쪽은 노랑 개새끼들잉께 이쪽으루 오란 말이여.

– 아이는 정신없이 좌 · 우를 번갈아 바라봄 –

아이 엄마 : 똘아! 으쩔라구 거기 있냐? 싸게 오랑께?

빨지산 대원 C : 어이 노랑 개새끼들! 생각보다는 사람같네이.

국군 소대원 B : 야! 산돼지 새끼들아! 인정은 있구나-이. 집에 가구 싶지 않나? 빨리 고향 가서 처자식 먹여 살려야지!

빨지산 대원 B : 야! 느그들 시방 총질하는 것이 어린 아그 때문이 아니고 똥강아지 땜에 총질하는 것이지? 아, 느그들 한 식구 아녀?

빨지산 대원 C : (소총 밑 바위 돌을 두드리며) 아 하하!

국군 소대원 B : 시끄러워자버! 산돼지나 노랑개나 단군 할아버지 식구 아니냐 잉? 이 산돼지 새끼들아!

빨지산 대원 B : 아따, 상년의 새끼들. 알기는 아는구마 잉! 그려어, 그렁께 조국 통일과 인민해방을 하루빨리 앞당겨야 안 쓰겄냐? 요 무식한 놈들아!

국군 소대장 : 손들고 나와라! 손들고 나오며는 생명은 보장한다.

빨지산 대원 C : 까지 말구, 성님 이 노래나 한 곡조 들어봐! (거꾸로 쓴 모자 더욱 눌러쓰며) 두만강, 푸른 물에 노오젓는 뱃사공, 흘러간 그 옛날에 (대원들 모두 따라 부름).

이같은 익살 섞인 전의가 회의와 탄식으로 바뀌는 건 왜일까. 남한 사회주의 실현의 장벽? 민중폭력의 잠재력 약화? 북한과의 지리적 단절?

김 영(최민수 扮)과 대장 이 태 사이에 오가는 다음 대화 속에는 분명 빨지산 대원들의 기개보다 감상과 낭만의 여백이 넓게 자리한다. 그렇다면 남부군의 패배는 정말 이런 감정 균열과 인식의 해이에서 자라났던 걸까?

이 태 : 어, 김 동무! 시를 쓰나?

김 영 : 아닙니다. (대장 곁에 다가와 앉자 탄식하며) 흐음, 인간이 죽음 앞에서 두려움을 느끼는 것이 죄악일까요?

이 태 : 김 동무는 전투 중에 항상 용감했었던 걸로 아는데.

김 영 : (중략) 곰곰이 생각해 봤습니다. 죽음 앞에서 두려워하는 것이 차라리 인간적인 것이 아닌가.

이 태 : 시인다운 생각이군. 그런 인간적인 두려움이 죄악처럼 느껴지는 건 전쟁이라는 상황 때문이지.

* * *

김 영 : 제가 입산한 것은 이 시대가 내게 좌든 우든 둘 중 하나의 선택을 강요했기 때문입니다. 진정 사람이 사람답게 살기 위해 이 전쟁이 치러지는 것이라면, 예! 기꺼이 목숨을 바칠 수 있습니다. 허지만 인간과 인간이 누구나 같은 핏줄끼리 서로 죽여야 하는 비인간적 상황이 인간적인 미래를 위한 것이라는 그런 모순은 … .

이 태 : (말을 막으며) 그런 갈등은 전의를 상실하게 할 뿐이야!

* * *

김 영 : 오직 살기 위해서 총을 쏜다. 오직 살기 위해서라면,

이 태 : 김 동무는 자신의 존재가 그렇게 하찮은 것으로 버려지는 것이 참을 수 없겠지. 하지만 동무와 나의 총구 속에서 위대한 역사가 탄생된다면 그거는 목숨을 걸만한 일이라 생각해.

김 영 : (길게 탄식하며) 흠! 글쎄요. 그렇게 확신하기엔 이젠 전 너무나 복잡합니다.

대원들 내부의 의견차가 점점 커지고 그것이 투쟁의 전열을 분산시키는 갈등으로 발전하는 와중에 내면의 흔들림을 감지하기로는 대장 이 태 역시 예외가 아니었다. 하물며 목숨 걸고 싸우던 투쟁의 끝이 승리도 패배도 아닌 휴전이란 소식과 가없는 육신의 통증이 빨지산의 존재 이유를 쉼 없이 교란할 때 대원들의 분열은 어김없었다.

빨지산 A : 정전회담이 꽤 진척돼 가는 모양이야.

빨지산 B : 뎡뎐회담입네까, 휴전회담입네까?

빨지산 A : 아, 그게 그거 아니겠어? 문제는 휴전이 될 때 우리 빨지산을 어떻게 취급할 것이냐가 문제지.

빨지산 B : 기거야 분명하디요. 우리는 국제법상 교전단체인 인민군 총사령부가 편성한 어엿한 전투부대 아닙네까? 기러니 휴전과 동시에 북으로 귀환하게 될 것이고,

빨지산 C : 인민의 환호 속에 빛나는 공화국의 영웅으로 대접받게 될 것이다, 이 말이지? 흐-음, 꿈만 같구만!

이 태 : 혹시 유격대가 정규군 취급을 받지 못하구 범죄단체로 간주된다면?

빨지산 B : 무시기 소리요, 이 동무? 공화국은 협상에서 당연히 우리의 안전한 철수를 요구할 것입네다.

빨지산 C : 그만들 두시요! 이런 상태에서 휴전은 남·북 간의 야합에 불과한 거요. 조국통일과 인민해방을 위해선 휴전이든 정전이든 배격해야 마땅한 일입니다.

* * *

지도원 : … 게다가 대원들 대부분은 동상에 걸려 제대로 걷지도 못하고 있

습니다. 북에서 어떤 조치가 내려지지 않으면 … .

빨지산 대원 (女) : 이것 보시라요! 교양지도원이란 동무가 어드러케 기따우 패배주의적인 발언을 함부로 해대는 기야요?

지도원 : 내 말은 사실을 직시하자는 거요! 우린 최악의 여건 속에서 투쟁을 해 왔구 지금 이 순간 추위와 굶주림에 지쳐 있소. 볼셰비키 혁명 당시 시베리아 빨지산은 트럭으루 보급물자를 수송했드랬구, 일제 때 만주 항일 빨지산들은 야전을 일궈 농사를 지으면서까지 투쟁했다 하지 않습니까? 헌데 우린 어떻습니까? 남조선에서 지리산이 빨지산에 가장 좋은 근거지라지만 겨우 반경 15킬로미터의 원 속에 갇혀 있는 것이구 북쪽과의 대화는커녕 통신마저 단절된 상태입니다.

빨지산 대원 A : 동무! 패배의식에 앞서 강철 같은 역사의식부터 갖추시오! 어떠한 난관이 있더라도 역사는 우리 편이오. 결국 우린 승리할 거요.

빨지산 대원 (女) : 기러믄요.

빨지산 대원 B : 어느 쪽에도 승리는 없습니다. 우리의 비극은 애초에 일본 제국주의 침략자들을 우리 스스로의 힘으로 몰아내지 못하고 외세에 의해 해방을 얻은 데서 비롯된 것이지요. 남조선 인민의 줄기찬 항쟁도, 조국전쟁이란 이름의 비극적인 싸움도 다들 거기서부터 불씨를 안고 있었던 것이죠. 남과 북 그 어느 쪽이 이긴다 해도 그건 우리 조선 인민의 승리가 아니라 소련이나 미국의 승리가 되는 것이지요.

정치부 부부장(독고영재 扮) : (화를 내며 일어나 대원 B에게 권총을 겨누고)

〈 지리산의 혁명도 총구에서 나오고 있었다 〉

동무! 다시 한 번 말해 보시오!

빨지산 대원 A : (부부장을 극구 말리며) 자! 진정합시다. 지도원 동무들이 원칙을 벗어난 토론에 시간을 보내서야 되겠소? 지쳐 있는 대원들의 사기를 되살릴 수 있는 건설적인 계획들을 세워 봅시다.

전쟁이 정치영화에서 어떻게 자리하는지는 숱한 논의 대상이 된다. 특히 이 땅에서 일어난 전쟁 속에 늘 굴 껍데기처럼 들러붙어 있던 이념적 편견, 즉 좌와 우의 논리적 길항은 피할 수 없는 문제였다. 그 속에서 폭력과 생존의 역설적 미학이 나오고 내가 살고 저들이 죽어야 하는 이유가 흔쾌히 변명되었던 저간의 사정을 영화는 얼마든지 꼬집었던 셈이다.

이같은 전쟁의 처연한 속내가 유독 정지영에게 가까이 다가갔던 이유야 본인에게 물어야 할 일이다. 그러나 「하얀 전쟁」(1992)에서도 죽임과 죽음의 현대사는 되풀이되고 있고 그 폭력 지평이 끝없이

〈 하나에 대항하는 전체? 전체에 대항하는 하나? 〉

확산되고 있던 아시아, 특히 한반도 분단구조에서 그가 말하고자 했던 영화 정치적 지론이 무엇인지는 충분히 상상할 수 있다.

2-4.
박 광 수

「개벽」과 「태백산맥」 사이를 영화로 틈입하는 데 박광수는 전열(前列)에 선다. 그가 영화언어로 혁명 담론을 제일 많이 그리고 강렬하게 표현하고자 애썼기 때문만이 아니다. 그의 관심은 어차피 현대사에만 국한되지 않기 때문이다.

「이재수의 난」(1999)은 「아름다운 청년 전태일」(1996)이나 다른

작품에서보다 훨씬 자주 혁명과 혁명가를 직접 묘사한다. 심지어는 문자로까지 ('혁명'이 상투적 슬로건이나 펄럭이는 플래카드에 글씨로 나부낀 적은 흔해도 아예 주연 가슴팍에 창끝으로 피 내고 그 위에 먹물까지 찍어 결연한 의지를 범벅으로 표현하려 했던 적은 이 나라 영화사에 일찍이 없었으니) 말이다.

사회적 리얼리즘이나 밑바닥 인생들이 그에게 먼저 와닿는 주제였음은 주지의 사실이다. 다만 왕조 몰락을 앞둔 변방 민초들이 겪은 두 방향의 세찬 바람, 즉 반봉건 · 반외세 외에도 반종교 기류까지 아우른다는 점에서 그의 영화적 관심은 기왕의 것과 달랐다.

포교와 정치 계몽을 의식하는 프랑스 신부들. 그들을 등에 업고 평소의 불만을 해소하는 신흥 천주교도들. 중앙 세리(稅吏)들의 폭정과 향리들의 저항의식 배양. 천주교도들의 반인륜에 환멸하는 민초

〈 뇌리에 품기만도 버거운 단어가 왕조국가 조선의 '혁명' 이었다 〉

들과 그들의 방황.

군수의 어린 통인(通引)이면서 반란의 장두(長頭)를 자임하는 이재수에게 한결 적극성을 부여하는 발상이나 그를 뒤따르는 군중들에게 해학과 감상(感傷)의 상극(相剋)을 허여하는 박광수의 상상은 역시 지나친 작가주의의 소산일까?

제주 별감 : 자, 모두들 총칼을 듭시다! (군중 환호함) 대정군의 병기고는 이미 교당놈들이 털어가 버렸고 제주성의 군기고도 마찬가지우다. 우리는 더 이상 시간이 업수다. 시급히 150여 마을의 상포수들을 다 모으고 해안을 돌아 각 진의 군기고를 열어야 하우다! 맞소!!! (군중 다시 환호함) 그러니 나 말은 우리 의부를 둘로 갈라

한패는 동으로 다른 한패는 서쪽으로 돌자는 것이우다. 편한 대로 동진, 서진이라 부릅시다. 동진은 나가 맡겠소! 나는 섬의 동쪽을 돌아 제주성의 동문으로 쳐들어 가겠소. 서진을 맡을 장두가 필요허우다. 자, 여러분들 중에 제주 백성을 위하여 나와 함께 목을 내어놓을 새로운 장두가 나서야 허우다!

이재수(이정재 扮) : 별감 어른! 저는 어떠허우까? 나라를 구하는 데 어찌 班常의 구별이 있수우까? 장두 어른, 저를 죽여줍서어! 저 불쌍한 백성들을 위하여 제단에 희생물로 삼아줍서어!

* * *

봉기 군중(前列) A : (북을 치며) 이 야아아아!!! 이 개 호로 상놈의 시팔 개자식들아! 내일 밤엔 관 속에서 향내 맡을 준비나 허라! (군중 뒤따라 환호함) 허기사 느네 불쌍놈들은 제사도 안 지내니 초상도 간단해서 좋겠다! (북채를 아랫도리에 갖다 대고 앞뒤로 흔들며) 자, 정력 넘치는 물대포를 받아라, 야 아!

봉기 군중(前列) B : 야, 이 노옴들아! 모두 어디 숨었시냐? 신부인지 잡귀인지 이리 나와 봐라! 화해를 하겠다던 놈들이 뒷구녕으루 습격을 해? 이 죽일 놈들아! 그깟 총 하나도 안 무섭다. 자, 어디 쏠 테면 쏴봐라! (때 맞춰 북소리와 환호 뒤따름/B, 적진의 총 맞으며 쓰러짐)

해방 후 현대사가 한국 정치영화의 아킬레스 건(腱)임은 주지의 사실이다. 그러나 모든 영화가 그 약점에 고스란히 노출되어 있었

던 건 아니다. 「그들도 우리처럼」(1990)이 좋은 예다. 최인석의 소설 『새떼』(1988)를 원작으로 삼았지만 박광수가 애쓴 80년대 읽기는 처연하다.

80년대 노동운동 현장에서 활동하던 중심 인물을 한태훈(가명 : 김기영)으로 설정하고 그가 숨어든 탄광촌 티켓다방 종업원 송영숙(본명 : 이금란)을 교차시킨 이 작품은 여느 정치영화들의 강제주입 방식에서 멀리 벗어난다. 숨기고픈 과거와 현실을 공유한다는 점에서 둘은 일치한다. 그러나 그곳을 같이 벗어날 수 있는지 성사 여부는 공백으로 남는다. 둘이 맺어질 수 있는지도 부수적 관심에 지나지 않는다.

남녀 결합이란 교차점 앞에 박 감독은 먼저 노동운동의 무력감과 당국의 허구성을 영화 밑바닥에 깐다. 둘 사이가 맺어지긴 어렵다는 걸 애써 암시하려는 듯 말이다. 이미 어용화된 노조 수뇌부는 더 이상 탄광노동자들의 의지축이 아니고, 이를 알아차린 광산주와 임원들은 광부 실세와 개별 접촉을 통해 폐광에 따른 마찰을 줄이려 든다.

서 과장 : 거, 나도 회사 측하고 당신들 중간에 끼어서 아 이거 곤란해 죽겠어. 아, 탄 수입은 적지, 수입 탄은 마구 쏟아져 들어오지. 그 수지 안 맞는 장사를 누가 하려고 그래?

천씨 : 수지가 안 맞다뇨? 지나가는 개두 웃겠습니다.

서 과장 : (몸을 틀며) 으흠 … .

천씨 : 그동안 우리가 뼈 빠지게 벌어준 돈은 부동산에다 다 쏟아넣고, 이제 와서 우리한테 아무 상의도 없이 폐광신청을 할 수가 있습니까?

서 과장 : 나도 이 나이에 일자리 잃기는 마찬가지야.

천씨 : 우리들은요. 회사에서 우리가 일할 수 있는 확실한 대책을 세워주기 전에는 회사의 요구에 응할 수가 없습니다.

서 과장 : 아니, 근데 자네가 뭔데 이 일을 확대시키려고 그러나?

천씨 : (잠시 한숨 쉰 후) 막장인생! 막장으로 내몰지 마십시요!

서 과장 : 으흠! … . (천씨 자리에서 일어나 다방 밖으로 나감) 어, 이봐 천형! 천형! 아, 이봐! 이보게.

영화는 중심 테마를 웅변으로 대변하지 않는다. 대신 농축된 대사와 엇갈리는 심사로 격정의 이데올로기나 그로부터 도출되는 정치적 울화를 삭인다. 감독은 둘의 통합보다 한 쪽의 우선 해방이 상상의 탄력을 위해 더 효율적이라고 판단한 것 같다. 적어도 전략적으로는 말이다. 애달픔이나 안쓰러움, 회한과 격분을 통해 정치 그 자체를 설명하려 애쓰기보다 둘 사이의 교감가능성을 냉각시켜 버리는 편이 비정의 세월을 극화하는 데 도움 될 것이라 생각했던 걸까.

확실치 않음. 불투명한 미래. '해야 한다'는 믿음과 이루어질 수 없다는 엇갈림. 그 사이의 방황. 궁극적 초극대상으로 현실과의 끝없는 쟁투. 희망과 전진, 피랍(被拉)과 도피의 미장센 연결.

다음 시퀀스는 이런 감정의 충돌과 극복을 잘 대변한다. 특히 둘은 이름 고백을 통해 현실과 본격적 싸움을 치를 결의를 다진다. 거기서 모든 것을 얻는다는 건 곧 모든 것의 잃음과도 통한다는 절박함마저 깨닫는다.

영숙(심혜진 扮) : (기영으로부터 멀어지다 돌아서서) 제 얼굴이 보여요?

기영(문성근 扮) : 네 보여요.

영숙 : (좀 더 멀어지며) 지금은요?

기영 : 네.

영숙 : (어둠 속으로 들어가며) 이젠 안 보이죠?

기영 : 안 보여요.

영숙 : 정말 안 보이죠? 전 송영숙이 아니에요. 이 … 금 … 란. 그게 제 진짜 이름이에요. 그 여자가 누굴 좋아하게요?(영숙, 되돌아 뛰어오며 기영을 끌어안는다)

기영 : 아, 아니 … .

금란 : 내 얼굴 보지 마세요. 챙피해요.

* * *

기영 : 금란 씨! 난 김기영이 아닙니다. 난 수배자예요. 내 이름은 한태훈입니다. 빨리 여기를 떠나야 됩니다.

금란 : (애절하게 마주보며) 나도 같이 갈래요.

* * *

우리들이 오늘을 무어라 부르든 간에 이미 변화는 시작되었다. 사라져야 할 것들은 오늘의 어둠에 절망하지만 보다 찬란한 내일을 사는 사람들은 오늘의 어둠을 희망이라 부른다.

－FIN－

2-5

송 능 한

현실의 암담함이 정치의 원인이자 결과였다고 보는 박광수보다 송능한은 덜 심각하다. 하지만 그건 표현의 차이일 뿐, 둘은 닮아도 무척 닮았다. 박광수는 너무 슬퍼서 무겁고 송능한은 너무 해학적이라 덜 부담스럽다. 차이라면 그뿐이다. 정치든 영화든 하긴 이 어쩌지 못할 현실을 텃밭으로 한다는 걸 어디 꼭 작품들을 봐야만 알 일일까. 때로 영화보다 더 영화적인 현실을 리얼하게 바꾸는 게 영화란 걸 굳이 재확인하지 않고도 우리는 리얼리티의 허망을 잘 안다.

송능한에게 현실이란 욕 빼고 묘사할 수 없는 대상이다. 그게 없으면 그건 곧 유토피아일지 모른다는 역설도 여기서 가능하다. 박광수는 근엄하게 의식화하고 진중하게 저항하며 혁명의 언어를 다듬지만 송능한의 혁명이론은 비틀며 꼬고 후벼 파다 문대며 굳어간다.

「넘버 3」(1997)에서 마동팔은 일지매이자 홍길동이었고 태주는 똘마니에서 보스의 경계를 분주히 넘나드는 조직 속 인간일 뿐, 민주시민이나 주민자치 개념과는 거리가 멀었다.

– 태주, 마 검사와 포장마차에서 우연히 마주침 –

태주(한석규 扮) : (포장마차 휘장을 들치고 들어가며) 아줌마, 나 저기 쏘주 하나하구 꼼장어 하나 구어주세요!

마동팔(최민식 扮) : 이런데도 다 다니나? … 니 자료를 검토했다. 나이트클럽 영업상무, 룸쌀롱 영업부장, 똘마니들은 한 백명쯤 되고 (담배 내뿜으며) 도강파 넘버 쓰리두만!

태주 : (씁쓸해하며 고개 돌리고 마 검사 바라봄) 아아 이, 그 어떤 개새끼 … 넘버 투요! 거 피차 퇴근 후에 일 얘기 하지 맙시다!

마동팔 : 깡패새끼가 무슨 퇴근시간이 있냐? (소주 들이킴)

태주 : 거, 부탁이 있는데 건달이라고 좀 불러 주십시요.

마동팔 : 건달?

태주 : 네 … .

마동팔 : 너, 그 말이 무슨 뜻인지나 알어?

태주 : (뜨악해짐)

마동팔 : 하늘 건, 이를 달. 즉, 다시 말해서 하늘에 통달했다는 뜻이야! '간

다르바'라구 세상의 좋은 향기만 맡으면서 공중에 떠다닌다는 신 이름이기두 해. 그런-데 … ! 하는 짓거리마다 썩은 냄새만 풍기는 니 새끼들이 무슨 눔의 건달은 건달이야? 깡패새끼들이지!

태주 : 아니, 그 집안에 건달한테 맞아죽은 사람 있습니까? 왜 거, 우리를 못 잡아먹어서 그러는 겁니까?

마동팔 : 니이들이 미우니까! (태주를 째려보다 다시 딴 곳을 보며) 내가 세상에서 제일 좆같해 하는 말이 뭔 줄 아냐? 죄는 미워하되 인간은 미워하지 말라는 말이야. (코웃음치며) 정말 좆같은 말장난이지! 솔직히 죄가 무슨 죄가 있어? 그 죄를 저지르는 좆같은 새끼들이 나쁜거지.

태주 : 제가 그렇게 만만허게 보입니까? 내가 이 자리에 올라오기까지 몇 놈이나 보냈을거 같습니까? (화를 억누르며 나무젓가락 토막냄) 솔직히 우리! (토막낸 나무젓가락 내던짐) 칼 몇자루하구 애들 목욕값만 있으면 투자 끝납니다. 일억? 애들 풀면 한 시간이믄 캐쉬루 땡길 수 있어요. 근데 우리가 왜 재벌 못 되는지 아십니까? 하! … 세금 때문이요, 세금! 우리가 멕여 살리는 놈들이 뭐 한두 놈인 줄 아십니까? 우리가 달아준 금빼지가 이게 한두 갠 줄 아시냐구요? (자리에서 일어나며) 거, 충고하나 해드리겠는 데 몸조심하시요! 이, 튀어나온 못이 (손에 잡고 있던 또 다른 새 나무젓가락 다른 손으로 내리쳐 튕기며) 먼저 망치를 맞게 되는 법이지!

마동팔 : (담배 바닥에 내던지며) 이런, 씨팔새끼 네! 지금 현직 검사를 협박해? 너 내가 그렇게 좆같이 보이냐?

태주 : (주인에게 계산을 마치며) 아주, 좆을 입에 물구 사시는구만! (포장마

차 나가려 함)

마동팔 : 야, 이 새끼야! 너 지금 뭐라구 그랬어?

태주 : (나가려다 다시 몸 돌리고 안경 벗으면서) 한판 뜹시다!

– 둘이 동시에 남은 소주 들이킴/화면 바뀜 :– 아파트 놀이터 –

마동팔 : 지는 눔 뜨기로 허자! 니가 지면 깡패짓 때려치고 내가 지면 변호사 개업하구, 됐냐? (순간 마동팔 한방 먼저 맞음/한바탕 격투) 주먹 교환량은 엇비슷함.

– 비 내리는 한밤 피투성이가 된 채 그네 위에 앉아 담배 한 개피 서로 나눠 피움 –

마동팔 : 세상 증말 깡패 투성이야! 내 아들 놈이 초등학교 2학년이다. 근데 6학년눔의 새끼들이 벌써부터 조직을 만들어서 돈을 뜯어내고 있어. 너 그 조직 이름이 뭔지 알어? (혀를 차며) 차야! 피투성이파랜다. 씨이팔! 내 아들놈 벌써 만 오천 원씩이나 뜯겼어. 정말 좆같은 세상 아니냐?

태주 : 나는 그런 애새끼 하나 없습니다.

마동팔 : (태주를 물끄러미 쳐다보며) 왜 니이들만 못 살게 구냐구? 큰 놈은 그물 찢고 토끼고 작은 놈은 그물 사이를 오락가락하니까 만만한 게 홍어좆이라고 느이들만 들볶일 수밖에 (기침하며 속 불편해함) 내 솔직히 말하는데 니이들만이 깡패 새끼들 아냐! 뇌물 받는 새끼, 주는 새끼, 비자금 만드는 새끼들, 지 애비 빽 믿구 설쳐대는 애새끼들, 그 애새끼들 믿고 설쳐대는 개새끼들, 하여튼 땀 흘려 일하지 않고 살아가는 그 모든 개좆 같은 새끼들, 그 새끼들이야! 그 새끼들이 진짜 깡패 새끼들이야! (그네에서 힘겹게 일어나며) 나만이

라도 깡패 새끼 안 돼야지, 기도하는 심정으로 산다.

태주 : 나도 그 영감님만큼은 열심히 삽니다. 그러니까 그 제발 나줌 괴롭히지 마쇼!

마동팔 : 너 이 새끼야! 니가 뭘 하든 한번 해봐! 대신에 그 대가는 반드시 치르게 될 거야!

태주 : (그네에서 일어나며) 영감님은 뭘 하든 하지 마쇼! 에에? 나두 거, 가만히 앉아서 당하고 있진 않을 테니까.

「세기말」(1999)에서도 욕의 영화정치학은 계속된다. 그게 송능한의 전략인지 전술인지는 그다지 중요하지 않다. 욕을 욕 그 자체로 받아들여 송 감독의 의중을 헤아릴 때 그의 정치적 메시지는 한결 진솔해진다. 거꾸로 되묻자. 오죽했으면 영화에서까지 욕을 해대야 이

세상 이해할 수 있겠느냐는 반문 말이다. 그렇다면 시간강사 상우와 서 실장의 불만은 해소될 기미가 보인다는 얘긴가? 아니 대체 지금 그같은 질문을 던질 수 있긴 있는 걸까?

시간강사 상우(차승원 扮) : 먹물! 이 씨팔, 주둥이들만 살아갖고 말이야. 나라를 망친 새끼도 먹물, 뇌물 주는 새끼들, 받아쳐먹는 개새끼도 먹물, 그걸 씹고 있는 씨팔 새끼도 먹물이고, 주둥이만 나불대다가 나라 깡통 차니까 제일 투덜거리는 개좆 같은 새끼들도 먹물이고, 다 쓸어버려야 돼!

– 상우, 테이블 위 술병, 술잔, 안주 세트 거칠게 걷어치움 –

최 교수 : (상우를 만류하며) 왜 그래, 임마?

상우 : 너두 씨이팔, 먹물이야! 재수 없어 이 새끼야!

최 교수 : 뭐어–야?

상우 : 선배! 세상이 아무리 구정물통보다 썩었어도 말이야 먹물은 좀 참아야 하는 거 아니야? 이 씨팔, 돈 바치고 전임됐다고 치자고. 내가 어떻게 가르치는 아이들 눈을 보겠느냐 말이야, 이 눈을?

* * *

작가 두섭(김갑수 扮) : 저 강물 좀 봐라! 강물은 저렇게 쓰레기들을 밀어내. 근데 이놈의 세상은 안 그래. 버틴다고. 낡고 더럽고 실패한 것들이 고여서 썩어가는 거지!

서 실장 : 전 말이에요. 이놈의 세상이 잿더미가 되어야 된다고 봐요. 잿더미 위에서 모든 걸 다시 시작해야 될 정도로 이놈의 세상이 엉망이라

고요. 적당히 차근차근 고치기엔 너무 개판이에요.

두섭 : 자네, 애 낳더니 혁명가가 됐어.

서 실장 : 며칠 전 아들 놈 눈을 들여다 보니까 참 슬프더라고요. 우리야 뭐 씨팔좇팔하면서도 버틸 수 있죠. 여태까지도 버텨 왔으니까. 근데 내 새끼는 다르잖아요. 새끼한테는 좀 괜찮은 세상을 보여줘야 될 거 아니에요. 거창한 걸 바라는 것도 아니에요. 원칙이 통하고 기본이 통하는 좀 이렇게 제대로 굴러가는, 에휴-우! … .

두섭 : (같이 한숨 쉬며) 답답하지? 내가 이 세상을 바꿀 힘은 없고, 그렇다고 이 세상이 알아서 바뀔 기미도 없고, (잠시 침묵한 후) 그래도 희망을 갖자 우리! 희망은 사람들한테 있는 거라고 그랬거든.

서 실장 : 누가요?

두섭 : 가수 한영애가.

서 실장 : … .

2-6
류 승 완

언어가 도리어 장식에 불과할 때가 있다. 행동이 모든 걸 말해줄 때 언어와 문자의 향연은 굳이 불필요하기 때문이다. 영화에서도 마찬가지다. 가뜩이나 정치적인 매체가 말로 소통을 방해한다면 이를 뚫어주는 효과는 따로 도모될 수 있다. 몸과 몸의 충돌. 단순 명료한 언어의 교류.

지나치게 많으면 성가시되 의식 소통의 복병으로 통쾌한 의미를 갖는 건 그렇담, 폭력 아닐까. 특히 그 넘쳐나는 물리적 에너지를 영화로 삽입할 때 사회 불만과 정치적 분노가 효율적으로 해소된다면 더더욱 말이다.

류승완 역시 이를 인정해 달라 강요하진 않는다. 대신 필름으로 쓰고 필름으로 말한다. 「죽거나 혹은 나쁘거나」(2000)[1]에서는 그래서

---

1) 「죽거나 혹은 나쁘거나」(류승완/2000)는 네 섹션으로 나뉜다. 1. 패싸움–공고 졸업생인 석환(류승완 扮)과 성빈(박성빈 扮)은 당구장에서 예고생들과 패싸움을 벌인다. 그러다 오히려 싸움을 말리던 성빈이 실수로 현수(김수현 扮)를 살해한다. 2. 악몽–감옥에서 7년 세월을 보내고 출소한 성빈은 카센터에 취직하지만 사회의 냉대로 좌절감을 맛보고 설상가상 죽은 현수의 악몽에 시달린다. 어느 날 태훈(배중식 扮)을 구해주고 성빈은 현실을 받아들이기 위해, 그리고 악몽에서 벗어나기 위해 주먹으로 살아가기로 마음먹는다. 3. 현대인–폭력조직의 중간 보

폭력 하나로 세상 욕보이고 폭력 하나로 세상 이치 사정없이 설파하려는 반어(反語)의 영화정치가 난무한다. 살려고 발버둥쳐 봤자 그날 그날이 거기서 거긴데 남는 건 죽든지 좀 더 나빠지든지 대안 없는 삶 뿐. 정치권력은 여기서 아무 쓸모없는 헛소리요, 되레 낮잠 방해하는 디오게네스 앞 그림자일 뿐이다.

그 앞에 무슨 행복과 희망이 엿보이리오. 세상 압축하여 영화로 묘사하는 데 차라리 욕의 적절한 배합이 매력이요, 주먹이 법보다 앞서는 까닭을 필름에 섞는 통렬한 의도마저 헤아린다면 영화는 그나마 시대의 괜찮은 장르 아니겠는가. 문학보다 더한 통증으로 다가가는 그런 힘으로. 옴니버스 한 꼭지 「현대인」에서 조폭 중간 보스 태훈은 이 땅 막장에 선 듯 이렇게 일갈해 버린다.

김태훈이요.

올해 민쯩[2] 나이로 스물아홉이고 뭐 특별히 뭐 직업이랄 꺼까지 없고 건달이요 건달!

왜 이 직업을 택했는가? 왜 건달이 됐는가, 그 말입니까? … (잠시 숨 멈추며) 담배 한 대 피고 합시다.

스 태훈은 잠복 중이던 경찰 석환과 마주친다. 지하 주차장에는 단 두 사람 뿐. 둘은 목숨을 걸고 싸움을 벌인다. 4. 죽거나 혹은 나쁘거나–영화 같은 삶을 꿈꾸는 상환(형사 석환의 동생 · 류승범 扮)은 성빈의 폭력단에 들어간다. 석환에게 감정을 갖고 있던 성빈은 그의 동생을 다른 폭력단과의 싸움에 희생양으로 내몬다.

2) '주민등록증' 의 줄임말.

＊＊＊

아아–따아, 긍게에 (담배연기 내뿜으며)

고등학교 땐가 나아(내)–가 그 친한 애기들하고 술 한 잔 먹고 나오다가 거기 지역 애들하고 시비가 붙었어요.

한창 때고 술도 한잔 먹고 아, 자꾸 시비를 걸어오니까 주먹이라면 갈모 없는 애들인데 더 이상 물러설 데도 없었고 액션 한 번 보여주고 가잔 말이지.

거기서부터 지금의 형님들하구 인연을 맺은 건데(다시 담배 한 모금 빨고)

＊＊＊

돈 없고 빽 없고, 아–대가리까지 나쁜데 지랄같이 주먹은 좀 쓰거등.

아 그럼 뭐 할 거 있어? (두 주먹 앞으로 모으며)

아, 복싱 아니면 이 생활이지.

＊＊＊

건달이라고 쓰리 보당 양복 쫘악 빼 입고 그러지 않어.

우리가 왜 이렇게 머리 스포츠하고 정장 입어도 타이 안 매고 속에다 면티 받쳐 입는 줄 알어?

아, 잡히면 안 되거등.

＊＊＊

우리 일이라는 게 (자세 고쳐 잡으며 헛기침하고)

간단하게 얘기해서 지역사회,

크게 얘기하면 지역의 질서유지,

전문적으로 얘기하면 업장 관리, 아가씨 관리, 카드 꽝, 뭐 연체 수금 등 그런 광범위한 업무들을 하는 것이죠.(맥주병 정리하는 가게 점원을 짜증스레 바라보며)

야 야! 거 좀 조용히 좀 해라.

아따 자식 넌 왜 그렇게 싸가지가 없냐?

* * *

관할서 한번 왔다 가면 세무서,

세무서 한번 왔다 가면 위생과,

아, 위생과 한번 쓸고 가면 소방서,

아따 니기미 씨이발 놈들,

이제는 동네 파출소까지.

* * *

물론 각자가 애로사항 있는 줄은 압니다만요.(무릎에 걸친 발 복사뼈 부근 양말 쥐어뜯으며)

그래두 땅 팔아서 장사하는 거 아닌 줄 알면서 말입니다.

줄줄이 연중 행사루다 해뻐리면 사실 인간적으로 너무하지 않습니까?

* * *

애기들끼리 돌아가면서 빵에서 한 바퀴씩 돌구 나올 때가 있어요. 빵 안에 있으면 내가 이 짓을 왜 하나 싶을 때가 있지.

특히 다른 때는 잘 모르것는데 빵에 가면 변소가 뚫려 있어요.

그러니까 내가 똥 싸는 걸 빵 안에 다른 놈들이 보는 거야.

찜찜허지.(다시 양말 뜯으며 신발끈 만지작거림)

나 똥 싸느라구 쭈그리구 앉아서 다른 놈들하구 눈 마주치면 서로가 말을 안 해서 그렇지 기분이 참 그렇거든.

* * *

그래두 이 생활 안 하면 어쩔거여?

아 내가 택시를 몰아, 짱깨 배달을 해.

그거 아니거든.

더군다나 나아(내)가 성격적으로 남한테는 굽신거리구는 못 사는 편이야.

＊ ＊ ＊

아무래도 사람 상대하는 일이다 보니까 사소한 시비로 큰 사건 벌어지고 그러면 사실 어릴 때는 남모르고 그런다지만 (의자 뒤집어 테이블에 놓으며) 나이 먹어서까지 피 보구 산다는 게 좆같거든.

평상시 아무 것두 아닌 데 그걸 참지 못하고 사고치는 행위.

아, 물론 나아(내)가 애기들한테 항시 내가 교육을 시킵니다만 그런 것이 가장 큰 애로가 아닌가 싶습니다.

＊ ＊ ＊

꿈?

아, 그런 거 생각할 여유두 없었어. 지금두 그렇고.

그냥 애기들헌테 칼침이나 안 받았으면 좋겠어.

요새 열댓살 애기들이 설치고 다니는 거 보면 아주 살 떨려부러. 아-따아 고만합시다.

아이구! (덧정 없어 하며 손사래침)

〈 질 수 없는 게 싸움이다. 하여 태훈과 석환은 죽기 살기로 덤빈다 〉

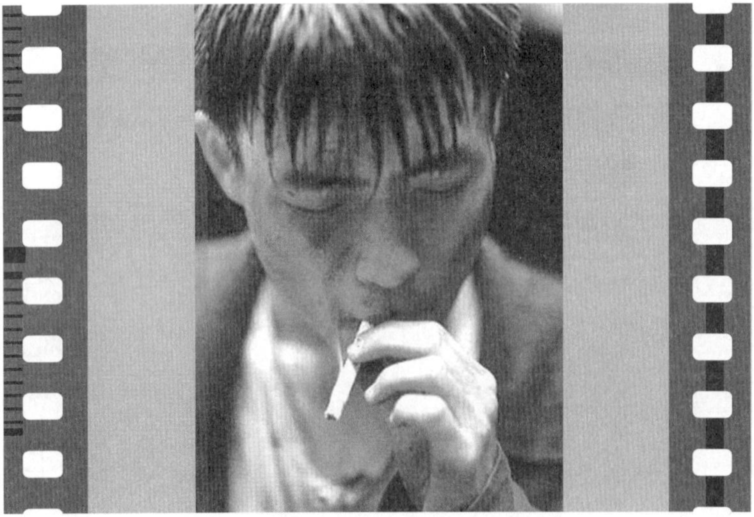

〈 석환은 그래도 경찰을 괜찮은 직업으로 자부한다 〉

〈 모두가 한때는 꽃잎이었던 것을 〉

〈 네가 죽어야 내가 산다면 〉

정조의 죽음(1800)을 전후로 시작한 위의 역사여행은 두 차례 세기말과 그 사이 몇 사건들을 꼭지점으로 이은 '세월 건너뛰기'였다. 어떻게든 세상 바꿔보려 시작한 개혁의 흐름은 주상(主上)의 퇴장에서 작가의 좌절에 이르기까지 한결같은 실패와 퇴행의 드라마를 뒤로 한 것들이다. 폭력은 있었으되 혁명은 없고 개혁은 꿈꾸었으되 바뀐 건 없는 역사의 반복. 영화를 통한 역사의 소급과 필름에 담긴 정치의 인화(印畵) 혹은 그 확대도 극적 반전과 인위적 과장보다 사실을 바탕으로 비틀 때 한층 더 처연하다.

하지만 이 땅에서 만들고 배급한 영화 모두가 그러했을까. 과연 그럴까. 정색하며 묻자. 이 땅에는 왜 마이클 무어 같은 감독이 없는 걸까.[3] 어쩌자고 우리에겐 유현목이나 임권택을 뛰어넘고 박찬욱과 강우석을 저만치 내려다 보며 오래도록 지구에 회자한 영화작가가 없었던 걸까. 올리버 스톤이나 구로사와 아키라보다 더 끈질긴 작품으로 모두의 발길을 오래도록 잡아챈 감독은 그리도 귀했던 걸까. 이런 아쉬움이 어디 우리만의 궁금증이었으랴. 바다 건너서도 이같은 반문은 예전부터 있었고 내부의 회의론[4] 역시 계속되고 있는 실정이다. 이참에 생각해 보아야 할 문제들은 이런 게 아닐까.

3) 이제와 새삼 미국 영화가 부럽냐고? 천만에. 우리가 저들만 못한 거야 이제 부피로 따질 문제가 아니잖은가. 그걸 웅변으로 재탕하려는 것도 아니고 이 땅의 저 많은 영화감독들을 열 받게 하기 위함도 아니다. 영화로 정치를 말하고 필름으로 세상 후벼댈 독한 작가가 새삼 아쉬워 그런다.

4) http://www.munhwa.com/culture/200408/03/2004080301012830072004.html 참조.

> 한국 영화가 빠져 있는 흥미와 자본의 꿀단지를 단호히 분쇄할 감독은 언제 나올까. 영화의 환경은 온통 정치이건만 이와 정면으로 맞서지 못하고 구태여 역사를 찾고 과거로 빠져드는 반현실적 사고는 어디서 비롯된 걸까. 감독은 감히 정치적이지 못한 걸까, 아니면 굳이 정치적이지 않은 걸까. 의도적 침묵? 불가피한 무능?

본격적인 문제는 뭘까. 그건 한국 사회의 지나친 정치화 경향과 대조적으로 영화의 정치화가 지체된 이유와 저항의 빈곤을 유도한 배경들을 찾고 또 새롭게 이해하는 일이다.[5] 그리고 정치와 영화를 둘러싼 다른 국가의 이론들과 실제를 비교해 보는 일로 좁혀진다. 보다 구체적으로 정치와 영화는 어떻게 만나고 서로 어우러지는지, 그 과정과 결과는 어떤 모습을 취하는지 탐구할 일이다.

게다가 영화를 예술과 상품으로 이해하지 않을 수 없는 딜레마 속에서 이를 정치로까지 이해하려 할 때 무엇에 유의해야 하는지도 살필 것이다. 그러니까 예술이자 상품이고 상품이자 정치인 이 특유의 장르가 세상 속에서 호흡하고 변화해 나가는 모습 전반을 구조적으로 파악하는 데 남은 관심을 기울일 것이다.

단순한 오락이자 즐거움의 도구로 인식되는 영화가 때로 철학과 사상을 아우르고 인간의 집단적 광기를 동원하거나 꼼짝없는 감

5) http://www.chosun.co.kr/w21data/html/news/200408/200408030035.html 참조.

각의 조종 수단으로까지 발전하는 메커니즘의 이해도 간단치는 않다. 그것은 훌륭한 교육 매체이자 더 없는 해악의 메신저로 역할의 전모를 드러낸다는 점에서 세상의 화두로 자주 오르내린다. 누가 언제 어디서 어떻게 영화를 탐닉하고 억누르지 못할 감각의 파편들을 세상에 퍼뜨리는지도 피하지 못할 문화의 쟁점으로 발전하는 게 사실이다.

앞서 살핀 이 땅의 영화들 역시 필름에 역사를 담고 대사에 정치를 넣어 관객을 일정한 방향으로 이끌려 애썼던 정치적 결과물들이다. 다만 정치를 정치 그 자체로 다루지 않고 지난 역사와 흘러간 시대를 빗대 오늘을 말하려 했다는 점에서 그들의 영화언어는 아쉬움과 한계를 갖는다. 전형적인 정치성을 물씬 풍기는 장르임에도 이를 노골적으로 활용하지 않았던 한국 영화를 거꾸로 살펴보는 데 정치는 이제 피하지 못할 주제로 모습을 드러낸다. 이제 둘은 서로 어떻게 만나고 또 사라지는지, 그리고 그들의 결합과 충돌은 무엇을 일깨워주는지 살펴보자.

II

정치와 영화의 만남

– 스며들기와 물들이기 –

1
영화의 정치 개입과 정치의 영화 간섭

정치와 영화가 어떻게 만나 관계를 맺는지는 별다른 흥미대상이 아니었다. 정치는 정치대로 영화는 영화대로 각자의 영역을 고집하거나 자신의 일상에 탐닉했을 뿐, 그들의 관계맺음이 각별한 의미를 갖는다는 믿음은 널리 퍼져 있지 않았다. 전쟁과 혁명이 인간 집단을 가르고 서로 미워하도록 부채질해댔어도 영화는 좀체 역사의 전면에 나서려 들지 않았다. 더 나아가 그래야 한다고 강변하는 어떤 논리도 이 땅에서 위력을 발휘했다는 기억은 우리에게 없다. 지난 세기의 영화 역사가 무르익도록 영화는 적어도 정치발전을 이끄는 적극적 도구가 아니었다.

왜 그랬을까. 무지의 소산일까 아니면 위장의 결과였을까. 이같은 물음에 깃든 일종의 새삼스러움은 그 자체만으로도 탐구대상이 된다. 그건 단순한 호기심을 넘어 언젠가 학문적으로 규명할 필요가 있다는 점에서 꼼꼼히 따져볼 필요가 있기 때문이다. 얼핏 들여다 보면 둘의 관계는 그다지 가깝지 않은 듯하다. 그것은 가장 오랜 역사를 자랑하는 정치와 이제 기껏 백 년의 역사를 자랑하는 영화의 사이가 표면적으로 단절된 것처럼 보이기 때문이다.[1]

그러나 정치의 역사와 영화의 그것이 서로 불균형하다는 사실 하나만으로 그들 사이를 부인하거나 논의를 중단해 버림은 옳지 않다. 왜냐하면 영화의 정치성과 정치의 영화성은 사라지거나 은폐할 수 없는 문화적 본원성, 즉 의미의 교통을 항시 전제하기 때문이다.[2] 하지만 정치적 무관심과 혐오가 강한 경우 적어도 헐리웃 영화가 잠식해 들어갈 수 있는 영향권 안에서 이들 사이가 생소하게 비칠 가능성은 얼마든지 크다.[3]

---

1) 비단 아시아에서만 새삼스런 생각은 아니다. 다음 주장을 음미해 보자 : "모든 예술형식 중 가장 영화적 방법의 도움을 받을 듯싶은 무용이야말로 실질적으로는 영화 때문에 형편없이 손해를 본다. 무용이 고정된 무대 전면에 앉아 있는 관객에 맞춰 고안된 연극적 표현에 성공하면 할수록 세심하고 정교한 안무 패턴은 무대 옆을 설치고 다니는 카메라의 경거망동으로 더욱 더 심한 고통을 겪는다. 기동성과 카메라의 다른 속성들을 위한 안무나 카메라 움직임을 정밀하게 디자인해 주는 영화적 무용이 없는 건 아니다. 그러나 그런 무용 또한 연극적 춤 개념으로부터의 독립을 요구한다. 영화형식의 발전이 이토록 고통을 겪는 건 카메라가 단지 문학을 희화화하고 현실세계를 기록하는 데만 쓰여 왔다는 이유 때문이 아니다. 영화가 이제 갓 태어났다는 이유 때문이기도 하다." 마야 데렌, "하나의 예술형식으로서의 영화," 권중운 편역, 『뉴미디어 영상미학』(서울 : 민음사, 1994), pp. 90-91.

2) Gary Crowdus, "Preface," Gary Crowdus, ed., *Political Companion to American Film* (Chicago, Ill. : Fitzroy Dearborn Publishers, 1994), p. xi.

이들 사이의 경계가 환하게 열려 있음을 증명하려면 서로의 의미 교환이 이루어지는 토대로 사회와의 관련성부터 밝혀야 할 일이다. 이때 정치의 영화성이나 영화의 정치성이란 무엇을 의미하는지 역시 동시에 헤아려 보아야 할 것이다. 그러나 무미건조한 사전적 정의나 엄정한 논리 추론은 급선무가 아니다. 그것은 상당 수준 진행된 각론 작업과 담론 틀을 통해 대체할 수도 있으리라. 문제는 그들 사이의 관계맺음과 사회적 관련을 어떻게 밝혀낼 것인지로 모아진다.

영화의 정치적 지배전략? 정치의 희화화와 은유의 계략? 은근한 통제와 계산된 정치화? 서로를 비추는 이상한 거울들? 더 이상 말할 수 없는 것은 숨겨버리기. 진실은 허구로, 허구는 사실로 기정화하기. 있을 수 '있는 일'들의 영화화와 있을 수 '없는 일'들의 생명 불어넣기. 허상의 극화와 이미지의 물화. 그 사이의 애매모호한 경계 허물기, 아니 블럭 녹이기. 하여 있을 수도 있고 있지 않을 수도 있는 세계의 무제한 범벅하기 … .

---

3) Ibid. ; All films are *political*. In most countries, that's not a particularly contentious statement, but here in America, the home of Hollywood, it's a surprising notion to many people. Hollywood's usual attitude to politics is best characterized in such film industry *clichés* as "Politics is poison at the box office" or "If you've got a message, send it Western Union." "*Political films*" are usually thought of as constituting some sort of separate genre–liberal social conscience movies à la Stanley Kramer, political thrillers by Costa–Gavras, anti–war films, satires on the American political system, and the like. Other films, despite the fact that they clearly illustrate some sort of social political context, are nevertheless considered to be "merely entertainment."

정치와 영화의 관계는 이처럼 이해할 때 더 모호해진다. 둘이 모두 의도적 허구의 결과일 것이란 가설과 이를 검증하는 일은 그래서 더욱 중요하다. 영화의 정치적 순기능을 더욱 강조하는 미국의 영향과 그 속에 고스란히 노출되어 있던 기왕의 조건들을 염두에 두면 헐리웃의 횡포는 가히 폭력적이다. 어디까지가 진실이고 어디부터 허구인지 경계 자체가 불분명하다는 사실은 거짓 같은 삶 속에서 정치와 영화가 서로 공모할 수 있는 비현실의 폭을 넓혀주기만 할 따름이다. 특히 영화의 정치적 합리화 기능과 영상매체가 차지하는 압도적 우위를 굳이 인정하지 않더라도 이는 통념화된지 이미 오래다.

라이언과 켈너는 이렇게 말한다.

> 몇몇 급진 평론가들은 헐리웃 영화가 지배적 제도들과 전통 가치들을 정당화하는 기능을 수행하고 그 재현의 관습들은 이데올로기를 주입하는 데 기여한다고 주장한다. 이때 제도와 가치들이란 개인주의(자립에 대한 강조 및 정부에 대한 불신), 자본주의(경쟁가치, 신분상승, 적자생존), 가부장제(남성 특권과 여성의 부차적 역할), 인종주의(사회 권력의 불평등한 배분) 등을 의미한다. 재현의 관습은 주제만이 아니라 형식까지 포괄하는데, 형식 관습들(내러티브의 종결, 이미지의 연속성, 비성찰적 카메라, 등장인물의 고정된 정체성, 중심화면 잡기, 프레임의 균형, 사실적 명료함 등)은 스크린 위에서 벌어지는 것이 어떤 특정 시각에서 만들어진 구성물이 아니라 객관적 사태의 중립적 기록인 듯한 환상을 만들어내고 이를 통해 이데올로기를 주입한다는 것이다. 영화는 세계를 반영한다기보다 세계를 투사하는 재현 요소들의 선택과 조합에 의해 수사적 언술을 펼친다. 그렇게 함으로써 영화는 관객에게 특

정 입장이나 시점을 강요하고 형식 관습은 영화적 인위성의 기호를 지움으로써 관객을 이러한 입장에 가두어 놓는다.[4]

그렇다면 (자발적으로든 강제적으로든) 사람들은 권력의 지배욕구나 정치적 생활세계의 온갖 프로그램에 편입되는 셈이다. 게다가 기꺼이 그에 복무할 자기 근거마저 충분히 마련한다. 이때 권력이 무엇을 바라며 또 그것들을 어떻게 가치판단할 것인지는 별로 중요하지 않다. 다만 영화가 정치의 종속물로 전락할 가능성이 커진다는 점과 반대로 정치가 영화의 내러티브 구조나 이미지 조작에 따라 그 안에 얼마든지 숨어들 여백을 확보할 수 있다는 사실을 헤아리는 데 그리 많은 시간이 필요하진 않다.

이같은 메커니즘 역시 미리 드러나지 않고 교묘하게 은폐 · 분산되고 있다는 점에서 영화는 만만한 장르가 아니다. 뿐만 아니라 늘 치밀한 자기 계산이나 정책적 고려에 따라 만들어지지도 않는다. 영화의 정치적 기능이 늘 일방적으로 결정된다는 가설은 그래서 쉽게 성립되기 어렵다. 그러나 헐리웃 영화의 정치적 도구화 기능을 분석하다 보면 반드시 그렇지만도 않다.

라이언과 켈너는 계속 강조한다.

---

4) 마이클 라이언 · 다글라스 켈너 지음/백문임 · 조만영 옮김, 『카메라 폴리티카 上』 (서울 : 시각과 언어, 1996), pp. 17–18.

영화의 정치적 비중은 대단히 크다. 무엇보다 영화는 광범한 문화적 재현체계 중 한 부분이다. 사회현실을 특정 방향으로 이끄는 심리성향이나 제도를 지탱하는 이 세계가 무엇이고 또 무엇이어야 하는지 그 상식적 감각을 만들어내기 때문이다. 영화의 역할을 이렇게 파악할 때 이데올로기에 대한 전통의 마르크시즘적 견해, 즉 이데올로기란 억압받는 자들을 종속상태에 들어가게 하고 물리적 힘을 실행하지 않고도 통제하는 관념과 이미지 체계라는 식의 정의를 확장할 필요가 생긴다. 우리는 사회적 긴장을 이완하고 사회세력들에 대해 그들이 불평등 체제에 위협을 가할 수 없도록 하는 행위로 이데올로기를 간주할 필요가 있다. 이데올로기는 사고와 행동방향을 조정하여 질서를 유지하고 행동에 경계선을 긋는 문화적 재현을 통해 이러한 과제를 수행한다. 우리는 이데올로기를 단순히 지배 내부의 행위로 파악할 게 아니라 평화를 유지하지 못할 경우 사회체계를 내부로부터 산산이 해체해 버릴 수 있는 힘들의 반응으로 파악할 것을 제안한다. 위협받지 않는 사회란 이데올로기적 방어도 필요치 않을 것이다. 바로 이같은 의미에서 이데올로기가 필요하다는 것은 사회 내부에 이미 무언가 어긋나 있음을 보여주는 증거가 된다. 이데올로기는 불평등한 사회체제를 전복할 수 있는 힘들을 평온한 상태로 유지하고 그 흐름의 방향을 돌리며 중립화한다. 따라서 이데올로기는 자신이 부정하는 세력들이 지니는 힘을 반증한다. 따라서 보수적인 영화가 사회비판적 통찰력을 드러내는 경우도 생긴다. 보수적인 영화가 가리키는 내용은 보수적 반응이 필요하도록 만드는 힘들이 현존한다는 사실이다. 불평등한 사회의 구조적 긴장이나 잠재하는 분열적 힘들에 대항하고 그 힘들을 가시적으로 드러냄으로써 영화 이데올로기는 독특한 사회 기능을 수행한다.

지나치게 깨끗이 씻은 손이 무대 밖에서의 범죄행위를 보여주는 증거가 되고 백혈구가 지나치게 많다는 것이 병을 가리키는 것처럼 이데올로기 그 자체는 미국 사회에서 진보적 변화의 원천이 되는 잠재력으로 간주할 수 있다.[5]

영화의 이데올로기적 가소성(可塑性 *plasticity*)을 넓혀 잡는다면 지배도구로서의 정치기능이나 은밀한 통제도구로서의 제한은 희석될 것이다. 문제는 어느 경우 더 많은 진실성이 담보될 것인가 하는 점이다. 나아가 그같은 사회적 설득력이 이 땅에서도 계속 유지될 것인지 궁금해진다. 그렇다면 정치와 영화가 따로 존재하는 독자적 대상인지 여부는 이제 별다른 관심대상이 아니다. 그들 사이의 관계가 지극히 일상적으로 바뀌어 버린 사정도 인정하지 않을 수 없는 게 오늘의 현실이다.[6]

---

5) 윗책, pp. 36-37.

6) Philip Davies, et al., *Cinema, Politics and Society in America* (New York : St. Martin's Press, 1985) ; Norman K. Denzin, *The Cinematic Society : the Voyeur's Gaze* (London : SAGE, 1995) ; Dan Georgakas, Lenny Rubenstein, eds., *The Cineaste Interviews : On the Art and Politics of the Cinema* (Chicago, Ill. : Lake View Press, 1983) ; Brian Neve, *Film and Politics in America : a Social Tradition* (London : Routledge, 1992) ; Tuppy Owens, *Politico Frou-Frou : Pornographic Art as Political Protest* (Dorset : Cassell, 1996) ; Stanley Rothman, et al., *Hollywood's America : Social and Political Themes in Motion Pictures* (Boulder, Colorado : Westview Press, 1996) ; Michael Ryan and Douglas Kellner, *Camera Politica : the Politics and Ideology of Contemporary Hollywood Film* (Bloomington & Indianapolis, Indiana : Indiana University Press, 1988) ; Andrew Sarris, *Politics and Cinema* (New York : Columbia University Press, 1978) ; Michael Jon Stoil, *Cinema Beyond the Danube : the Camera and Politics* (Metuchen, N.J. : Scarecrow Press, 1974) ; 리처드 라우드 지음/한상준 옮김, 『장 뤽 고다르 : 소비

그러나 문제의 초점은 다시 우리 내부로 향한다. 왜냐하면 우리는 이 문제를 제대로 제기한 바 없고 굳이 절실하지 않았기 때문이다. 왜 그랬을까. 그 까닭의 핵심은 뭘까. 다음 몇 가지 항목들은 이에 답하기 위해 그려본 쟁점의 기본들이다.

1. 정치의 영화성이나 영화의 정치성은 합의나 계약에 따라 도출된 것이 아니다. 서로를 굳이 의식하지 않아도 그들은 자연스레 스며들고 침투하면서 은밀한 영향력 크기를 재확인한 삼투의 결과물이다.
2. 권력과 영상은 이 은밀함과 이를 감싸는 주체의 의도적 욕구에서 우러난다. 서로는 서로를 은연중 지배하며 시지각(視知覺)에 포섭된 이미지와 그 내용을 인식할 겨를조차 없이[7] 관객(군중)을 일정 방향으로 끌고 갈 저력을 함축한다. 이 점에서 둘은 많이 닮아 있다. 이때 영화의 정치성과 정치의 영화성이 서로 교통할 수 있는 대중적 인식 채널은 극대화된다.
3. 영화의 정치 이데올로기가 딛고 서는 사회적 입지점 역시 여기서 커진다. 아울러 영화의 사회적 지배력이 정치화하는 계기마저 확연히 드러남은 세기의 전환기 문화사가 겪어야 할 통과의제였다. 영화의 권력화 현상이 정착 · 확산된 이유나 그 역사적 배경 역시 이런 맥락에서 이해할 필요가 있다.

사회의 영화와 이데올로기』(서울 : 예니, 1991), pp. 39-47.

7) 굳이 보려하지 않아도 볼 수밖에 없는 상황으로 몰아가는 정치적 의도도 문제일 것이다. 그러나 끝없는 '봄'과 '보여짐'이 권력과 영상의 일방성을 끝내 희석시켜 버릴 수 있는 핑계로 재활용될 수 있다는 사실은 더 중요하다.

4. 모더니즘의 발전과 영화의 그것은 모호하다. 예술사의 전개에서 영화의 사상적 발전이란 그 포착 여부가 불분명하다. 그 가운데 영화사상과 포스트모더니즘의 관계는 더욱 특이하다. 모더니즘의 후발 성장과 강화, 거부와 해체를 통한 사상적 성숙이 포스트모더니즘을 규정하는 편리한 방법 가운데 하나라면 영화사상의 발전은 이같은 모더니즘 분화의 역사를 다른 방식으로 압축 반영한다. 아니, 영화사상의 발전은 모더니즘과 포스트모더니즘의 그것을 동시 경험하고 있거나 이미 경험했고 다음의 대안마저 추동해내고 있다.

5. 성과 폭력은 현대 영화의 핵심 변수로 존재한다. 그것은 대중적 관심을 유발하는 가장 손쉬운 영화적 접근대상이자 정치적 압제와 통제의 명분이 된다. 이 점에서 이들은 능률적으로 정치화된다. 조작하고 관리하며 응용해 나가면서 사회질서에 조응하려는 권력의 정치적 지배전략은 사실상 영화 세계에서도 크게 다르지 않다. 현대 영화사상의 단초는 결국 정치 통제와 그에 대한 문화적 항전으로 구체화될 수밖에 없다.

6. 역사의 단절과 왜곡, 문화지체로 점철된 한국 현대사에서 영화의 정치화나 정치의 영화화란 또 다른 지체 담론들이었다. 뒤늦은 관심과 편중된 열정은 영화와 정치의 압축혁명을 낳았고, 정치적 해석을 통한 영화의 이해와 영화적 인식을 거친 정치 분석은 서로를 비추는 흥미로운 거울로 이 땅에 존재한다. 하지만 이 땅에서 영화정치학의 구축은 여전히 난해하거나 시의에 맞지 않는 작업으로 받아들여지기 십상이다. 그것은 반사회적 운동의 하나일까 아니면 정치비판의 새로운 수단일까?

위 물음에 답하고 그 담론 형성에 주력하고자 하는 게 필자의 의도다. 영화의 정치적 영향력은 지난 세기 초 적잖은 관심을 불러일으킨다. 뿐만 아니라 영화는 삽시간에 세계적 대중문화 장르로 정착한다.[8] 그것은 쉽게 내면화할 수 있는 내러티브 구조와 의미 그리고 상징을 표출하는 특유의 장치로 즉각적 전달매체 역할을 담당했기 때문이다. 이러한 파급은 영화가 계층 분화나 부의 분배와 전혀 관계없이 국가 전체적으로, 그리고 일정 문화권에 편중되지 않고 시·공간의 한계를 쉽게 극복할 수 있음을 뜻한다.[9] 전파 효과의 가능성 확장에 따른 다음 결과는 무엇이었을까. 문화 수용의 용이함과 파급의 즉시성이라는 두 가지 효용성의 재확인. 그것이 다다른 또 하나의 세계는 권력과 문화의 접합이었다.

보다 구체적으로 표현하자면 그건 차라리 권력의 시기와 질투의 증가였으리라. 지배권력이 의도하는 영향력 크기가 국가 전체 수

8) G. 조엣 · J. 린튼 지음/김훈순 옮김, 『영화 커뮤니케이션』(서울 : 나남, 1994), p. 114. 이들은 1917년, 영국 공공윤리국가회의(The National Council of Public Morals)가 영화의 위상과 미래 가능성에 관해 제출한 보고서 가운데 다음 주장에 주목한다. "영화관이 이 나라 국민들에 대한 강하고 영속적인 지배력을 충분히 깨닫고 있는지 의심스럽다. 대부분 다른 오락들은 사회 한 부류 사람들에게만 흥미를 끈다. 그러나 영화의 매력은 보편적이다."

9) 윗책, p. 170. 영화의 미국화 경향이 얼마나 막강한 저력을 갖는지는 Weigall이 잘 지적한다. "영국의 외딴 마을에도 부드럽지만 궁극적으로 위험한 독을 수반한 영화들이 침투하고 있다. 세계는 점차 미국 특정 지역의 영화제작자와 작가 집단의 시각으로 세상을 보도록 훈련되고 있다. 영화로 미국화하고 있는 것이다. 문제는 이같은 미국화가 그 국가의 가장 좋은 요소는 물론 대중적인 요소조차 표현하지 못한다는 점이다." Arthur Weigall, "The Influence of the Kinematograph Upon National Life," *Nineteenth Century* (April 1921), pp. 661–672.

준에서 실망스럽거나 혹은 이를 능가할 만한 제3섹터가 존재한다고 판단될 경우, 권력의 촉수가 예민해지는 건 극히 당연하지 않을까. 영화보다 못한 정치, 연극보다 설득력 없는 권력의 실체.

환호하는 군중이나 전체주의적 열광의 정치심리를 통해 자발적 복종의 정치공학을 조작할 수 없는 게 전환기 정치의 특성이고 보면 영화의 스타십이나 그에 준하는 대중적 인기는 사실 권력이 부러워하게 마련이다. 나아가 이미 틀 잡힌 사회체계 속에서 영화가 어떤 장벽도 건너뛸 만한 힘을 갖고 퍼졌음은 권력의 질투를 키우는 데 한층 기여한다.

조엣과 린튼의 다음 주장 역시 영화의 사회사적 기초 확산을 변명하는 좋은 근거가 된다. 압도적 패러다임으로 영화언어의 전파와 그 예술적 사후 승인이 현대 예술의 당연한 토픽이 된 것도 여기서 중요하다.

> 영화가 미국 사회에서 현저한 위치를 갖도록 한 다른 요인들이 있었다. 첫째, 영화는 도시화, 산업화 그리고 전국적 매스 커뮤니케이션의 역동적 힘을 함께 초래한 대중사회 발전의 절정이었다. 세 요소가 결합되었을 때 이들은 보다 많은 동질성을 재촉했다. 미국민의 다양성에도 불구하고 증가하는 사회화 경험의 유사성은 문화적 시각에서 미국민의 취향이 더욱 비슷해지고 있다는 것을 의미한다. 특히 영화는 이같은 문화 동질성에 공헌했다. 둘째, 영화는 증가하는 도시인구를 위한 이상적 오락활동이었다. 주로 노동계층 거주지역에 영화관이 생기면서 영화는 곧 전 도시에 나타났고 이웃의 활동 중심이 되었다. 영화는 저렴했다. 1달러보다 적은 돈으로 전 가족이 영화관에

> 갈 수 있었다. 대중수송의 경비 없이도 영화는 쉽게 이해되었다. 물론 영화는 도시와 마찬가지로 농촌으로도 빨리 전파되었다. 하지만 위의 요소들은 영화가 도시의 중요한 오락형식이 되도록 결합하였다. … 셋째, 영화는 민속적 대중문화 요소 때문에 초기에 성공을 거둔다. … 바로 이 점에서 영화는 그들의 관객을 반영하는 것만큼이나 그들의 생각을 형성하기 시작한다. 영화가 미국 생활과 문화의 필수 부분이 된 마지막 요인은 교회 · 학교 그리고 정부기관 같은 다양한 단체들의 채택이다. 영화의 이러한 비상업적 사용은 오락영화처럼 매력적이거나 널리 감상되진 않았지만 교육과 커뮤니케이션 과정에 신중하고 광범위하게 이용된다. 따라서 비상업 영화들은 커뮤니케이션 하부구조의 필수 부분이자 미국 사회의 부정할 수 없는 사실로 영화의 전면적 승인에 공헌한다.[10]

그러나 영화가 갖고 있는 저력이나 정치사회적 영향력이 크다는 사실과 그것이 얼마나 체계적으로 분석되었는지는 전혀 별개의 문제다. 그것은 영화이론사에서 가장 취약하고 큰 관심을 불러일으키지 못한다. '조명 · 의상 · 분장 · 대본 · 각색 · 제작' 등 다양한 영화 각론들은 그들 각자의 지식 터전을 이미 충분히 확보했기 때문이다.

영화를 학문으로 본다면 이를 뒷받침할 지식은 어디서 가장 풍요롭게 동원할 수 있을까. 다양한 예술 장르 가운데 영화를 살찌운

10) 윗책, pp. 115–118.

주변 영역은 무엇일까. 자생적 발전? 학제 간 협동과 예술적 교류? 문제는 영화예술과 주변 장르의 관계, 그리고 영화만의 특수성이 어떻게 조화를 이룰 수 있는지로 좁혀진다. 이에 관한 앤드류의 서구 지성사 분석은 흥미롭다.

그는 이렇게 말한다.

> 영화는 어떤 종류의 사회적 구성물일까. 영화이론가들이 자리 잡기 바라는 잠재적 작업장은 어떤 것일까. 이같은 사회학적 질문에 대해서는 사회학적 지표가 대답해 줄 수 있다. 학계가 영화에 대해 한 일은 무엇인가. 언제 어디서 영화가 진지하고 진보적인 연구주제로 인정되었는가. 이 분야의 상세한 역사를 서술하려면 복잡한 영화체계의 근원으로 거슬러 올라가 보아야 할 것이다. 아직도 나는 영화가 60년대 초 미국 대학들에서 약간의 권위를 얻었고 이는 주로 인문학자들의 열광적 관심 때문이었다고 확신한다. 자주 있는 일은 아니었지만 영화연구의 대안, 즉 선택권은 사회과학(특히 커뮤니케이션 연구와 사회학)과 미술분야에서 나오곤 했다. 이 시기에 영화가 인문학에 기반을 두게 된 것은 의심할 여지가 없다. 사회과학은 급속도로 성장하고 있었기 때문에 영화와 관련한 어떤 예외적인 것에도 시간이나 정력을 쏟을 여유가 없었다. 약간의 자료가 수집되고 가설들이 제기되었지만 그런 연구는 대중문화에 관한 분석과 병행하여 이루어졌다. 훨씬 큰 먹이를 쫓는 학문분야에서는 영화에 대한 체계적이거나 철저한 검토가 전혀 시작될 수 없었다. … 영화의 학계 유입은 전통 인문학자들 사이에서 대단한 반발을 불러일으켰고 영화광들과 영화비평가들 모두를 자극했다. 영화를 거의 알지 못하는 사람들에 의해 영화가 의심스런 목적을 위해 이용되고 있다고 모두가

> 느꼈다. 유럽 대륙의 비평과 연결된 특수용어들은 영화예술과는 아주 부적절하다고 여겨졌다. 그러한 불평들이 광범위하게 정당화되는 동안에도 영화이론은 장족의 발전을 이루었다. 영화가 사회과학의 일부였다면 그같은 발전은 생각할 수도 없었을 것이다. 미국에서는 커뮤니케이션 연구자나 사회학자들이 다른 나라에서 등장하고 있는 학문에 거의 관심을 보이지 않았기 때문이다. 역사가들과 미술비평가들도 유럽에서 이루어진 문화비평의 급진적 발전에 특히 무관심했다. 사실 그들은 미국 영화비평의 보수적 전통에 자신을 결부시키는 것에도 열성적이지 않았다. 결국 미국의 영화비평은 주로 중간 수준 저널들에서 나타났고 대중적 내러티브 장르들과 관계 맺고 있었다. 극히 소수의 미술대학 교수들만이 이러한 담론으로 기울었을 뿐이다.[11]

그렇다면 영화사의 발전에서 사회과학의 비중은 미술과 인문학 다음으로 미미했다는 논리가 성립된다. 영화의 사회적 관련이 없는 건 아니지만 즉각적이거나 직접적이진 않다는 앤드류의 지적은 영화의 정치성이나 정치의 영화성 역시 신중히 파고들 여지를 그만큼 넓혀준다. 물론 그 함의 정도나 구체적 경계를 확인하기란 쉽지 않다. 사회과학의 영화적 관련성도 문제려니와 각론적 담론과 영화와의 학제 간 영향력 비교도 단순한 작업은 아니기 때문이다. 특히 여기서 각별히 제기할 문제는 막상 영화와 정치의 관계를 어떻게 규정

11) 더들리 앤드류 지음/김시무 · 곽동훈 · 김소연 · 이순진 옮김, 『영화이론의 개념들』(서울 : 시각과 언어, 1995), pp. 16–19, *passim*.

하고 또 이해해야 할 것인지로 좁혀진다.

정치와 영화 그리고 정치영화에 관한 논의 축을 만들려면 이같은 전제와 대중적 설득력 확보는 특히 중요하다. 이들 세 가지 관계는 그들이 국가에서 이루어지는 전(全) 방위 문화행위란 포괄 규정 외에도 앞서 말한 임의적 고안의 결과로 압축할 때 가장 두드러진다. 이때 행위 주체가 개인인지 집단인지, 아니면 불특정 다수에 의해 조종되는 잠재권력인지는 부수적인 문제다.

세기의 전환기에 영화는 단순한 오락도구나 잠정적 도피수단으로만 활용되지 않는다. 민주와 자유 혹은 혁명과 평등 따위의 격한 구호가 이데올로기로서의 의미를 상실하자 정치 역시 이념의 구현보다 그저 겨우 존재하는 퇴화된 도구로 전락해 가고 있는 게 오늘의 현실이다.

> 영화를 단순히 개인의 삶에 대한 열정을 식히고 단조로움과 삶의 고통들로부터 도피하는 환상의 세계로 간주하거나 이같은 관점에서 영화의 내용과 비현실성을 정당화하는 것은 부적절하다. 왜냐하면 많은 사람들에게 영화는 우리의 삶을 그대로 보여주는 정직한 묘사이며, 그들은 영화로부터 행동양식, 명백한 행위에 대한 자극, 상상의 활력 있는 삶을 위한 만족, 현실에 대한 아이디어를 이끌어내기 때문이다. 영화는 단순히 정지(停止)를 위한 기재가 아니라 자극의 한 형태다.[12]

12) Herbert Blumer, *Movies and Conduct* (New York : Macmillan, 1933), p. 196.

블루머의 이같은 통찰은 영화의 정치성뿐만 아니라 역사성까지 분명히 반증한다. 필름에 투사된 순간의 장면과 그를 감싸는 시·공간적 제약은 전체를 설명해 줄 수 있는 놀라운 저력과 압축적인 설명력(혹은 설득력)을 갖는 경우가 많다. 우리는 끝내 이 문제를 둘러싼 여러 쟁점들을 논의현장에서 배제하지 못한다. 영화는 기록을 위한 도구가 아니며 순간 정지된 현상을 담는 그릇도 아니기 때문이다. 영화는 이제 다큐멘터리의 대체 수단이 아니며 통문화적 대표 미디어로 우리 앞에 도드라진다. 따라서 영화의 저력과 사회성 논의는 각별히 중요하다. 그것은 이제 어쩔 수 없이 만나야 할 광범위한 문화매체로 사회 곳곳에 포진한다. 허구적 상상에서 비롯하여 이미지 투사를 통해 어차피 알고도 속아주는 가상 믿음의 행위. 권력이 민중을 통제하는 방식이나 빛의 미립자가 관객을 휘어잡고 순간의 압도로 현실에서 탈주·복귀하는 궤도는 여기서 닮아도 무척 닮아 있다.[13] 그

13) 김정룡의 다음 표현에 주목해 보자. "극장은 시간의 구멍, 육중한 삶의 살들은 곧잘 거짓말처럼 그 안에 쑤욱 빠져 있고 나는 본다. 뇌락한 거침없는 몸의 행적들, 시공의 조각들이 부유하면서 동시에 멈추어 있다. 카메라는 이때 독재자다. 평면의 셀룰로이드 조각에 압착된 물상 표면과 물상에 흡착된 소리의 표면, 영사기의 짧은 수신호에 따라 일시에 튀어나온다. 마치 나비처럼 한순간 검은 대기를 가로지르고 하얀 벽을 향해 파닥거리며 날아가 입체적으로 꽂히는 지상의 모든 욕망. 스크린의 그물 위에서 주정하는 여행자들–축제? 아니다. 관객은 자발적으로 저 컴컴한 동굴 속으로 들어가 맹목으로 불타오르는 상상과 기억의 의식(儀式), 벽에 부딪혀 파르르 떨리다 스러지고 다시 날아와 찰나를 장악하다 애매한 윤곽만 남긴 채 굴절하고 소멸하는 일상의 상처를 관전한다. 관전. 스르르 분해되어 현실보다 더 현실답게 재구성되어 광대한 은막에 부려진 빛의 미립자, 웅웅거리며 떠도는 소리의 분진들은 그러나 관객이 다가오는 순

러나 권력의 허구가 민중 의식 속에 뒤늦은 배반의 감정으로 내면화하는 것과 달리 영화의 배반은 차라리 면책 가능한 너그러움을 숨긴다.

영화 담론이 정치의 그것보다 턱없이 모자란 역사적 부담을 무릅씀에도 불구하고 훨씬 강한 대중적 호소나 사회적 흡인력을 갖는 이유는 이 지점에서 설명 가능해진다. 모든 영화가 다 그렇다는 건 물론 아니다. 그러나 의식의 풍요를 위해 유효한 도구로 존재한다는 이유만으로도 영화는 더 큰 믿음을 보장하지 않을까.

영화의 전 방위 확산과 정치적 불가항력은 이미 사회학과 영화 기호학 연구에서 보편화된 지 오래다.[14] 모나코도 영화의 포괄적 힘이 권력의 허세나 상징을 크게 넘어선다고 본다.

> 영화를 생각하는 사람들은 이제 더 이상 윤리학 체계나 모든 정치 사회 가치들에 대해 단순 기술하는 것에 만족하지 않는다. 뿐만 아니라 그들의 목

간 어느 틈에 관객을 스쳐 지나가버리고 그러나 관객은 아지랑이 되어 달아나는 시공의 환각보다 더 빨리 그걸 부여잡고 여하튼 그들 모두는 들어온 구멍을 통해 다시 일상으로 빠져나간다." 김정룡, 『우리 영화의 미학 : 한국 영화 감독론』(서울 : 문학과지성사, 1997), pp. 7-8.

14) Christian Metz, *Film Language : a Semiotics of the Cinema* [tr., by M. Taylor] (New York : Oxford University Press, 1974) ; *The Imaginary Signifier : Psychoanalysis and the Cinema* [tr., by C. Britton, et. al.] (Bloomington & Indianapolis, Indiana : Indiana University Press, 1982) ; Umberto Eco, *Das offene Kunstwerk* [tr., by G. Memmert] (Berlin : Suhrkamp, 1977) ; Iouri Lotman, *Semiotique st Esthétique du Cinema* [tr., by S. Breuillard] (Paris : Edition socialle, 1977) ; 더들리 앤드류 지음/김시무 외 옮김(1995), 앞책, 제4장 참조할 것.

> 표가 영화현상을 기술하는 언어의 발견이라는 점을 분명히 안다. 이제 영화 이론의 역할은 변증법적이다. 영화는 상호 관련된 대립들의 거대하고 광범위한 조합이다. 영화제작과 주제, 영화와 관객, 주류와 전위, 문화와 사회, 삶과 예술 그리고 실제와 언어의 관계에 관한 근본 질문들을 야기하는 코드와 하부코드들의 끝없는 조합이다.[15]

그러나 정치는 권력이란 고유 가치를 결코 포기하려 들지 않는다. 그런 일은 결코 발생하지 않는다. 정치의 세계가 이처럼 변함없는 의지를 고수한다거나 이를 묵인하는 민중의 행태가 반(反)영화적 속성[16]을 갖는다는 사실을 가장 잘 간파한 진영은 영화의 제작 주체들이다. 영화진영에서 권력의 계산을 간파하고 있다는 사실은 막상 정치의 별다른 긴장대상이 아니었다.

권력이 모든 것을 꿰고 있다는 믿음은 마치 정치가 사회를 위한 가치의 권위적 배분행위이자 통치의 그럴 듯한 명분이란 사실조차 숨긴다. 아울러 암암리에 군림하고 교묘하게 탈주하려는 비열한 관음의 세계마저 은폐한다. 자신의 이면을 알고 있다는 사실 자체가 부담이라기보다 또 다른 통제 빌미로 악용할 근거를 조문화할 수 있다

15) James Monaco, *How To Read a Film* (New York : Oxford University Press, 1977) ; G. 조엣 · J. 린톤 지음/김훈순 옮김(1994), 앞책, p. 164 재인용.

16) 영화의 사회기능을 비판과 감시 혹은 상징적 은유와 우회적 감찰로 본다면 민중의 일상 정치행태와 영화는 직접 친화력이 없다는 일종의 전제로 받아들여도 무방하리라.

는 점에서 권력은 정치의 영원한 가치로 안주할 자기 둥지를 확실히 틀게 마련이다. 영화가 정치를 비판하거나 공격적으로 비틀려 할 때 정치는 가차없이 통제 · 개입하기 시작한다. 정치가 영화에 개입하는 방식은 여러 가지다.

> 질서유지와 공공이익의 극대화를 위한 합리적 선택 강화. 설득력 있는 명분과 자기 존립 근거의 확장을 위한 치열한 계산. 자발적 복종 유도의 최대화 전략과 자기 이익 조절의 계약론적 근거 마련하기. 반항의 근거를 배제 · 희석하기 위한 더 큰 폭력의 암시. 공포효과의 현시.

영화에 대한 개입과 통제는 이 땅에서도 예외가 아니었다. 아니 지금도 예외가 아니다. 권력의 공포효과가 적잖이 발휘될 수 있는 몇 남지 않은 영역 가운데 영화가 포함되는 건 기왕의 저항강도가 약했고 조직적 저항기류 역시 취약했던 때문이리라. 무엇보다 늘 만만하게 손댈 수 있는 통제 근거로 성과 폭력은 사회 곳곳에 편재한다. 바로 그것이 자신의 진짜 얼굴임에도 대신 벌 받고 면피해 줄 수 있는 대속(代贖)장치로 권력은 영화 중심과 주변에 덫을 파고 망을 친다. 게다가 지속적으로 걸려들길 원한다. 그리고 기다린다. 적당히 숨고 망보기 위하여 통제와 간섭의 고삐는 영화보다 앞서 가며 긴장을 가장하게 마련이다.

이들 관계의 내밀함과 구조적 관련성을 압축해 본 게 다음 그림이다. 정치와 영화를 잇는 힘의 원류는 물론 권력이다. 이때 양측의 원활한 관계와 교류를 간섭하는 힘 역시 권력임도 두말할 필요가 없다. 양측이 서로 단절되어 있다고 제한[17]하는 한, 영화보다 정치권력이 상대적 우위에 있음은 상식만으로도 알 수 있는 일이다. 다만 정치권력은 영화진영이 의도하는 일련의 도발과 국가적 확산이 더 큰 힘의 원천으로 성장하길 결코 원치 않는다. 여기서 양 진영의 갈등과 길항이 시작된다. 다음 그림은 바로 이런 힘의 배척 메커니즘을 염두에 둘 때 더 강한 효과를 거둘 수 있으리라.

권력 C, 즉 관객이 거대한 영화 객체로 존재한다는 사실은 정치와 영화의 갈등을 중재할 잠재적 단위임을 뜻하지 않는다. 물론 권력 스스로도 거대 관객 속에 소리 없이 묻혀버릴 경우가 있을 것이다. 그러나 여기서 권력 A가 주변 권력을 통괄 지배하려는 열망 강도에서 압도적이란 사실은 매우 중요하다. 타자가 자신을 앞지르고 나아가 압도적으로 자신을 딛고 서거나 끝내 뛰어넘을 가능성마저 농후할 때 거꾸로 타자를 제압하려 드는 건 거의 운명의 법칙으로 부각된다. 또한 그 힘의 팽창이 위험 수위를 크게 벗어난다고 판단할 경우 권력이 자신의 모럴리티 수위와 전혀 관계없이 스스로의 존재 이유를 강화하려는 자세는 가히 폭력적이다.

이렇듯 권력의 영화 개입은 상식 수준에서 진행되지 않는다. 검열과 삭제, 경고와 취소를 골간으로 삼는 당국의 문화통제는 공권력

17) 정치는 정치일 뿐이고 영화는 영화일 뿐이라는 식의 의미의 가둠이 가능할 것이란 조건을 깔아두고 말이다. 이에 관해서는 다음 연구 참조할 것. Steven C. Dubin, *Arresting Images : Impolitic Art and Uncivil Actions*(London : Routledge, 1992), pp. 12–25.

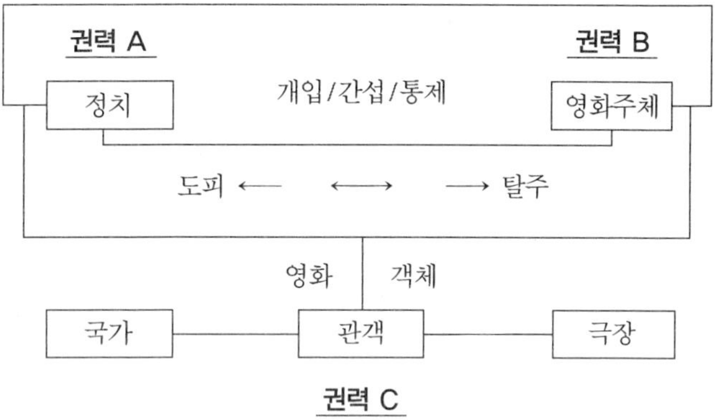

〈 그림 1. 정치, 영화 그리고 권력의 개입 〉

이 발휘할 수 있는 폭력[18] 최고치를 능히 넘나든다. 여기서 관객의 조직적 저항이나 민중의 총체적 반란이란 기대하기 어렵다. 이른바 영화의 정치화 현상은 단시일 내에 조직적 동원이 가능한 사회혁명이나 의도치 않은 군중행동과는 근본적으로 다르기 때문이다. 정치영화는 이처럼 권력의 시기와 질투, 정치적 마인드에 내재한 원초적 탐욕을 부각시키는 데 우선 목표를 둔다. 아울러 끝없이 이어지는 본능

18) 영화검열과 공권력의 문화통제에 관해서는 다음 참조. 신희준, "사회변혁운동으로서의 영화에 대한 연구," 동국대학교 대학원 연극영화학과 석사학위논문(1990) ; 왕규원, "한국 영화제약의 변천," 이화여자대학교 대학원 신문방송학과 석사학위논문(1972) ; 이신복, "영화에 대한 사회적 제 통제에 관한 연구," 경희대학교 대학원 신문방송학과 정치학석사학위논문(1979) ; 지동하, "한국의 영화산업 규제정책에 관한 연구," 서울대학교 행정대학원 행정학 석사학위논문(1992) ; 황현규, "한국 영화검열에 관한 연구," 이화여자대학교 대학원 신문방송학과 석사학위논문(1981).

과 권력의 야합을 추적하는 데 주된 관심을 할애한다.

영화의 모든 소재가 현실을 벗어날 수 없고 궁극적으로 국가를 뛰어넘지 못한다고 보면 새로운 논쟁은 얼마든지 의미 있는 일일 것이리라. 현실에서 발생 가능한 일 모두를 영화 소재로 삼고 동시에 이를 국가 안에 가두어 예술적 상상 대상으로 처리한다는 건 모든 영화작업의 정치성을 그대로 인정하는 것과 같다. 이는 마치 문학의 모든 소재를 현실 속에서 찾고 이를 사회적으로 재구성할 때 담론 지평이 일정한 역사성을 갖게 되는 일과 조금도 다르지 않다. 이러한 인식의 대칭성은 모든 문학이 역사문학[19]이고 동시에 영화 역시 그 모든 가능성 위에 공존하는 정치영화로 존재함을 반증한다.

영화의 정치성. 정치의 영화성. 문학의 역사성. 역사의 문학성. 그것은 이제 새로운 논란 대상이 된다. 정치의 문화적 접근 역시 영화나 문학의 임의 삽입을 의식한 결과가 아니다. 그것은 따로 존재하는 것처럼 보이는 각 장르의 참신한 이해를 돕고 언젠가는 같이 천착해야 할 주제임을 일깨운다. 영화의 정치성 분석이나 정치영화의 이해 역시 이같은 전제를 유념해야만 가능한 일이다.[20]

영화의 정치성이나 정치영화의 천착도 이론적 지원과 문화 인

19) 박종성, 『한국의 매춘 : 쾌락의 실재와 구원의 부재』(서울 : 인간사랑, 1994), pp. 219-221.

20) D. N. Rodowick, *The Crisis of Political Modernism : Criticism and Ideology in Contemporary Film Theory* (Berkeley, California : University of California Press, 1994), pp. 10-15.

프라의 공동 작업으로써 가능하다. 그건 어떻게 가능할까? 우리는 영화역사가 19세기 말 본격 가동하여 한 세기 남짓한 시간대를 지나 이론과 기술의 발전이 가능했음을 기억한다. 그 짧은 역사 속에서도 영화는 다른 어느 영역보다 풍요롭게 발전했음을 수시 확인한다. 가장 큰 이유로는 영화가 '회화 · 사진 · 조각 · 디자인 · 매스 커뮤니케이션 · 방송 제작 · 광고 · 선전 · 의상 · 조명 · 분장 · 연극연출' 등 주변 문화 인프라를 흡수하는 데 가장 유연하고 신축적이었다는 점일 것이다. 나아가 광범위한 종합예술이자 얼마든지 재생산이 가능한 장르로 자기 색채를 항시 담보할 수 있기 때문이다.

학문으로서의 영화를 자극한 본격적 계기는 역시 작가주의[21]가 도입되고 난 다음부터다. 도그마를 장악하는 결정적 주체가 권력 정상에 숨어 있듯 영화에서 힘의 우위는 영화작가로 감독에게 전면 위탁될 수밖에 없다는 논리. 이는 영화사에서 일종의 공인된 오만으로 통용된다.

김정룡은 이렇게 말한다.

---

21) 이용관, "미국의 작가주의 1," 『한국 영화학회지』(1989), pp. 19-24 ; 김영진, "영화의 작가에 대한 연구," 중앙대학교 대학원 연극영화학과 영화학 석사학위논문(1994), pp. 5-31 ; 문재철, "한국 영화에서 작가(주의) 담론의 역할에 대한 연구 : 코리언 뉴웨이브와 최근 한국 영화를 중심으로," 한국 영화학회(편), 『영화연구』 제24집(2004), pp. 143-165 ; Andrew Sarris, "Notes on the Auteur Theory in 1962," in Gerald Mast and Marshall Cohen, eds., *Film Theory and Criticism* (New York : Oxford University Press, 1979), p. 664.

프랑수와 트뤼포는 1954년 『카이에 뒤 시네마』(*Cahiers du Cinema*) 31호에 발표한 글, 「프랑스 영화의 어떤 경향」에서 감독을 영화의 '작가'(auteur)로 규정한다. 이 글은 영화를 다른 예술과 동등한 위치로 끌어올리는 데 기여하는 한편, 시나리오에 의지하는 비개성적 스타일의 감독을 당시 프랑스 영화계가 높이 평가하는 데 대한 신랄한 비판의 의미를 갖는다. 앤드류 새리스는 이를 미국 영화에 접목시키면서 뚜렷한 개성, 작품의 기술적 완성도와 내적 의미 등을 작가주의의 기준으로 내세웠다. 여러 유보조항을 명시했음에도 불구하고 이러한 태도는 점차 작품보다 작가에 치중하며 영화를 감독의 명성과 의도에 꿰어 맞추는 결정론적 오류를 빚는다. 영화는 감독 개인의 표현수단이 아니라 산업 시스템의 거대구조 속에서 다양한 중층성에 의해 결정된다. 1960년대 이후 작가주의는 기존에 내세운 개성과 기술적 완성도라는 모호한 평가기준을 구조분석의 틀로 대치하지만 수용이론이나 후기 구조주의가 대두하기 전까지는 여전히 유일성(창조자로서의 작가 또는 완전무결한 구조)을 추구하거나 논리 중심주의에 집착하는 양상을 보인다. 그러나 영화를 개방된 의미화 과정의 텍스트로 바라보는 오늘날에도 감독을 영화작가로 규정·연구하는 작업은 합당한 근거를 지닌다. 시나리오와 촬영, 연출 그리고 제작자와 자본의 간섭이나 검열의 압력, 배급구조 등은 서로 어깨를 나란히 하지만 현실적으로 영화의 최종 심급은 미장센, 숏 구성 등 콘티 작업에서 촬영과 후반 작업까지 연출을 총지휘하는 감독이기 때문이다.[22]

22) 김정룡(1997), 앞책, pp. 16-18.

작가주의는 감독에게 영화 테크놀로지를 단순 위탁하는 단계를 넘어 독립적 전권을 행사하도록 허여하는 독특한 문화 재생산 계기로 작용한다. 작가주의의 출현은 감독의 자율성을 최대한 높여준 가장 확고한 모티브였다. 그것이 경향이었는지 아니면 의도적 행위의 결과였는지는 역시 모호하다. 중요한 것은 유럽의 영향이 미국으로 파급되어 갔다는 사실 외에 영화의 예술적 독립성을 지탱해 나가는 자원으로 작가주의가 계속 활용될 수 있었다는 점이다.

50년대 작가주의가 영화 주체들에게 주목받지 않았다면 아마도 이를 대체할 새로운 영화 이데올로기가 등장했을 것임은 상상하고도 남음이 있다. 그만큼 전후의 정치상황은 실존적 불안뿐만 아니라 다시는 그보다 못한 상황으로 전락 · 퇴행하도록 방임할 수 없다는 무의식적 강박이 지배한다. 영화 역시 정치적 외풍에 노출되기보다 자기 방어적이며 공격적일 필요가 있었을 것이다.

이효인 역시 새리스의 주장[23]에 주목하면서 이렇게 말한다.

> 작가주의적 관점이 보편적이지 않다거나 그 장점마저 폄하하는 건 현명하지 못하다. 예술사를 이해하는 데 주요 창작자를 중심으로 보는 것은 옛날부터 있어왔고 한국 역시 예외가 아니다. 또 영화의 작가주의가 영화를 상업

23) Andrew Sarris, *The American Cinema : Directors and Directions 1929−1968* (New York : E. P. Dutton, 1968) ; Hollis Alpert and Andrew Sarris, eds., *Film 68/69 : an Anthology by the National Society of Film Critics* (New York : Simon and Schuster, 1969).

> 주의의 하청과 속박에서 벗어나는 데 기여한 비록 지금은 너무나 평범하기는 해도 혁명적 발상은 평가해야 마땅하다. 또 이런저런 역사적 고찰을 않더라도 어느 나라 어느 시대의 영화를 이해하는 데 감독을 중심으로 고찰하는 것은 유효하다. … 훌륭한 감독이란 작가의 속류적 해석 중의 하나인데 영화역사를 이해하는 방식 중 하나로 작가에 주목하는 것 역시 작가주의의 속류적 해석이다. 물론 작가이론에서 중요한 앤드류 새리스 역시 영화의 역사를 영화감독의 자서전으로 전환시키려는 하나의 평가목록 이란 점을 언급한다. 하지만 앤드류 새리스는 작가이론이란 끊임없이 부유하는 양식이론이라고도 말한다.[24]

이같은 주장들이 온당한 논리로 무장되어 있는지는 그다지 중요치 않다. 감독과 작가주의의 적용이 여전히 문제라면 이제 이들이 왜 새삼 우리에게 절실해지는지 규명해 나가는 일이 더 중요할 것이다. 영화역사와 영화의 이론사가 엇비슷한 전진의 궤적을 공유하였든 아니든 작가주의 출현은 영화의 권력화 경향을 본격 자극한다. 이는 권력의 이미지를 권력자 중심으로 재구성하여 정치사나 정치이론을 다시 쓰려는 의도와 맥락을 같이 한다. 여기서 감독이 발휘하는 힘과 정치권력의 중추가 내뿜는 질량이 결코 같을 리는 없을 것이다. 하지만 그것과 별도로 정치와 영화가 사회 속에서 인간을 어떻게 교

24) 이효인, "속류이론으로서 교직비평 서설 : 임권택의 작가문제와 「길소뜸」의 롱테이크," 박성수 · 전수일 · 이효인, 『영화 이미지의 미학』(서울 : 현대미학사, 1996), pp. 145–146.

화하는지는 중요한 의미를 갖는다.

그것은 개인의 치열한 욕망이나 절절한 본능과는 비교가 되지 않는다. 또한 집단 전체가 이따금 권력으로부터 반복 경험하는 총체적 배신과 운명성도 반영한다. 이들은 모두 빠져나가기 힘든 틀 안에 인간 모두가 갇혔거나 곧 갇혀야 할 상황임을 알리는 간접 시그널로 우리 곁에 밀착한다. 둘은 곧 서로를 승인하지 않을 수 없도록 강고히 옥죄는 문화 사슬로 굳어졌거나 과잉 성장한 이후임을 뽐내고 있다고 보아 무방할 것이다.

정치영화란 결국 이들 사이의 모종의 문화 긴장이 성장하여 나타난 영화의 한 형식이자 정치현실의 또 다른 모사 양식[25]이다. 감독은 이때 권력자일 수 있고 작가일 수도 있다. 이제 이 영화형식[26]이 빚어내는 인식의 내용물이 어떤 의미를 갖는지 관심을 두자.[27] 필자의 기본 관심은 영화의 사회성과 정치성이 어떤 관계를 갖는지 따져보는 일과 작품 소재가 끝내 정치화되는 과정에 있다. 앞서 말한 대로

25) 정치영화가 무엇인지는 뒤에 이야기하자. 작품 성격과 경향 · 구성요소에 관한 논의도 여기서는 생략한다. 다만 정치영화가 권력관계의 실상과 이를 둘러싼 인간 심리의 비열함 혹은 원초적 야수성을 가능한 한 여과 없이 드러내려는 영화양식이란 정도로만 강조해두자.

26) 헐리웃의 대표 정치영화들로 로브 라이너의 *A Few Good Man*과 팀 로빈스의 *Bob Roberts* 등을 들 수 있고 유럽의 그것으로는 이스트반 자보의 *Colonel Redl*, 루카스 하스의 *Alan & Naomi*, 두쌍 마카베예프의 *Manifesto* 등을 예로 들 수 있을 것이다. 그러나 이들은 물론 창고의 몇 종 샘플일 뿐 전부가 아니다.

27) 따라서 감독 중심의 영화사를 재구성하기 위해 이제 다시 영화이론을 적용하거나 이를 만드는 데 주안점을 두진 않을 것이다. 단순한 권력정치사를 연상시키는 인물 중심의 영화사나 작품의 단순대비도 반복하지 않을 것이다.

정치의 영화성과 영화의 정치성은 서로를 거울처럼 반사한다. 하지만 그들이 작품 속에서 실제 어떻게 설명되고 있는지는 방치되고 있는 게 현실이다.

특히 한국의 경우 정치와 영화가 공존하는 방식이나 그 성격을 규명해내는 일은 한층 버겁다. 하지만 작업을 더 늦출 수 없는 것은 여전히 근대화 이진의 담론체계조차 확립하지 못하고 있는 비극적 현실 때문이다. 빈곤하면 빈곤한 대로 서툴면 서툰 대로 기왕의 흐름과 현실에 맞서려는 지적 근력이 약했음은 우리의 경우 특히 심했다.[28]

28) 예외가 없었던 건 아니다. 다음 자료들은 이같은 예외 가운데 대표적이다. 유현목, 『유현목의 한국 영화발달사』(서울 : 책누리, 1997) ; 김수용, 『예술가의 삶』(서울 : 혜화당, 1993) ; 김수남, 『한국 영화의 쟁점과 사유 : 영상시대의 영화철학/권력의 이동 · 문화의 이동』(서울 : 문예마당, 1997).

2

영화의 정치적 중심과 주변

짧은 역사 속에서도 영화가 세상을 제압한 배경 역시 재론의 여지는 없다. 도시 지식인이나 과학적 상업성 등 다분히 편파적 대중성을 연상시키면서도 영화가 불가항력의 시민문화로 정착한 일련의 과정은 예술 수준에서도 마찬가지다. 팝 아트의 하나로 영화의 존재가치를 인정하려는 자들은 이렇게 말한다.

> 영화, 광고, 공상과학 소설, 팝 음악 등 대량생산된 도시문화 분야에서 접촉이 이루어졌다. 우리는 대부분 지식인들이 상업문화에 대해 아무런 혐오감을 지니고 있지 않다는 걸 깨달았고, 반대로 그런 현상을 현실의 하나로 받아들이면서 상세한 토론과 함께 즐겁게 소비했다. 그 결과 중 하나는 팝 문화를 도피주의나 순수 유흥, 휴식영역에서 끌어내 진지한 예술로 받아들

이자는 것이었다.[1]

그러나 영화의 역할은 문화의 계층별 층화에 쐐기를 박을 만큼 보편적이다. 누구나 다 볼 수 있고 어디든 다 마련할 수 있는 문화전파 도구로 영화가 발휘하는 잠재력은 중세 봉건주의의 위압감이나 근대 민족국가를 지배한 혁명성 이상의 비중을 갖는다. 너무나 대중적이기에 비속하고 저급한, 그리고 철저하게 유치하기까지 한 내재적 문화특권은 자본주의 사회의 또 다른 가벼움과 맞물리기도 한다.

그래서 스토리의 제임슨 읽기는 더욱 돋보인다.

『포스트모더니즘과 소비사회』에서 제임슨은 이렇게 말한다. 고급문화와 대중문화 사이의 진부한 구별이 희미해지고 있다는 건 아카데미의 입장에서는 무엇보다 괴로운 일이다. 왜냐하면 아카데미는 무엇보다 속물주의와 키치, 텔레비전 연속극과 「리더스 다이제스트」 문화에 대처하여 전통적으로 엘리트 문화 영역을 지키고 초보자들에게 어렵고 복잡한 읽기 · 보기 · 듣기 기술을 전수하는 데 관심을 기울여 왔기 때문이다.[2] 이 논문의 개정판 『포스트모더니즘, 후기 자본주의의 문화논리』에서 논지는 상당히 변한다. 예컨대 대중문화는 상업문화란 말로 바뀌고 속물주의에 둘러싸인 환경은 전체적으로 타락한 환경이란 표현으로 대체된다. 『이론의 정치학 : 포스트모더니즘 논의

1) Simon Frith and Howard Horne, *Art Into Pop* (London : Methuen, 1987), p. 104.
2) Fredric Jameson, "Postmodernism and Consumer Society," in Hal Foster, ed., *Postmodern Culture* (London : Pluto, 1985), p. 112.

의 이데올로기적 입장』이란 글에서는 속물성과 가짜, 키치, 상업주의와 「리더스 다이제스트」 문화로 둘러싸인 환경이란 표현을 반복한다. 그는 프랑크푸르트 학파의 대중문화 비판 기준에 더 의지하는 것처럼 보인다. 다시 고전적 프랑크푸르트 학파의 수사를 원용하면서 그는 다음과 같이 쓴다. 농민계급이나 도시 장인계급이 아직 남아 있었을 때 널리 퍼진 예전의 민중(민속) 문화는 19세기 중반 이후로 상업화와 시장 시스템에 의해 점차 식민지화되거나 소멸되었다. 제임슨은 고급 모더니즘을 주도한 사람들이 그 고급문화를 위해 대중문화를 퍼뜨렸던 사실도 물론 잘 알고 있다. 변화한 것은 고급문화가 대중문화의 텍스트나 생산물과 뒤섞여 고급예술과 상업형식의 구분이 점점 더 어려워지는 지경에 이르렀다는 점이다.[3]

고급문화와 대중문화 가운데 영화가 어느 진영에 포섭되는지 초보적인 질문은 굳이 제기할 필요 없으리라. 영화가 양 진영의 문화 특성을 모두 흡수하고 이들을 확대 재생산해내는 데 기여한 것도 새삼스럽다. 영화만이 최고 역할을 담보했다는 건 물론 논리의 독선이다. 영화 주변의 문예 장르 역시 일정 지분의 역할과 가치를 주장할 수 있음도 배제할 수 없다. 관찰자 개인의 가치관과 그들의 무게중심이 어디를 향하는지에 따라 논의 순위도 달라질 수밖에 없을 것이다.

그러나 문화전파의 속도와 강도에서, 그리고 향유 주체들의 사

3) 존 스토리 지음/박 모 옮김, 『문화연구와 문화이론』(서울 : 현실문화연구, 1994), pp. 241-242.

회적 공감도에서 영화가 차지하는 상대적 우위는 인정하고도 남음이 있다. 아울러 고급예술과 상업예술의 차별성을 녹여버리는 데에도 영화의 역할은 적지 않았다. 수용과정의 상대적 용이함과 문화적 접근의 평등성만으로도 영화의 정치적 비중은 컸기 때문이다.

이같은 문화전파의 초고속성과 경계용해 현상은 이 땅에서도 예외가 아니다. 그것은 특히 문학과 영화,[4] 사진과 소설,[5] 음악과 무용 사이의 차별성 녹이기로 구체화된다. 이같은 현상이 무엇을 뜻하는지는 중요하지 않다. 예를 들어 기존 틀을 거부하며 새로운 의미의 조립과 철학의 생성을 도모하는 포스트모던적 몸짓의 출현이었다느니 혹은 해체와 파멸의 침묵이나 세기말적 문화공조였다는 따위의 언어유희도 기실 군더더기임을 아는 데 많은 시간이 걸리진 않는다. 문제는 왜 장르의 벽이 허물어지고 약속이나 한 것처럼 문화인식의 인터 디시플리너리티가 용인되는지 그 폭넓은 이해와 관용에 있다. 그리고 그 결과 수용에 관한 논쟁의 자세로 좁혀진다.

특히 공조와 협업을 거쳐 거부감을 없애는 데 성공한 대표적 경우는 역시 영화와 문학(필름과 소설)의 결합이었을 것이다. 그것이야말로 대중의 공감대를 유인한 양 진영의 의도가 가장 크게 확대 재생

4) 영화와 문학이 저절로 수렴한다기보다 각자 먼저 상대에게 접근하는 자세가 필요하다고 보는 입장으로 다음 참조. 김성곤, 『문학과 영화』(서울 : 민음사, 1997) ; 권택영, 『영화와 소설속의 욕망이론』(서울 : 민음사, 1995).

5) 어울릴 것 같지 않은 장르의 공조 역시 그들의 친화력을 입증하는 셈이다. 김대식, 『여자와 사진』(서울 : 눈빛, 1997) ; 존 버거 · 장 모르 지음/차미례 옮김, 『제7의 인간』(서울 : 눈빛, 1992).

산된 결과였을 것이다. 경우에 따라 그것은 철저한 천박성으로 자신의 예술적 동기를 호도할 수도 있고 세속과의 거침없는 야합을 통해 내면의 철학적 잠재력을 대중화할 수도 있었다. 이에 관한 도정일의 분석은 자못 명쾌하다. 그의 주장이 모조리 사실이라면 양 진영의 문화 삼투는 또 다른 재생산 구조의 출산을 예고하는 셈이다.

> 영화와 소설의 서사/기법 교환이 요즘처럼 왕성하게 일어날 수 있는 첫째 조건은 세계의 이미지화와 언어기호의 순수 이미지화가 동일한 현상의 동시 진행이라는 데 있다. 그것은 언어기호와 영상기호의 동질화라는 조건이기도 하다. 이 동질화를 받아들이는 한 소설은 영화와 함께 타락한 수단으로 서사를 생산하지 않으면 안 된다. 영화와 소설의 공생관계를 강화하는 두 번째 조건은 이미지의 문명이 특정의 감성구조와 취향과 욕구를 가진 수용 주체들을 생산해 놓았고, 따라서 지금의 소설은 과거 문자매체 전성기의 주체들과는 현저히 다른 수용자를 상대하게 되었다는 점이다. 이 수용자는 한 순간 소설의 독자이면서 다음 순간 영화의 관객이다. 그는 읽을 뿐만 아니라 그림을 요구한다. 이 조건을 무시하지 못하는 한 소설은 문자와 영상 두 매체 사이의 애정 분배를 강요당하게 된다. 세 번째 조건은 한 매체에서의 대중적 성공이 많은 경우 다른 매체에서의 성공까지도 보장한다는 사실이다. 이 호환성의 조건은 작가들을 유혹한다(그러나 이것은 사람들이 이미 소설로 읽은 것을 다시 영화로 보고 싶어하고 영화로 본 것을 다시 소설로 읽고 싶어하는 현상과는 별개의 문제이다). 이 세 가지 조건들을 충분히 염두에 두고 다시 형식의 문제로 되돌아가서 오늘날 소설이 영화에 주목할 부분이 있다면 그것은 타락한 영상들의 나열법이 아니라 영화가 이미지 생산이라는 방

식으로 어떻게 이미지화한 세계의 문제적 현실에 대응하는가라는 것이다. 이미지화한 세계의 문제적 현실이란 그 세계의 평면화 · 표피화 · 경박화 · 파편화이다. 영화는 이미지를 보여주는 데서 그치지 않고 그것을 서사적으로 조직하며 이 조직의 방법에 따라 이미지는 그것의 평면성 · 표피성 · 파편성을 극복하는 대항적 성질을 획득한다. 소설이 인식해야 하는 것은 영화가 이 서사적 조직법을 소설로부터 배운다는 사실이다. 그러므로 소설이 그 자체 서사법을 희생하면서 영화적 영상을 삽입하기 위해 불필요한 확장과 나열, 서사논리로부터의 이탈 등등을 수행하고 마치 이것이 새로운 소설쓰기의 방법인 양 생각한다면 그것은 안방 내주고 사랑채로 뛰어드는 일과도 같다. 소설적 서사형식에서 영화가 배우는 것, 따라서 모든 서사양식에서 여전히 중요한 것은 인과성과 전체성의 형식이다. 바르트의 통찰대로 소설은 인과질서에 대한 끝없는 변조와 왜곡이면서 〈언제나 이미〉 그 질서 속에 있다. 아니, 소설은 그 질서를 만들어낸다. 이 질서 만들기가 특별히 흥미로운 것은 인과성이 처음부터 주어져 있는 것이 아니라 〈서사전개를 통해〉 만들어지는 것이라는 점에 있다. 이것이 서사의 전체성이다. 이 만들어지는 인과성의 비밀을 우리는 발견이라고도 하고 인지라고도 부른다. 그것은 정보의 평면적 연기가 아니라 〈발견되는 진실〉이다. 이 인지와 함께 없었던 전체성이 만들어지고 서사는 즐거움을 제공한다. 그 즐거움은 시각쾌락의 원칙 이상의 것이며, 그 즐거움 때문에 서사는 부단히 만들어지고 향유된다. 그 발견된 진실이 허구라는 사실은 중요하지 않다. 우리를 매혹하는 것은 그게 허구라는 사실이 아니라 그 허구에 도달하는 과정의 거부할 수 없는 진실성이다.[6]

영화와 문학, 특히 소설과 필름의 관계에 투영된 이같은 염려는 극히 당연하다. 다만 도정일의 논리는 위험한 함정을 스스로 파헤쳐 자칫 자신도 빠지고 주변의 많은 이들을 동시에 밀어넣을 더 큰 염려를 자초케 한다는 점에서 주목할 필요가 있다. 그것은 뭘까. 도정일은 영화의 문학적 종속성과 나아가 필름의 저급성을 은연중 은폐한다. 좀 더 비관의 톤을 높여보자면 영화는 도저히 소설의 경지를 따라잡을 수 없고 그를 극복 · 재생산할 만한 문화 여력은 기대할 필요가 없다는 독소조항을 숨기고 있다는 점. 하여 무릇 영화는 소설의 아웃풋이 남긴 단물만 빨아먹고 뒤 없이 도망가도 어쩔 수 없으며, 문학은 이때 끝내 문화적 채무변제를 요구할 수 없는 상황이 연출된다는 점. 바로 그것이다.

그러나 과연 그걸까. 그렇기만 한 걸까. 영화의 독자적 예술성을 모조리 배제하자면 모르겠으되 이같은 일방의 강조는 곧 독선이다. 영화가 늘 소설을 원작으로 삼았다면 영화는 문학을 원자재 이상의 가치로 내면화시키면서 자신을 예속화시켰을 터이다. 그러나 그 반대편에는 소설의 영화적 관심이란 또 다른 문화전략이 도사리고 있다는 점에서 이같은 우려는 고스란히 반사되게 마련이다. 영화는 영화대로 독자성을 유지하며 소설은 소설 나름의 순수성을 견지한다는 사실은 훼손할 수 없는 진실로 받아들여야 할 것이리라. 다만 양자의 결합이 대중적 수용의 제3채널로 기능할 숨통을 터줄 계기가 된다면

6) 도정일, "90년대 소설의 영화적 관심과 형식문제," 『시인은 숲으로 가지 못한다』 (서울 : 민음사, 1994), pp. 200-202.

그 대목까지 가로막을 필요는 없지 않겠느냐는 반론도 얼마든지 염두에 두어야 할 것이다.

따라서 '소설의 영화적 관심'이나 '영화의 소설적 관심'이란 단순히 서로를 비추는 거울 개념이 아니라 문화창조의 제3구상이 잉태되는 터전으로 이해할 필요가 있을 것이다.[7] 이들은 필요한 만큼 상대를 활용하려는 선의의 계산 속에 어쩔 수 없이 스스로 정치화하기도 한다. 영화의 정치성이란 테두리 안에서 영화의 소설적 관심이나 소설의 영화적 이해가 서로 화해할 수 있는 문화적 거점까지 마련할 수 있다는 데 우리는 주목해야 한다.

이때 물론 시나리오가 독자적 생명을 갖는 예술단위인지 궁금해진다. 시나리오와 관계없이 감독의 예술적 판단과 영화적 직관으로 스스로를 작가로 변신시켜야 할 필요성이 있음도 작가주의 논의 과정에서 지적한 바 있다. 결국 소설과 영화의 문화적 긴장관계를 중재하는 주체로 감독과 작가 그리고 시나리오 작가 사이에는 이미 거부할 수 없는 정치성이 개입하는 셈이다. 작가주의의 사회문화적 적실성이나 대중적 수용 크기가 어느 정도 보장된다면 감독의 영화적 자율성과 권력 크기도 그만큼 늘어날 것은 틀림없다.

---

7) 홍상수의 「돼지가 우물에 빠진 날」이 구효서의 『낯선 여름』을 원작으로 삼았다 해도 그건 자기 담론과 메시지를 따로 담는다. 굳이 헤겔까지 들먹거린다면 소설과 영상의 아우프헤붕(*Aufhebung*)이었다고나 할까. 사실 이런 생각은 이순원의 『압구정동엔 비상구가 없다』를 원작으로 삼든 셰익스피어의 『햄릿』을 각색하든 마찬가지다.

작가가 시나리오를 지배하든 안 하든, 혹은 감독이 작가나 시나리오의 그것까지 점유하든 관계없이 이들 사이의 정치적 관계는 일정한 사회성을 반영한다. 이제 이들과 이들이 토해내는 영화적 산출물은 적잖은 영향력을 행사하고 있다. 영화란 이름의 권력이 파고드는 문화지평은 자본주의 이데올로기의 채택 여부나 자본 분배, 계층 분산 문제와 별도로 그 폭력성까지 충분히 반복 확인시켜 준다. 영화의 문화적 폭력성을 권력이란 외피로 포장할 수 있는 작가. 시나리오의 이름으로 영화의 생명력을 독점하려는 예술적 헤게모니. 양 진영의 통합과 대체를 자율이란 명분 아래 융해 · 전진배치하려는 감독. 여기에다 '제작 · 기술 · 분장 · 조명 · 행정 · 자본 · 흥행 · 배급 · 홍보' 란 이름의 또 다른 영화 주변 조직과 경영의 힘까지 가세하는 상황 논리. 영화를 만드는 과정에서 각 진영의 지배논리는 이렇듯 상호의존을 통한 내면의 잠재력을 재확인하게 마련이다.

〈그림 2〉는 이상의 논의들을 체계적으로 재구성한 것이다. 작가, 시나리오 주체, 감독의 정치적 관계와 주변 구성요소들 사이에 형성된 기왕의 권력구조는 이같은 상호 의존 속에서 더욱 견고한 자기정체를 확인하며 영화 담론들을 강화 · 재생산해 나가고 있다.

소설가나 시나리오 작가가 단지 문학의 첨병으로 철저한 저술노동자의 입지만 고수하려 든다면 이들의 정치성은 크게 희석될 것이다. 그러나 뒤늦은 영화의 개입이, 아니 느닷없는 혁명적 장르의 출현이 양자의 존재양식을 급속히 변방화시키는 일까지 벌어지고야 말았다는 사실은 중요해진다. 문학의 사회적 기능이 축소되다 못해 이젠 겨우겨우 존재하는 양식의 하나로 변해버린 게 오늘의 현실이라

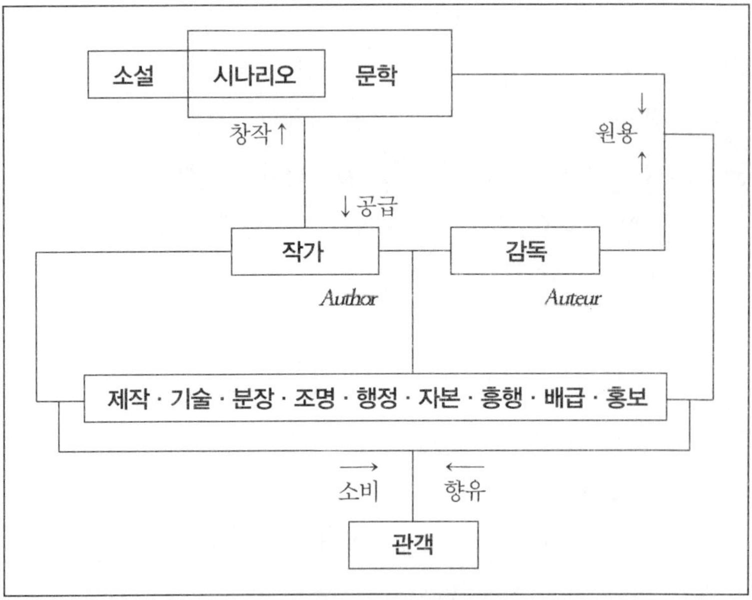

〈 그림 2. 영화 중심과 주변의 상호 의존 〉

해도 그 책임의 궁극이 영화로 돌아간다는 논리는 성립되기 어렵다. 왜냐하면 영화는 애당초 문학을 대체하거나 파괴하기 위한 전략 목표를 설정하고 등장한 장르가 아니었기 때문이다. 다만 문학보다 더 문학적이고 작가의 의도보다 더 작가적으로 변신 · 탈태시키는 주역으로 감독의 존재가 새삼스러워졌다는 사실에 주목하는 것이다.

그래서 감독이 작가도 되고 영화제작 주체도 겸하는 탈기능 · 역할 중복의 세상이 성큼 다가온 것이다. 그것이 전혀 이상하지 않은 세상이 된 것이다. 시나리오 작가나 문학 전업작가들이 자리를 내주어야 하는 문화지평은 이렇듯 예술의 정치적 연대가 불가피한 상황을 맹렬히 연출 중이다.

그러나 문학 주체들이 영화의 압박을 자신의 존립 근거에 대한 위기적 충격으로 지각하고 있는지는 전혀 별개 문제다. 사실 그들 모두는 이러한 현상을 위압적 조건으로 인식하기보다 건전한 긴장관계로 감지할 공산이 더 크다. 이에 따라 영화와 영화 주변 장르는 변신과 적응단계를 거쳐가는 중이다. 그 속에서 그들 각자는 전략적으로 연대하고 때로 배반하며 공존의 그늘과 차별성 있는 자기 정체를 빚어나가고 있다. 영화가 소설에 대해, 시나리오가 시(詩)에, 게다가 감독이 문학작가들에게 지고 있는, 아니 서로가 서로에게 위탁하고 있는 문화적 빚은 이렇듯 상당 수준을 넘어선 지 오래다.

이제 우리는 다음 경우에도 전혀 이질감을 느끼거나 배신감 따위를 떠올리지 않는다. 적절한 영악스러움? 문화연대를 빙자한 무한의 삼투효과 확산? 영화적 적실성 수립을 향한 문학적 고뇌? 아니면 문학의 부활을 꿈꾸는 영화적 도용(盜用)의 전략거점 마련하기? 김경욱은 이렇게 말한다. 전혀 서슴없이 당당하게.

> 짐 모리슨의 노래를 하루 종일 듣거나 고다르의 영화를 사흘 밤낮으로 본다고 해서 세상이 크게 달라지리라고 여기는 사람은 별로, 아니 거의 없을 것이다. 키츠나 랭보의 시 한 편쯤 외운다 해도 사정은 마찬가지일 것이다. 세상을 바꾸는 것은 혁명이고 사랑이 아니면 안 된다고 누군가는 말할 것이다. 그에게 짐 모리슨의 노래나 고다르의 영화나 키츠, 랭보의 시는 혁명이고 사랑이라고 말해보는 건 어떨까. 며칠 전 눈이 내렸다. 소리도 없이 허공에서 수직선을 그으며 떨어진 눈들은 그 먼 길을 달려 지상에 닿자마자 대지의 눈물이 되어 흘러내렸다. 텅 빈 언덕길은 금세 흘러내리는 눈물로 검게

젖어 있었고, 그 젖은 언덕 위로 계속해서 하얀 눈들이 이마를 찧고 있었다. 밤새 창가를 서성거리던 겨울바람 소리에 귀 기울이며 잠을 설친 내 지친 눈은 떨어져 내리는 눈 속에서 앙상히 서 있는 나무를 발견했다. 나는 안다. 한 순간도 멈추지 않고 달려온 눈들이 지상에 내리자마자 대지의 눈물이 되어 흘러내린 이유를. 그것은 슬픔의 눈물이면서 기쁨의 눈물이기도 하다는 것을. 지상에 스민 눈들이 저 앙상한 나무뿌리를 적시고 수액이 되어 올라가 마침내 봄이 오면 푸른 나뭇잎을 만들어내리라는 것을. 어쩌면 내가 밤새 잠을 이루지 못한 것은 바로 그 순간을 오히려 맑고 가라앉은 의식으로 맞이하기 위해서였는지도 모른다는 것을. 만일 짐 모리슨, 고다르, 키츠, 랭보가 혁명이고 사랑일 수 있다면 그것은 그들의 노래와 영화와 시들이 슬픔이면서 기쁨이고 절망이면서 희망이기 때문이리라. 그리고 슬픔이 기쁨이 되고 절망이 희망이 되는 순간을 바라보기 위해 나의 불면증은 계속될 것이다.[8]

이것은 담론이라기보다 상념의 표현일 터이다. 아니, 그럴 수도 있다는 이야기 말이다. 영화적 상상이나 영화 그 자체가 생활의 방편일 수 있다는 사실은 문제의 핵이 아니다. 다만 영화와 문학의 결합이 새로운 화두로 떠오르고 그 정치성마저 관심을 갖게 하기에 그의 말도 새삼스럽다.

영화를 문학의 방편으로 보기보다 삶의 한 양식으로 확대하고 그같은 인식이 사회적 공감대를 구축한다고 고집하는 한, 김경욱의

8) 김경욱, 『바그다드 카페에는 커피가 없다』(서울 : 고려원, 1996), pp. 7-8.

생각은 유의미하다. 그러니까 그는 소설을 쓰고 싶어하는 문학 주체가 아니라 차라리 영화를 쓰는 이로 인식시키고자 애쓰는 사람일 수 있다.[9] 굳이 그 생각에 동조하지 않는다 해도 소설과 영화의 융해란 이상할 리 없다. 아니, 중요한 사실은 따로 있을 것이다. 나타날 것 같지 않았던(?) 영화의 출현이 온갖 권위적 양식들을 잡아먹거나 녹여버리면서 탄탄한 저력을 확보했고, 또 그것이 전환시대의 예술적 총아로 힘을 발휘하고 있다는 점 말이다.

불가역성(不可逆性 *irreversibility*)의 재확인. 정해진 방향과 예정된 경로를 밟아 역사가 전진한다는 논리에 따르자면 영화의 정치성은 조금도 우려할 바 없으리라. 어차피 역사 진행의 인프라를 결정하는

---

9) 그는 이렇게 고백한다. "당신의 소설에는 왜 영화 이야기가 빠지지 않는가. 소설에서 반드시 영화에 대해 이야기해야만 하는 특별한 이유라도 있는 것인가. 그리고 그런 작업이 소설 자체의 고유한 영역을 스스로 무너뜨리는 일이라고 생각해 본 적은 없는가 등등. 다양한 방식으로 제기된 이런 질문들은 요약하자면 다음과 같은 하나의 의문을 함의하는데, 그건 소설에서 영화란 과연 무엇인가이다. 이러한 질문 앞에 처음 노출되었을 때 나는 약간 놀라지 않을 수 없었다. 첫 창작집에 실린 작품들이 실제로 일관되게 영화 혹은 영화적인 것에 관해 이야기하고 있었던 것이다. 심지어 영화 제목이나 영화에 관한 이야기가 직접 등장하지 않은 작품에서도 나는 영화적인 것에 대해 말하고 있었다. 그러니까 나는 소설을 쓰고 있었던 게 아니라 영화를 쓰고 있었던 것이다. 따라서 위와 같은 질문이 내게 쏟아지는 건 아주 당연한 일이었다. … 나는 별다른 자의식 없이 영화적 소설을 쓰고 있었던 것이다. 여기서 영화적 소설이란 영화 언어적 소설을 쓰고 있다는 이야기다. 영화언어란 비주얼 이미지이며 나는 철저하게 영상언어를 통해 소설을 쓰고 있었던 것이다. 그 사실을 깨닫고 나서 내게 엄습해 온 놀라움이란 감정의 근거는 그런 일련의 작업이 무의식적 층위에서 수행되고 있었다는 점이다." 김경욱, "영상 언어와 소설 그리기," 『한국문학』 제25권 2호 통권 234호(1997. 5), pp. 324-325.

데 영화가 기여할 몫이란 형편없을 테니 말이다. 그러나 영화가 소설 가치를 잠식하는 데만 관심을 묶어둘 수 없다면 논의의 축은 두터워진다. 그렇다면 소설의 문화영역은 영화의 정치성 앞에서 그대로 허물어지고 마는 걸까. 나아가 문학의 범위는 어디까지 확장될 수 있는 걸까. 김경욱은 이에 냉정히 대응한다. 하지만 그의 말처럼 소설의 문학적 존재능력은 여전히 탄탄한 걸까. 과연 그럴까, 앞으로도?

> 나는 소설 장르의 탄력성을 믿기 때문에 서슴없이 영화적 문법으로 구상한다고 했던 것이다. 그리고 영화를 비롯한 영상문화가 소설에 전면 유입되더라도 소설은 살아남을 것이라고 생각한다. 왜냐하면 아무리 현실과 허구의 경계가 모호해지고 현실보다 더 현실 같은 허구와 허구보다 더 허구 같은 현실이 소설 속에서 펼쳐지더라도 본질적으로 중요한 것은 그런 상황에 대응하는 인간의 의식이기 때문이다. 거칠게 말해서 소설이란 특수하고 개별적인 시공간적 조건 하에 놓인 개별 인간의 타자로서의 세계에 대한 대응 양상을 통해 인간 의식의 보편적인 본질을 밝히는 것이라고 한다면 발생 텍스트가 영화냐 음악이냐, 혹은 이미지가 현실을 재구성하는가 그렇지 않는가와는 별 상관없이 심층적 인간 의식의 해명이란 기본 명제는 변함없을 것이기 때문이다. 오히려 현실이 허구화되고 허구가 현실처럼 보이는 조건이라면 그러한 세계를 인식하고 재구성하는 인간 의식에 대한 언어적 천착이 더욱 절실해진다고 하겠다. 근래에 문학을 논하는 자리에서 진정성이라는 덕목이 자주 거론되는 느낌이다. 진정성이라는 말이 문학을 둘러싼 담론에서 빈번하게 나타난다는 것은 그만큼 지금 이 시대가 문학사적인 의미에서 과도기임을 반증하는 것이다. … 문학의 진정성이란 관점을 의식하며 90년대

문학의 특징으로 영화에 대해 이야기할 경우, 이는 발생 텍스트 차원의 절박성과 현상 텍스트 차원의 핍진성을 모두 고려해야 한다는 것이다. 만일 영화를 하나의 현실로, 자연발생적인 하나의 발생 텍스트로 수용하게 되었다면 문제는 결국 그러한 현실에 대응하는 인간 의식을 얼마나 정밀하게 밝혀내는지로 귀결될 것이다.[10]

영화가 소설의 세기말 자리를 대체할 것이란 예측이나 소설의 형식론적 위상은 변함없을 것이라는 주장은 앞으로도 계속될 것이다. 마찬가지로 영화의 정치화가 세상의 혼돈을 별 무리 없이 묘사할 것인지[11] 여부와 정치영화가 그려내는 내용의 암시도 여전히 중요하다. 감독의 정치적 친화력이나 문학 주체들의 영화적 차용이 의미의 빛을 더하는 대목도 여기 있다. 다음 몇 가지 가설들은 이같은 의미의 맥락을 토대로 집약한 결과들이다. 정치와 영화의 관계, 그리고 그 의미의 추적과 천착. 이를 통해 우리는 이제 어디쯤 걷고 있는지 가늠할 수 있어야 한다.

1. 모든 영화는 정치적이다. 정치적인 모든 행위와 담론들은 영화적이다.[12]

10) 윗글, pp. 332–334, *passim*.
11) 이것은 마치 캐슬린 비글로우의 *Strange Days*에 나타난 암울한 시대상과 자주 인용되는 리들리 스콧트의 *Blade Runner*의 설정과 마찬가지로 아직 오지 않은 날들에 대한 예비불안 쯤으로 규정해도 무방할 것이다.
12) 그것이 단순 모사나 패러디가 아님에 주목할 일이다.

둘은 닮아 있는 만큼 다르고 차별적인 만큼 비슷하다.

2. 허구보다 더 허구적인 현실과 현실보다 더 현실적인 허구가 인간의 의식세계에서 감각적으로 나포(拿捕)되는 한, 이같은 인식의 대칭은 언어의 유희나 논리의 농단을 반증하는 게 아니라는 걸 알아차려야 한다. 그것은 허튼 사기가 아니다. 사실보다 더 사실(寫實)적일 수 있다는 점에서 폄하적인 비유는 이제 용납되지 않는다.

3. 문학의 모든 주제는 영화 주제일 수 있다. 영화 주제 또한 마찬가지다. 그 가능성의 폭은 자유 연상의 그것과 함께 공동의 향유대상으로 개방된다. 여기서 소설과 시나리오는 사실상 마지막 가내수공업[13]의 단위 항목들로 초라한 속살을 드러낸다.

4. 이때 소설과 시 사이에서 벌이는 경계짓기 논쟁이나 영화적 차별을 고집하는 건 극히 무익하다. 일련의 정치행위로 영화 만들기와 문학하기의 구분도 무의미하다. 감독은 작가이며 작가는 감독의 존재를 인정해야만 하는 세상이 되었기 때문이다.

이들 사이의 긴장과 공조는 이제 또렷해진다. 정치와 영화, 문학과 정치 그리고 영화의 문학성과 문학의 영화적 응용이란 곧 대중문화 속에서 자기 정체를 담보하며 중요한 의미를 발산한다. 그 관계를 보다 새삼스럽게 조망해 보자. 그리고 다시 음미해 보자. 모두가 그 문화의 연결고리에서 끝내 자유로울 수 있는 폭은 어디까지인지,

13) 김경욱(1997), 앞글, p. 333 참조할 것.

그때 감각의 모공(毛孔)은 한 점 부끄럼 없이 열릴 것인지 판단해 보자.

영화의 정치적 잠재력이 사회 곳곳을 지배하는 현실은 굳이 변명의 여지를 남겨놓지 않는다. 영상은 이제 유별난 일화도 새삼스런 요깃거리도 아니다. 그저 하찮은 대중적 유인수단이 되어버렸다. 일상의 영상 지배전략에 연령이나 종교, 지역이나 남녀의 구분은 그래서 아무 의미도 없어진지 오래다. 차별성의 퇴락. 그 가운데 영화가 파고드는 요설(妖說)과 독기를 모조리 빼버린다면 남는 건 뭘까. 사회 차별과 이를 합리화시킨 정치적 지배전략이 크게 퇴색해 버린 지금, 영상의 문화폭력 속에 한껏 부유하는 영화의 매체적 독선이 자칫 대중의 정서를 이탈하도록 독려할 때 어떤 일이 발생할지는 이미 분명해졌다.

김종엽은 이렇게 말한다.

> 여름이면 우리의 어린 것들을 데리고 우리의 부모들은 극장에 간다. 그리고 디즈니가 우리에게 보여주는 영화를 본다. 「인어공주」·「미녀와 야수」·「알라딘」 그리고 「사자왕」… 우리는 알 수 없는 감정에 흠뻑 젖어서, 아니 그냥 재미있다는 단순하고 자명한 감정에 젖어서 극장을 나온다. 내년에는 무엇이 우리를 기다릴까, 우리가 기꺼이 디즈니에게 갖다 바친 극장 요금은 더 놀라운 판타지가 되어서 우리에게 되돌아오겠지. 환상과 화폐의 교환이 우리에게는 〈공정한〉 것으로 보이며, 숱한 일본 만화의 폐해와 고약하고 폭력적인 전자오락들에 비하면 이 〈건전하고 무해한〉 디즈니의 만화영화는 진정으로 좋은 것, 재화로서의 가치를 가진 것으로 보인다. 디즈니는 정말로

> 몇몇 안 되는 훌륭한 상인으로 보인다. 그러나 정말 그런 것일까. … 즉각 의문이 제기될 수 있다. 어린이의 상업화라는 현상이 비록 돈과 순결한 어린이의 교환이라는 다소 당혹스러운 연관에 위치한다고 해서 그것에 문제가 될 것이 무엇인가. 물론 그렇다. 만물이 상품화되는 사회에서 그것은 〈자연〉스런 것이다. 단지 그것이 함의하는 것은 디즈니의 이상할 정도의 성공에는 대단히 광대한 사회적 변화가 그 토대를 이룬다는 것을 지적할 뿐이다. 그러나 문제는 이런 과정이 아무 문제제기 없이 이루어진다는 것이며, 디즈니의 성공에는 어린이용 치즈라는 이유로 좀 더 비싼 가격을 받아도 팔리는 〈앙팡〉의 성공 이상의 문제가 있기 때문이다.[14]

굳이 디즈니의 현란한 만화영화가 아니어도 아이들이 애니메이션 히어로(히로인)의 전지전능 앞에 맥없이 예속되는 일이야 너무나 일상적인 일이 되어버린 게 아닐까. 알라딘이나 야수가 아니라도 아이들은 자지러지고 또 화면에 빨려들어 갈 의지로 충만하다. 관객의 자발적 복종을 바탕 삼는 영화 미디어의 힘은 가히 폭력적이다. 그만큼 영화가 함축하는 파워는 일방적이고 예측불허란 점에서 진작부터 정치적이었다. 환상과 허구를 바탕으로 삼되 해피엔딩을 상정하는 애니메이션은 말할 것도 없고 섹스와 폭력을 강제 삽입하는 헐리웃 영화까지 포함하자면 영화정치학의 사회적 존립 근거는 충

14) 김종엽, "영화와 역사의식 : 다시 우리는 디즈니의 주문에 걸리고," 문화와 사회 연구회(편), 『현대 사회의 이해 : 이론 · 정치 · 문화』(서울 : 민음사, 1996), pp. 289–293, *passim*.

분히 마련되는 셈이다.

처음부터 영화가 이같은 대중 지배전략의 정치적 의도를 갖고 출발한 건 아니니다. 여기서 말하려는 영화 미디어의 정치성이란 것도 다분히 후발적이며, 이기적(전략적)이거나 이중적일 수밖에 없다. 최대한 공공의 외피를 빌려 사익을 공익으로 치환하고 이익의 극대화를 노리는 행위로 정치를 규정하자면 영화의 정치적 전략 지평도 그만큼 가변적이었을 것이다.

작가주의와 문학의 영화적 변용 혹은 영화의 문학수용이란 화두도 결국 영화정치학에서 보면 모두 일정지분의 전략적 대가를 요구하게 마련이다. 당장은 주장하지 않아도 언젠가는 요청할 자기 이익의 정치적 유예? 영화를 학문으로 새삼 분석하자면 그러나 얘긴 달라진다. 문학과 영화의 관계 역시 단순히 작가주의로만 취급할 수 없다는 데도 주목할 필요가 있다. 영화기호학의 한국적 적실성에 관심 갖는 이효인은 그 관계를 꼼꼼히 따져봐야 한다고 힘준다.

> 영화는 문학 · 연극 · 미술 · 음악이 아니다. 그러나 영화는 문학 등이 가지고 있는 특징의 일부를 분명히 가지고 있다. 1895년에 영화가 탄생한 이후 영화는 다른 장르들이 가지고 있는 것들을 끊임없이 흡수해 왔다. 영화학 역시 다른 인문학과 다르다. 하지만 영화학은 1960년대 초에 작가주의란 독자 이론이 나온 후 내재적 발전도 있었지만 다른 인문학의 논의를 끊임없이 수용 · 변형하면서 현재의 영화학으로 성장하였다. 놀랍게도 영화의 발전은 그다지 빠르지 않았다. 문학이 영화적 서사를 훌륭하고도 재빠르게 받아들이는 데 비해 영화는 이상할 정도로 더뎠고 지체아처럼 후퇴를 거듭했다. 겨

우 1920년대의 인상주의 · 초현실주의 그리고 1960년대 안토니오니 · 펠리니 · 고다르 등의 작업과 앤디 워홀 등의 전위영화들을 제외한 대부분의 영화들은 세상 고민과는 반대쪽 길을 가는 듯했다. 대부분의 과거 영화들과 심지어 현재의 영화들조차 모더니티에 대한 고민은 빈약할 뿐만 아니라 심지어 모더니즘조차 제대로 수용하지 못하고 있는 것처럼 보인다. 말하자면 대부분의 영화들은 근대적 세계의 완성을 향한 기획과는 무관한 길을 가는 것처럼 보였다. 또 모더니즘의 위험하고도 가파른 길, 즉 고전적인 예술경향들과 결별하고자 했던 실험정신과 세상에 대한 비판적 묘사로 충일한 전통을 계승하며 추진하고자 했던 노력은 영화사 속에서 찾아보기 힘들다. 물론 모더니티와 모더니즘을 수용한 영화들은 영화사 속에서 주요한 영화, 영화운동으로 남게 되었다. 하지만 이것들은 언제나 비주류로서의 소수였고, 영화세상을 장악하고 있는 주류 영화의 물길을 바꾼 것도 아니었다. 영화학은 이러한 비주류 영화에 주목하였다. 아니 비주류 영화에 주목하기보다 비주류적 경향, 예컨대 헐리웃 영화를 만든 감독들을 다른 관습적인 감독들과 구분하는 특징 등에 주목하였다. 따라서 자연스럽게 영화학은 서구의 인문학적 시각과 친밀해지고 그 속에서 그것과 연관된 논의를 영화적 논의 안으로 끌어들이게 되었다. 이제 롤랑 바르트 · 라캉 · 알뛰세르 · 질 들뢰즈 등 서구 사상을 주도했던 논객들의 주장이나 서사학 등은 영화학과 함께 가게 된 것이다.[15]

---

15) 이효인, "영화 기호학을 위한 새로운 관점(1) : 이미지와 서사의 관계 설정을 통한 한계 극복," 『공연과 리뷰』 Vol. 11 (1997/5–6) (서울 : 현대미학사), pp. 25–26.

영화의 정치화란 영화가 권력의 도구인지 아니면 비판수단인지를 가르는 논쟁에 불을 지핀다. 그의 말대로 영화사 속에 투영된 실험적 도전과 모더니즘적 저항조류가 미약했다면 여기서 영화의 보편적 정치성이란 뭘 뜻하는 걸까. 이제껏 모더니즘의 숙성이 어려웠던 게 영화 현실이라면 영화운동과 영화 미디어는 과연 가까워질 수 없는 걸까. 영화가 한낱 정치권력의 도구로 전락한다면 모르겠으되 반대역할을 항시 유보한다면 논의의 필요는 충분하다. 이때 작가와 감독의 역할 중첩이나 영화의 정치화를 자극하는 좋은 계기도 조성된다. 넓게 잡자면 영화의 사회비판 기능은 이미 그 정치적 역할 안에 확실히 포착된다. 실제 영화제작이나 이를 현실화하는 여러 조건은 모두 국가란 범주를 벗어나지 못한다. 동시에 권력은 자칫 영화의 행동반경이 자신들의 폐부를 공격할 만큼 커지거나 아예 맹공할 만한 저력을 비축할지 모른다고 걱정한다.

영화와 정치권력 사이의 긴장이 획기적 사건으로 비화하거나 아니면 가시적으로 돌출하는 경우란 그리 흔치 않다. 설령 영화가 운동의 고삐를 강하게 조여 권력을 공박한다 해도 정치적 생활세계가 그 때문에 달라졌다는 증거 역시 우리에겐 없다. 오히려 영화의 전진을 통제하기 위해 권력이 개입하고, 나아가 민중통제의 일환으로 간섭할 수 있는 소지는 늘 열려 있다. 길지 않은 영화사 속에서 검열과 반발의 시간들이 짧지 않았음은 바로 이런 이유 때문이다. 화염병이나 돌멩이도 아니고 들릴 듯 말 듯한 속삭임도 아닌 비판적 영화 메시지가 치러야 할 대가는 그래서 은밀하다.[16] 말할 수 없이 처연하거나 직설적 비유와 일탈행위의 반복으로 구체화될 수도 있다. 영화가 동원하는 대중적 저력이나 인기를 권력이 시기하지 않고 고스란히 수용할 수 있을 것인지도 간단한 문제는 아니다. 하지만 그들 사이의 갈등이 충돌로 비화하는 데 전제가 필요하듯 권력 역시 자신들의 억압이 가시적으로 드러나는 걸 결코 원치 않는다.

통치권자가 은폐된 속내 드러내지 않고 자신의 근엄함을 유지하듯 영화의 정치성 역시 자기 개성을 요구한다. 권력을 비판하기 위해 영화언어가 구비해야 할 사전 조건은 권력의 리더십과 헤게모니만큼이나 각별하다. 작가주의가 중요해지는 까닭이 바로 여기 있다. 새리스가 강조하는 미국 영화 중심주의나 영화 권력화 역시 세계화시키는 데에는 많은 무리가 따른다. 그러나 그의 정치성은 이같은 측면에서 볼 때 유의미하다. 감독의 기술경쟁력 우위와 탁월한 개성, 사회조건과 소재 사이에서 빚어지는 내면의 의미 각축 등 새리스의 이론적 핵심[17]은 마키아벨리의 현실권력 우위론을 거울처럼 반영한다.

그의 이론은 오만과 독선으로 비쳐지는 경우가 많다. 미국 민족주의까지 언급할 필요 없이 자국중심주의를 기반으로 한 강한 정치성도 비친다.[18] 특히 그는 미국 영화의 특수성과 세계적 우월을 입증

---

16) 이에 관해서는 다음 참조할 것. Timothy Murray, *Like A Film : Ideological Fantasy On Screen, Camera and Canvas*(London : Routledge, 1993), Ch. 5 : "DIRTIER STILL? : Wistful Gazing and Homographic Hieroglyphs in Jarman's *Caravaggio*," pp. 124–171.

17) Robert Stam, "The Auteur Theory," Crowdus(1994), ed., *op. cit.*, p. 32.

18) 새리스의 강조가 문화적 보편성을 갖는 영화 개념으로 발전할 가능성은 적지 않았다. 하지만 사람들이 그를 늘 지지했던 것만은 아니다. 폴린 캘(Pauline Kael)

하기 위해 이를 이론화한다.[19] 이러한 경향은 유럽 영화의 뿌리 깊은 반상업주의나 탐미적 예술중심주의와 극명하게 대비되고 헐리웃 결정주의의 거점이 된다. 그것은 결국 팍스 아메리카나의 부산물이자 대량 소비사회에서 최고의 문화상품으로 등장한 영화의 부가가치이기도 했다. 권력 중심에 탐욕의 독점구조가 서식하듯 영화권력 중심에는 작가와 감독의 헤게모니가 배양되고 있었다. 하지만 여기서 분

의 통렬한 논박이 좋은 예다. 캘은 새리스의 세 가지 강조점 모두 동의할 수 없다고 분명히 못 박는다. 감독의 기술 경쟁력을 예로 들어 마이클란젤로 안토니오니처럼 탁월한 인물을 감안하면 새리스의 이론은 타당한 기준이 될 수 없다고 본다. 뛰어난 개성 역시 대부분의 감독들이 자기 스타일을 고수할 때 무의미해진다고 반박한다. 비유컨대 스컹크의 방귀가 뛰어난 냄새를 갖고 있지만 그것이 곧 장미의 그것이나 혹은 그 이상의 무언가를 만들어낼 수 없는 것과 같은 이치라고 본다. 감독의 내면적 의미 역시 이해 불가능한 것으로 기각될 필요가 있다고 본다. *ibid*.

19) 다음 연구들 모두 이같은 입장을 대변한다. 미국 영화감독들의 특장(特長) 분석을 주조로 삼는 새리스 역시 심화 인터뷰를 따른다. *Interviews With Film Directors* (New York : Avon Books, 1967) ; *Movies and Morals* (Chicago, Ill. : Thomas More Association, 1972) ; *The American Cinema : Directors and Directions, 1929–1968* (New York : Dutton, 1968) ; *The American Cinema : Directors and Directions, 1929–1968* (New York : Octagon, 1982) ; *The American Cinema : Directors and Directions, 1929–1968* (Chicago, Ill. : University of Chicago Press, 1985) ; *The American Cinema : Directors and Directions, 1929–1968* (New York : De Capo Press, 1996) ; *Confessions of A Cultist : On the Cinema, 1955–1969* (New York : Simon and Schuster, 1970) ; *The Film* (Indianapolis, Indiana : Bobbs–Merrill, 1968) ; *The Films of Josef von Sternberg* (New York : Museum of Modern Art, distr. by Doubleday, Garden City, N.Y., 1966) ; *Hollywood Voices : Interviews With Film Directors* (Indianapolis, Indiana : Bobbs–Merrill, 1972) ; *Interviews With Film Directors* (Indianapolis, Indiana : Bobbs–Merrill, 1968) ; *The John Ford Movie Mystery* (Bloomington, Indiana : Indiana University Press, 1975) ; *The John Ford Movie Mystery* (London : Secker and

명히 짚고 넘어가야 할 점은 영화의 출현이 대중의 문화 향유를 증가시켰다는 것이다. 그리고 그것이 지배계급의 로열리즘이나 엘리트를 위로하기 위한 제한적 도구가 아니었다는 점이다.[20]

영화는 대중의 단순한 문화적 노리개로만 머물지 않고 정치적 모럴을 잃은 권력을 향해 우회적 공격을 도모하는 새로운 사회비판력을 동원할 수 있었다. 나아가 자신의 정치성을 드러내고 스스로 세력화할 수 있기까지 영상 이미지는 계급적 전체성을 검증받을 수 있었다. 권력의 세계에서 볼 때 이같은 일련의 현상은 못마땅했을 것이다. 영화는 그만큼 대중사회의 만만한 정치도구로 성장할 저력을 미리 확보한 셈이다. 이처럼 분명한 저항 잠재력을 축적할 수 있기까지 운동의 메커니즘과 사회비용은 적지 않았다. 굳이 마르크스 · 레닌까지 끌어들이지 않더라도 영화의 반자본주의적 성격과 대중적 평등성은 이미 충분히 예견되고 있었다.

드보르와 아코스타는 이 문제를 명쾌히 파고든다.

> 영화는 대상 혹은 텍스트만으로 존재하지 않는다. 단순한 메시지 전달수단이나 미학적 존재물도 아니며 인민과 계급의 관계를 펼쳐놓는 자리다. …

Warburg for British Film Institute, 1976) ; *Politics and Cinema*(New York : Columbia University Press, 1978) ; *Primal Screen : Essays On Film and Related Subjects* (New York : Simon and Schuster, 1973).

20) Elio Petri, "Cinema Is Not For an Elite, But For the Masses," Dan Georgakas and Lenny Rubenstein, eds., *The Cineaste Interviews : On the Art and Politics of the Cinema* (Chicago, Ill. : Lake View Press, 1983), pp. 53–63.

이는 영화 생산을 둘러싼 계급관계, 즉 누가 (영화의) 생산수단을 소유하는지의 문제를 제기한다. 즉 영화는 이미지의 집합체가 아니라 이미지에 의해 반영된 사람들 사이의 관계인 것이다(Guy Debord : 1977). / 영화는 기술적 장치들, 분배와 상영을 통제하는 거대기업체들로 발전해 나감에 따라 관객들을 암흑 속에 고립시키고 중간 휴식시간을 배제함으로써 의견교환을 통한 비판전통을 깨뜨려 버리고 시각적이며 짜임새 있는 이미지를 통해 문화모델들은 순전히 피동적이고 감상적으로 받아들이기 알맞은 오락수단을 제공해준다. 특히 영화는 보는 것이 믿는 것이란 원칙에 토대하고 있기 때문에 오늘날의 모든 대중문화, 특히 스타 시스템에 침투하고 있는 고정관념들을 확산시키는 데 더할 나위 없이 좋은 매개수단이었다. 결국 스타 시스템은 개인주의와 개인적 성공의 숭배를 보강해 주고 계급구조를 말살하는 데 이바지한다(Leonardo Acosta : 1979).[21]

---

21) 신희준, "사회변혁운동으로서의 영화에 대한 연구," 동국대학교 대학원 연극영화학과 석사학위논문(1990), p. 13에서 재인용. 그는 *Cahier du Cinema*의 편집자였던 Jean-Louis Comolli가 분류한 자본주의 체제의 영화와 이데올로기의 관계를 압축한다. 주지하는 것처럼 그의 분류는 알뛰세르의 이데올로기론에 투영된 국가장치와 그 속에서 벗어날 수 없는 인간 존재양식과 문화의식을 결정 · 구조화하는 압박조건으로 묘사된다 : ① 가장 많은 유형으로 지배 이데올로기를 무의식적으로 나타내는 영화, ② 적극적으로 정치와 관계된 내용을 주제로 다루는 영화, ③ 내용은 정치적이지 않지만 형식에서 이데올로기적 동일화를 공격하는 영화, ④ 비난하는 이데올로기 체제를 오히려 강화시켜 주는 게 아닌가 하는 의구심을 갖게 만드는 정치적 내용을 다룬 영화, ⑤ 때로 지배 이데올로기를 표현하는 것 같기도 하고 다른 시각을 제시하는 것 같기도 한 영화로 헐리웃에서 제작되는 대부분의 영화, ⑥ 정치사회적 사건을 소재로 삼지만 이데올로기적 묘사 때문에 비정치적 영화와도 뚜렷한 차이가 없는 디렉트 시네마, ⑦ ⑥의 다른 형태로 카메라를 통한 외형에만 만족하지 않고 자신의 의지를 반영하

영화의 정치성을 체제 이데올로기에 비춰 분석하는 일에는 늘 긴장과 부담이 뒤따른다. 특히 새리스가 강조한 미국 영화의 절대 우위를 냉정하게 비판한다는 것도 쉽지는 않다. 상상을 초월하는 자본과 그에 따른 기술 집약의 결과가 미국 영화였다면 영화의 정치비판 기능 역시 그만큼 축소될 수밖에 없는 일이다. 비유컨대 흉보고 닮거나 욕하며 따라가는 이솝의 주인공 꼴이었다고나 할까.[22]

헐리웃의 기본 틀을 존치시키기 위한 사명감 아래 충실히 복무하려 했던 것만이 미국의 영화제작 구조는 아니었다. 그들 역시 일정한 예술성과 미학 논리로 무장하려 애썼고, 더욱이 사회성 짙은 작품을 만들기 위해 고민한 건 사실이다. 그 결과 미국 사회의 어두운 일면을 그린 영화들이 저예산으로 제작된다. 아서 펜 · 프란시스 코폴라 · 마틴 스콜세즈 등 미국을 비판적으로 바라보는 감독들이 나타나 영화 주제나 스타일에서 변화(다큐멘터리나 실험영화 양식을 원용)를 도모하기도 한 게 그 예다.

하지만 이는 진정한 저항의식의 발로라기보다 저항문화까지 상업성에 용해시키려는 헐리웃의 전술적 판단결과였다. 그리고 사회문제를 극히 개인 심리 차원으로 재조정하려는 시도로 치부되기도

려는 영화(p. 16).

22) 감동과 사회적 영향력의 크기에 따라 평가는 다를 수밖에 없다는 점이 문제다. 장르를 고려하지 않고 오로지 관객의 주관으로만 평가하자면 헐리웃 영화 역시 무색할 것이다. 그러나 막상 자본세례와 기술공격을 받은 세계의 뭇 대중들이 헐리웃 공습에 끄떡없이 견뎌내길 기대한다는 건 불가능한 일이다. 적어도 예술은 짧고 헐리웃이 길 수밖에 없는 이유가 바로 여기 있다.

한다. 본격 영화운동으로 지배구조와 자본주의 배급구조에 저항하기 시작한 계기 역시 1960년 미국에서부터였다는 사실은 또 하나의 아이러니다. 결국 실험적 저항 수준을 넘지 못하고 모든 변혁 주체들이 겪는 내부 파쟁을 경험함으로써 자기 한계를 드러냈지만 60년대 미국의 '뉴스 릴'(News Reel) 운동이나 30년대 'WFPL : *Workers' Film Photo League*' 활동은 대표적이었다. 당대 진보적 미국 영화인의 문제의식은 자못 비장하고 호기어린 도전이었다.

공황기 공산당의 저항수단으로 나타난 후자의 운동과 달리 전자는 뉴 레프티즘을 축으로 삼는다. 1960년 9월에 발표된 「뉴 아메리카 시네마 선언」은 이같은 문제의식을 뚜렷이 반영, 뉴스 릴 운동의 직접 배경이 된다. 선언의 내용은 다음 표와 같다.

이대로만 성사되었다면 세기말 영화지평은 크게 달라졌을 것이다. 아니, 영화의 변혁 이데올로기나 이를 정당화하는 인식세계 역시 크게 확장되었을 터였다. 적어도 영화세계의 혁명을 반증하는 이같은 목표이념은 그러나 현실과 너무 동떨어져 있었다. 이같은 운동조류는 미국뿐만 아니라 전후 유럽과 일본을 거쳐 이 땅에까지 퍼진다. 애당초 영화가 민중의 정치적 징치수단이 아니라 오히려 그 대상으로 전락해 버린 한국에서 영화검열을 통한 문화통제는 권력에 대한 외경과 복종의 유도를 의식한 권위주의적 정책결정의 당연한 결과였다.

독립영화 · 저예산영화 · 다큐멘터리 · 민중영화 · 영화운동 · 예술영화 등 영화학 입문단계에 등장하는 기본 개념도 이 땅에서 제도화하는 데는 상당한 시간이 필요했다. 그렇다고 여기서 말하는 '제

1. 우리는 영화를 개인의 표현이라고 생각한다. 2. 우리는 검열을 거부한다. 3. 우리는 새로운 재정 형식을 추구한다. 4. 뉴 아메리칸 시네마는 과거의 자본의 신화를 타파하려 한다. 5. 우리는 현재의 영화 배급기구와 맞선다. 6. 우리는 스스로를 위한 배급센터를 확립하고자 한다. 7. 우리는 뉴 아메리칸 시네마와 세계 영화작가들의 모임장소로 동부 해안에서 영화제를 실시할 것을 고려한다. 8. 이상과 같은 공동체의 목적과 의지를 확인한 이상 2만 5천 불짜리 영화와 100만 불의 제작비를 들인 작품을 동일시하는 건 불공정하다고 생각한다. 9. 영화를 통해 얻은 이윤의 일부는 공동 목표를 위해 적립한다. 이 자금은 회원들의 영화제작을 돕고 새로운 실험활동을 위해 사용한다. 우리 조직은 유나이티드 아티스트사와 같은 영화기업과는 근본적으로 다르다는 것을 강조한다.

〈 표 1. 뉴 아메리카 시네마 선언 〉[23]

도화' (*institutionalization*)가 문화발전의 종결이나 예술의 획기적 숙성을 뜻하는 것도 아니었다. 오히려 근대성의 출현이 내재적인 것이었는지 아니면 외삽 개념이었는지조차 합의할 길 없던 사정을 감안하면 논의는 근본 차원으로 되돌아가야 할 것이다.

모더니즘의 재해석과 이성의 시대에 관한 뒤늦은 노스탤지어[24]

23) 신희준(1990), 윗글, p. 26에서 재인용.

가 이제와 궁금해지기 시작한 이 땅에서 영화의 정치성을 규명한다는 건 철지난 과업일 수 있다. 뿐만 아니라 한국 사회에서 영화 논쟁과 담론 혹은 학문적 정돈과 천착은 여전히 호사스런 일로 치부되기 십상이다. 왜냐하면 영화는 여전히 만만하고 속된 모습으로 비쳐지거나 터무니없이 폄하되기 때문이다. 뒤늦게, 정말로 뒤늦게 엎어지며 달려가는 세상의 광적인 영화 열기가 진정성을 갖는지에 답하려면 우리는 상당기간 기다려야 할 것이다. 그만큼 우리는 이 강박의 고리 곁에서 자유롭지 못하다.

우리에게 영화의 역사는 있었다. 그러나 정작 역사를 이끄는 영화는 없었다. 마찬가지로 이 땅에 정치는 없었다. 다만 일정한 권력의 흐름과 이에 맞서려는 다른 힘이 있었다. 그리고 뒤늦은 흐름 하나와 이를 뒤따르는 유형무형의 물줄기가 서서히 자기 정체를 만들어 가는 중이다. 이름하여 모더니즘이라는.

24) D. N. Rodowick, *The Crisis of Political Modernism : Criticism and Ideology in Contemporary Film Theory*(Berkeley, Calif. : University of California Press, 1994).

III

영화의 권력화와 영화권력의 사회화

1
필름의 역사적 전진 배치

한국 영화사에서 모더니즘의 출현을 따져보려는 게 이 책의 목적은 아니다. 마찬가지로 모더니즘의 종말[1]이 서구 지성사의 흐름을 바꾸고 대안의 이데올로기를 만들어낸 과정을 천착하려는 것도 궁극의 의도는 아니다. 영화의 사회관계와 이를 제한 · 강화하려는 정치적 힘을 다루되 영화마저 권력의 속성을 답습하게 된 일련의 메커니즘에 주목하려는 것이 작업의 보다 새삼스런 이유다.

애당초 영화가 권력의 의지에 따른 결과였다고 보긴 어려울 것

1) 테오 앙겔로풀로스가 그리려 했던 진한 노스탤지어와 현재적 회상은 오늘 우리에게 뭘 뜻할까. 이에 관해서는 다음 참조. Andrew Horton, ed., *The Last Modernist : the Films of Theo Angelopoulos* (Wiltshire : Flicks Books, 1997).

이다. 그랬다면 영화의 존재양식과 그간의 발전은 크게 달라졌어야 했을 것이다. 영화는 이제 문화권력의 창출원이자 주요한 사회자원이 되었다. 영화의 권력화를 재촉한 계기는 자본주의 사회의 새로운 문화상품으로 산업화될 요소의 개발과 확대 재생산이었다. 그것은 곧 영화가 고고한 예술 장르로만 머물지 않고 사고 팔 수 있는 매력적 상품으로 커갔기 때문이다. 영화제작은 어느덧 매뉴팩처링과 비슷해졌고 시장 메커니즘 역시 실물경제의 유통원리를 따른다. 이와 관련한 윤태희의 분석은 흥미롭다.

> 앙드레 바쟁이 지적하듯 영화는 상업적 산업예술로 순수한 미학적 · 심리학적 이론만으로 설명되지 않는 부분을 지닌다. 그것이 바로 영화의 산업적 속성이다. 산업화 시대에 탄생한 영화매체의 산업적 속성은 고전적 의미의 미학이론만으로는 그 매체 자체에 대한 탐구를 지속할 수 없게끔 거대한 장벽을 스스로 세워놓았다. 과학기술의 산물로 탄생된 영화가 대중매체로 자리 잡았을 때 그것은 이미 산업이란 테두리 내에서 자신의 본질을 규정하고 있었기 때문이다. 산업으로서 영화는 제작 · 배급 · 상영의 3대 요소를 기반으로 삼는다. 특히 현대 고도산업사회에서 영화의 산업적 속성은 매체의 존재양식을 결정하는 중대한 요소로 작용한다. … 이제는 끊임없이 반복된 영화는 예술인가란 질문 역시 영화란 무엇인가로 환원되고 있다. 영화란 무엇인가. 영화가 제작 · 배급 · 상영구조 속에서 생산 · 유통되고 관람자가 일정한 액수의 관람료를 지불하고 그것을 소비하는 이상 그것은 분명히 상품으로 존재한다.[2]

제작 중심에 감독이 놓이고 자본 공급과 배급 · 상영을 장악하는 복합 메커니즘이 주변에 공존한다는 사실은 알려진 바와 같다. 감독이 영화권력 형성의 중심에 놓일 수밖에 없는 이유 역시 그들의 절대적 자율성 확대를 통해 충분히 읽은 바 있다. 그러나 윤태희의 주장대로 영화의 사회화는 결국 예술성과 상업성의 동시결합으로 가능했다. 예술이자 산업이고 산업이면서 예술일 수 있는 성격. 새로운 투자대상이자 가치축적 자원으로 변모할 수 있는 경제적 동시성의 담보. '제작–배급–상영–관람–재투자'로 연결 · 재생산되는 준독점 구조의 형성. 자본과 예술의 매력을 동시 배합한 상품 고급화 전략.[3]

이같은 상호 의존을 체계화시켜 본 게 다음 〈그림 3〉이다. 여기서 막상 영화의 예술성과 산업성(혹은 상업성)은 서로 물고 물리는 긴밀함을 요구하지 않는다. 차라리 필요에 따라 결합하고 미련 없이 결별할 수 있는 철저한 기능적 공생관계이거나 비의도적 계약당사자들과 같은 뜻으로 파악해도 좋을 것이다.

영화의 정치성은 여기서 극대화된다. 가장 빨리 근대 예술의 노하우를 습득하고 그 매력의 토탈리티를 드러낼 수 있었던 영화 미디어는 영상을 통한 순간 통제와 재흡인의 지배 메커니즘을 확보할 수 있었다. 하지만 모든 영화가 이같은 경로를 답습하거나 예술성과 자

2) 윤태희, "헐리웃 B급 영화연구 : 영화사적 의미와 영화 미학적 가능성에 대하여," 동국대학교 대학원 연극영화학과 석사학위논문(1993), pp. 3–4.

3) 그것이 비단 디즈니의 전략이나 워너 브로스의 전술로만 국한된다고 말할 순 없지 않을까.

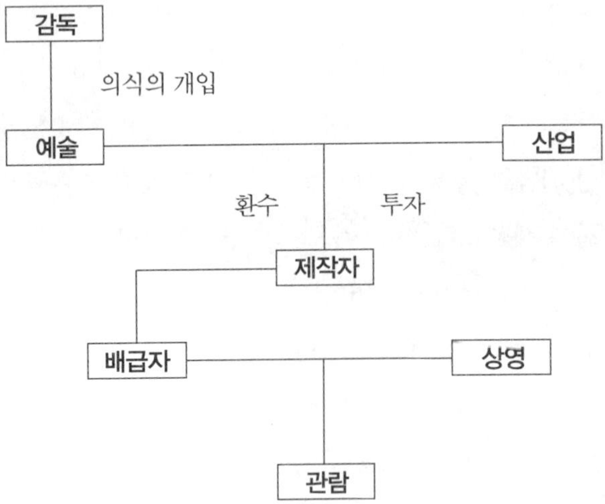

〈 그림 3. 영화예술의 상업성과 사회성 〉

본력을 동원할 수 있었던 건 결코 아니다. 영화의 권력화 경향을 특정 문화의 정치화로 규정할 수 있다면 거꾸로 정치 그 자체를 어떻게 영화화할 것인지도 문제 삼을 수 있다. 즉 권력의 영화화가 또 다른 관심대상이 되는 것이다. 이는 앞서 제기한 영화 미디어의 이중성과는 또 다른 쟁점을 불러일으킬 수 있다. 그건 뭘까. 다음 몇 가지 의문은 쟁점의 윤곽을 그리는 기반이 된다.

1. 권력의 영화화란 뭘까. 그것은 정치영화(Film on Politics)로 환원될 수 있을까 아니면 정치적 영화(Political Cinema)로 바꿔 표현할 수 있을까.[4]

4) 정치적 영화와 정치영화의 차이는 주제 선정과 스토리텔링에서 찾을 수 있을 것

2. 정치적 영화와 정치영화의 판정기준이 권력의 취급과 이해(혹은 해석) 방식에서 도출된다면 막상 정치영화의 목표와 투자 동기는 어디서 그 근거를 찾을 수 있을까. 한 권력자의 생애와 정치 굴곡에 관한 과장된 묘사와 각색? 전쟁과 혁명에 관한 윤색 혹은 핵심 이미지 추출? 이데올로기와 권력 갈등이 빚어내는 인간 의식의 처연한 속내 부각? 정치적인 것들 일체의 덧없음에 관한 영상고발? 그리고 그 감정이입의 극대화?

3. 정치영화의 기능은 어디까지 확장 가능한 걸까. 이때 영상 미디어가 발휘하는 정치적 기대효과란 얼마나 현실적일까. 만일 영화가 정치적 비판 도구일 수 있다면 그 한계는 어디까지일까.[5] 그건 역사인가 아니면 유토피아인가. 혹은 가상현실을 통한 미래의 예비일까.

4. 권력의 영화화가 지향하는 최종목표는 민주주의의 완성일까. 감독의 정치의식이 개입된 결과물이 감독 자신만의 전유물일 수 없다면 관객들의 인식은 어디까지 넓혀질 수 있을까. 영화에 의해 새로운 정치비판이 가능하다는 사실은 정치영화 제작의 영원한 변명 근거가 될까.

이같은 질문은 충분히 제기된 적이 없다. 이런 의문들은 영화계 안팎에서 재미를 불러일으킨 적이 별로 없다는 얘기다. 서양의 경우

이다. 전자가 등장인물들의 상호 이용과 배신, 기대와 좌절의 반복 플롯을 활용하는 데 주안점을 둔다면 후자는 아예 정치권력을 앞에 놓고 치열하게 투쟁하며 본격적 정치 틀과 룰을 따르는 인간 문제를 오브제로 설정한다. 그렇다면 모든 정치영화는 이미 정치적인 영화가 되는 셈이고 정치적인 영화 모두는 권력의 화두를 피할 수 없게 된다.

5) 이에 관해서는 V장 참조할 것.

도 예외는 아니다. 특히 연구의 미진한 역사로 보면 그들이라 하여 우리와 크게 다르지 않다. 특정 작품 분석이나 비교 혹은 개별 작가와 감독들의 영화 연구를 시도한 경우가 대부분이었다. 영화를 둘러싼 학제 간 접근이나 정치적 의미천착 같은 예는 좀체 찾아볼 수 없었다.[6]

헐리웃을 영화사의 출발점으로 삼는 미국도 정치와 영화의 관계를 체계적으로 천착하진 않았다. 고작해야 기존 정치영화들을 수집 · 정리한 컴파일레이션 워크 정도였고, 그것도 몇몇 경우에 국한된다.[7] 이같은 연구의 빈곤은 비단 미국에만 국한된 게 아니다. 그것

---

6) 토탈 아트로 '미술 · 조명 · 대사 · 분장 · 음악 · 의상' 등 온갖 요소를 아우르는 용기(容器) 구실을 한다는 점에서 상정해볼 문제다.

7) Crowdus (1994), *op. cit.* ; Sarris (1978), *op. cit.* 참조. 새리스는 모두 19편을 다룬다 : 1. *The Candidate* 2. *The Man* 3. *The Godfather* 4. *Dog Day Afternoon* 5. *The Conversation* 6. *The Front* 7. *Lenny* 8. *The Assassination of Trotsky* 9. *Sacco and Vanzetti* 10. *The Case of the Naves Brothers* 11. *State of Siege* 12. *The Mattei Affair* 13. *The Sorrow and the Pity* 14. *Slaughterhouse-Five* 15. *Promised Lands* 16. *Hearts and Minds* 17. *My Uncle Antoine* 18. *Marilyn* (by Norman Mailer) 19. *Your Show of Shows*. 그는 미국의 포르노 확산에 관해 매우 관대하다 ; "포르노는 폭넓게 연구해야 할 지속적인 주제다. 그러나 대부분의 전문가(를 자처하는 이들 조차)들은 영화세계의 주류로부터 포르노가 홀대받음으로써 일종의 문화적 타협이 불가피하다고 느낀다. 포르노는 근면과 성실에 대한 치명적 위협을 뜻하며 전문 직업주의나 고도의 기술세계를 값싸고 손쉽게 탈도덕화시켜 버릴 수 있다. 포르노의 확산은 기존의 영화배급구조와 이윤체계를 와해시키거나 전통적 제작 · 상영 · 유통체계를 변형시킬 수 있다. 포르노의 파급 속도와 함께 영화와 도시문화 전체는 그에 물들게 된다. 비록 여성 운동이 맹렬히 진행되고 사회적 호응을 받았다 해도, 또 포르노에 대한 그들의 정면도전이 거셌다 해도 커져가는 반문화 앞에 결국 그 힘은 약해질 수밖에 없었다. 이제 문제는 우리 스스로 오락과 흥미대상을 선택할 자유 앞에 무방비로 노출되어 있다는 사실을 새삼 인정해야 한다는 점이다" (p. 133).

은 제2차 세계대전 이후 지식인의 문화 마인드가 현실정치에서 조금도 그 촉수를 옮기지 않았다는 사실을 잘 말해준다. 대부분의 정서는 영화 속에서 당대 정치현실이 어떻게 다루어지고 또 변용되는지까지 신경 쓸 겨를이 없었다.

그러나 몇몇 예외는 있다. 혁명을 경험한 국가들이나 극단적 폭력 세례를 통해 광적인 오리엔테이션을 겪은 경우가 그것일 것이다. 뿐만 아니라 혁명의 과잉기대가 좌절된 이후 정치적 환멸과 절대 절명의 공허를 희화화하여 영화를 제작한 국가들도 예외에 속한다.[8] 권력 주변부의 기생(寄生)계층이 늘 관심대상이 되듯 제3세계 정치질서는 영화정치학의 후발주제로 자주 각광받는다.[9] 결국 정치발전 정도,

8) 이데올로기의 과잉세례와 혁명경험 그리고 그 좌절의 스펙트럼을 다룬 연구 가운데 대표적인 경우는 다음과 같다. 파시즘 출현과 영화의 문화적 병행을 다룬 것으로 Angela Dalle Vacche, *The Body in the Mirror : Shapes of History in Italian Cinema*(Princeton, N.J. : Princeton University Press, 1992). 사회주의 혁명을 전후한 중국영화의 정치성을 다룬 작업으로 Nick Browne, Paul G. Pickowicz, Vivian Sobchack, and Esther Yau, eds., *New Chinese Cinemas : Forms, Identities, Politics*(New York : Cambridge University Press, 1994). 유럽 영화의 이데올로기 종말을 다룬 업적으로 다음 참조할 것. Daniel J. Goulding, ed., *Five Filmmakers : Tarkovsky, Forman, Polanski, Szabó, Makavejev*(Bloomington & Indianapolis, Indiana : Indiana University Press, 1994).

9) 국내 연구는 극히 제한적이지만 예외도 있다. 볼리비아 우카마우 집단(지음)/양윤모(편역), 『혁명영화의 창조』(서울 : 한겨레, 1988). 제3세계 영화의 정치성에 관한 연구는 드문 주제였다. 특히 아시아 정치연구의 문화 기초로 인종분류와 현대사의 경험적 유사성을 준거로 한 비교 틀 확보는 중요한 문제였다. 영화정치학 연구에서도 이 문제의 비중은 크다. 특히 식민지 경험을 공유한 경우 결정적 유사성과 차이점을 가려내는 작업이 그렇다. 인도와 한국의 경우는 여기서 흥미롭다. 하지만 두 나라가 겪은 피해 지평과 이를 회고하는 문화 역량은 크게

즉 민주주의 성취도와 영화정치학의 학문적 인프라는 반드시 일치하지 않았다. 게다가 영화의 권력화는 정치권력의 비민주성이나 비이성적 크기에 따라 자동 담보된 개념도 아니다. 그것은 제작자의 의지와 감독의 의식이 대중적 호응을 얻음으로써 나타난다. 따라서 권력 그 자체를 영화 소재로 삼든 아니면 영화 자체가 인기를 얻든 그 계기는 모두 영화를 운용하는 사람들에 의해 결정된다는 사실을 재확인하는 일은 늘 중요하다. 이 사실은 영화가 권력에 의해 조종될 수 있는 높은 가능성을 안으면서도 실제로는 늘 자율성을 지탱한다는 점을 잘 반증한다. 그리고 영화의 권력화와 권력의 영화화는 직접 관련이 없음을 증명해 준다.

우리는 정치영화와 정치적 영화의 차이를 변별한 바 있다. 그리고 그 차이가 권력에 대한 영화 미디어의 접근 자세와 인식내용에 따라 크기를 달리한다는 사실도 알 수 있었다. 그것은 결국 모든 영화가 정치적일 수 있다 해도 곧 정치영화는 아니라는 아이러니를 반증하는 것이기도 했다. 그러나 막상 영화가 사회적으로 각광받기 시작한 건 정치성[10] 때문만이 아니다. 오히려 전혀 새로운 기능, 즉 권력의

다르다. 영화문화의 차이도 적지 않다. 이는 일본과 영국이 반드시 같은 폭력을 사용하지 않았다는 차이의 문제일 수 있다. 정치적 복종 지평이 달랐다는 점에서 단서를 찾을 수도 있을 것이다. 그들의 정서를 극도의 서정과 절제된 미장센으로 다루는 잠재력 역시 어디서 나오는지는 지속적 탐구대상이다. 이를 엿볼 수 있는 인도의 대표작들로 다음 참조할 것. Ritwick Ghatak–*E Flat*(Kormal Gandhar, 1961) Suharnarekha(1962) *The Cloud–Clapped Star*(Meghe Dhaka Tara, 1960)/*Soumitra Chatterjee–The Tree*(Gaachh, 1997) *The Lonely Wife*(Charulata, 1964).

그늘에 가려 보이지 않던 세상 밑바닥을 그려내고 새로 담는 거대한 문화용기 역할을 담지할 수 있었기 때문이다.

길게는 프랑스 혁명, 짧게는 산업혁명 이후를 토대로 영화사의 문화 기초를 재구성하자면 영상 미디어의 역사환경은 격동과 변혁으로 압축된다. 이데올로기의 과잉주입과 강요 속에서 비록 어수선 하였으되 일정한 자기 언어체계를 만들어 나간 그것은 시대의 대표적 문화상품이었다. 널리 알려진 대로 혁명과 전쟁은 물론이요, 과학문명은 정치가 오늘날 필요한 이유가 굳이 무엇인지 되묻게 했다. 영화는 때로 정치 환멸과 권력에 대한 염증을 씻어내는 잠정적 수단이 기도 했고, 삶의 보람이자 목적일 수도 있는 문화적 흡인력을 놀라운 속도로 확산시킨다.

이런 현상은 영화가 과거 정치권력의 전권을 순식간에 대체할 만한 잠재력을 확보했음을 증거한다. 좀 더 과장해 보자면 사람들은 이제 더 이상 정치권력을 무서워하거나 피하려 들지 않는다. 그보다 차라리 영화보길 더 좋아하고 다음 주에 개봉되는 프로그램에 미리 들떠 기다리는 삶을 경험한다. 영화 한 편보다 재미없어진 권력의 실체. 그것은 외경의 대상도 권위의 표상도 아닌 일상의 파편처럼 그저 맥없이 우리 곁에 공존한다. 그래도 남아 있어야 할 이유가 있어 존치되고 있다는 최소한의 필요악 정도로 정치는 평가절하되기 시작

10) 정치성이란 의도된 목적성이나 파슨스식(式) 목표획득 기능을 담지한 계획된 고의성을 뜻한다. 확실한 목적을 정하고 이를 성취하기 위한 숨은 의도를 영화마저 암암리에 은폐한다면 말이다.

한 것이다.

영화가 정치의 영역을 문화적으로 추월하기 시작했다는 사실은 결국 권력의 대중적 적합성이 더 이상 의미를 키워나갈 수 없게 되었다는 걸 극적으로 반증한다.

> 사회사의 부각. 정치 밖 영역의 새로운 부상. 권력이 설명할 수 없었던 의식적 슈퍼 스트럭처의 재구성. 권력 본연의 자원은 권력에 내재하는 게 아니라 주변의 복합적 지지요인과 그 사회적 지탱점에서 성장한다는 사실. 문화 없는 권력은 공허하며 권력 없는 문화 역시 교만할 뿐이란 명제의 역사적 재확인.

문제는 영화가 이를 기점으로 자기 존재 이유를 확실히 변명할 수 있게 된다는 점이다. 그리고 기왕에 과잉 투영된 인간과 사회의 왜곡된 이미지를 새롭게 수정할 수 있는 계기가 마련된다는 데에도 아울러 주목할 필요가 있다. 사회사의 빈곤이 정치사를 풍요롭게 했다면 거꾸로 권력의 과대성장은 인간의 자유의지와 문화 상상력을 억압한 다.

여기서 한 가지 분명히 해둘 것이 있다. 사회사의 빈곤이 곧 사회사의 부재를 뜻하는 것은 아니며, 동시에 권력의 일방독주로 역사가 결정된 것도 아니었다는 점이다. 이같은 사실은 물론 상식일 뿐, 별다른 반향을 불러일으키진 않는다. 하지만 정치사의 오염이 역사에서 얼마나 치명적이었는지 주목한다면 정치적 환멸과 실망의 늪은 결코 얕지 않다.

. 영화가 정치 환멸과 흐름을 같이 한다는 사실은 아무리 강조해도 지나치지 않다. 사회사의 빈곤이란 것도 그만큼 정치의 독주와 과잉지배로 인한 반(反)권력의 함의를 동시에 아우르는 개념으로 이해할 필요가 있다. 과잉 단순화시키자면 영화는 정치사의 과잉과 사회사의 빈곤이란 틈새를 헤치고 빠른 속도로 자기 목소리를 만들어낸 시대의 대표 문화양식일 것이다. 권력의 억압과 대중적 도전의 지연이 빚어낸 일종의 문화 불균형을 바로잡는 데 늦게나마 영화가 적합한 기능을 발휘한 것이다. 그것이 바로 영화의 정치화를 재촉한 직접 단초였다. 탄생하자마자 정치 기능의 확장을 요구받은 아이러니는 그 역시 역사의 산물이자 불가피한 상황의 결과였다.

본격적인 정치의 시대가 언제부터였는지는 철지난 쟁점이다. 그러나 영화가 그 속에서 어떤 역할을 담당했는지는 여전히 의문이다. '정치시대'의 출현은 한때 종교의 위축과 권력의 급성장이란 인식의 시퀀스를 낳는다. 그리고 인간의 자유의지와 개성이 문화사에서 얼마나 중요한 의미를 갖는지 강조의 방편으로 자주 동원된다. 종교의 일방적 위세를 비판하고 휴머니즘을 바탕에 두는 기독교 본연의 교훈을 현세에 되살리려 애썼다는 점에서 그건 바람직했다. 하지만 결과적으로는 배반과 교만으로 권력의 시대 자체를 앞당긴 원동력을 스스로 파괴함으로써 돌이킬 수 없는 과오를 저지른다.

이성의 종말. 그리고 합리주의의 성숙. 개체의 중요성과 '전체론'(Holism)의 동시 인정. 원자화된 사회와 소외된 인간의 무한 충돌. 욕망이란 이름의 괴물과 억압할 필요 없는 본능의 사회적 방임. 정치적 무책임과 무관심의 증폭. 영화는 비로소 이같은 현상 중심에 무엇이 도사리고 있는지 파헤치기 위해 본격 고민하기 시작한다. 그것은 권력의 무한성장과 이성의 극단적 파멸이 불러올 최악의 파국을 막아보려는 또 하나의 예술적 대안이기도 했다.

2
정치영화의 자리 찾기

정치환경은 영화제작을 좌우한다. 이는 분명한 사실로 확인된다. 있을 수 없는 일들이 실제 일어남에 따라 극적인 현실을 더욱 흥미롭게 고려해야만 하는 영화제작은 그래서 완전한 허구로만 구성될 수 없다. 실제보다 더 실제적이고 허구보다 한층 허구적인 현실의 복원. 그리고 재현. 극적 희화화. (현실을 역사로 재연하는 다큐멘터리는 배제하고) 영화의 정치성은 극적 재구성 단계에 이르러 새로운 설득력을 발휘한다. 본격적인 극 영화형식이 제2차 세계대전 종전에 즈음하여 폭발적으로 출현, 세계 영화사의 주요 장(章)을 열게 된 것도 그러니까 우연은 아니다.

로베르토 롯셀리니의 「무방비 도시」(*The Open City*/1945)를 시작으로 일련의 탁월한 영화들이 쏟아져 나온 것은 1945년 제2차 세계대전의 종전과 함께 거의 4반세기에 걸쳐 세력을 장악했던 파시스트 정권이 몰락하면서부터였다. 정치적 · 경제적 · 사회적 황폐 속에서 Long-take와 현지촬영, 비전문배우의 기용, 후시녹음 등이 네오리얼리즘 영화에서 쓰였던 것은 영화외적인 영향이 컸다. 또한 네오리얼리즘 미학은 지오반니 베르가(*Giovanni Verga*)로 대표되는 19 · 20세기의 *Verismo*(진실주의)와 미국의 자연주의 문학의 영향을 받았다. 이같은 영화예술의 영향으로 네오리얼리즘 영화 미학은 카메라 앞에 놓인 피사체의 존중과 강조를 특징으로 한다. 황폐한 사회상황을 의식하되 작가의 인위적 개입을 배제하고 있는 사실 그대로를 담는다는 게 핵심이다. 결과적으로 서사구조는 완전한 결말을 보이지 않는 느슨한 형태를 취하고 한 장면을 촬영하는 데 인위적 몽타쥬나 다양한 카메라 위치를 기피하며 고정된 카메라에 롱 테이크를 선호하게 된다. 앙드레 바쟁(André Bazin)은 이러한 네오리얼리즘 미학을 주창한다. 영화의 기술사는 자연을 더욱 더 완벽하게 재현하려는 노력의 역사라고 바쟁은 생각한다. 그러나 영화를 현실 그 자체가 아닌 현실의 점근선(asymptote of reality)이라고 불렀는데, 왜냐하면 현실에 근사하게 접근하긴 하지만 영원히 현실 그 자체가 되지는 못한다는 사실을 지적한 것이다. 이 한계에 부딪친 바쟁은 되도록 현실이나 자연에 근접하려는 기법들을 찬양했는데, 대표적인 것이 네오리얼리즘의 Long-take와 오손 웰즈가 사용한 Deep Focus였다. 바쟁은 예술의 진리란 현실과 자연 속에서 다의성을 지닌 채 존재한다고 믿는다. 이러한 사고는 인식론이라기보다 다분히 존재론적인 발상이다. 즉 예술가인 인간과 현실에 존재하는 자연 사이에서 바쟁이 택한 건 자연이었다. 따라서 네오리얼리즘 영화 미학이 자연주의적 속성을 지니고 있다는 건 명백해진다.[1]

현실을 있는 그대로 묘사하되 더 이상 포착 불가능한 영역까지 재현하려는 게 영화의 최대 목표는 아니다. 역사의 흐름은 영화적 표현을 다양하게 분화시킨다. 앙드레 바쟁이 부딪친 한 가지 벽은 영화가 사진이나 그림과 무엇이 다른지 분명히 답할 수 없다는 것이었다.

현실의 재현(再現)과 복원(復元)은 다르다. 특히 재현이 갖는 예술적 의미 안에는 정치성의 개입이 거의 봉쇄되는 게 사실이다. 현실을 현실 그대로 되살려 놓는 것이 영화목표의 전부였다면 결국 영화의 정치성이란 사실의 기록과 축적 이상 아무런 의미도 드러낼 수 없었으리라. 현실의 처연함과 스산함이 배어나오는 여러 조건들을 여과 없이 앵글에 담아 경험 불가능한 관람자에게 보여주는 작업에도 물론 일정량의 정치성이 개입할 여지는 있을 것이다. 인간의 공격본능에 관한 노골적 고발이나 뒷골목 정경에 관한 무삭제 공개 혹은 폭력조직의 인간관계에 얽힌 하드 보일 스토리[2] 등을 바라보는 이들은 잔인함, 처연함, 황당함, 냉혹함을 통해 궁극적으로 감독의 의도가 무엇인지 정치적으로 추리하는 데 성공할 수 있을 것이다.

그러나 추리는 영화의 정치성 제고나 감독의 동기를 세련시키

1) 황인태, "PIER PAOLO PASOLINI 작가 연구," 중앙대학교 대학원 연극영화학과 영화학 석사학위논문(1992), pp. 8-10.

2) 예를 들어 *Godfather*에서 돈 꼴리오네를 중심으로 펼쳐지는 경쟁조직간 살상 장면이나 *Bonnie and Clyde*에서 벌어지는 무차별 공격은 전쟁의 처연함을 초월하는 가혹함을 중심에 놓는다. 이같은 장면을 보고도 리얼리즘의 세계를 의심할 사람은 없을 것이다. 그러나 과연 그 이후 느끼게 되는 정서의 차별은 뭘로 설명할 수 있을까. 코폴라를 비롯하여 이런 감독들은 정치적으로 성공한 걸까.

는 데 별다른 도움을 주지 못한다. 나아가 이때 감독의 의도는 사실상 문제적 미장센의 단순 현시 이외에 아무 것도 아니란 혹평[3]을 자초하는 경우도 있게 마련이다. 특히 이태리는 리얼리즘이나 네오리얼리즘을 달갑게 받아들이기 어려웠다. 예술가들은 의식을 갖고 사회와 대립하고 자신의 체험을 바탕으로 현실을 적극적으로 인식하려 했기 때문이다. 사회현실과 카메라 앞의 피사체를 작가의 인위적 개입 없이 담고자 했던 네오리얼리즘의 (자연주의적) 속성은 결국 신과 자연에 대한 인간의 우위 선언과 대립하는 미학이었다.[4]

재현과 복원을 통한 영상 이미지가 네오리얼리즘의 정치적 계산 때문이었다면 반대진영의 의도 안에는 대담한 생략과 추상 그리

3) 리얼리즘이나 네오 리얼리즘 영화의 순수성에 도전하는 감독으로는 파졸리니가 대표일 것이다. 그는 바쟁의 태도에 정면으로 반기를 든다 : "왜 파졸리니는 자연주의적 속성을 지닌 네오리얼리즘을 거부하는가. 첫째, 네오리얼리즘은 새로운 영화언어를 창조하는 데 애쓰지 않았고 또 무능했다는 점이다. 네오리얼리즘이 등장하는 시기는 종전의 사회적 황폐함과 함께 파시스트가 몰락함으로써 사회를 새롭게 재건하려는 첫발을 내딛는 시기였다. 그러므로 이 시기 네오리얼리즘 영화가 황폐한 생활상을 그대로 보여줌으로써 사회 고발적 성격을 지녔음은 물론이다. '네오리얼리즘은 새로운 사회에 대한 모두의 희망과 함께 이탈리아를 재발견하는 레지스탕스 영화다.' 그러나 네오리얼리즘 영화의 표현양식은 새로운 사회상황에 걸 맞는 새로운 영화언어가 아니라는 게 파졸리니의 주장이다. 둘째, 네오리얼리즘 기법은 이탈리아 과거 전통을 무시하는 스타일이다. 여기서 이탈리아의 과거 전통이란 유럽에서 가장 먼저 발흥했던 르네상스를 말한다. 르네상스 혹은 인본주의는 신 중심 세계관에서 인간중심 세계관으로의 전환을 의미한다. 결국 파졸리니가 네오리얼리즘을 거부한 까닭은 자연주의 미학의 거부와 시대변화에 따른 결과로 요약된다." 황인태, 앞 논문, pp. 10–12.

4) *Ibid.*, p. 11.

고 극적 전환을 암시하는 은밀한 과장이 자리한다. 모든 걸 하나하나 설명하고 파헤치며 고발의 쾌감을 암시하려는 게 전자의 정치적 계산이라면, 후자는 감정의 압축과 열정의 냉각을 통해 과감한 충격과 상상이 어디까지 다다를 수 있는지 암시한다. 본격적 정치영화 기법이 등장하는 셈이다. 대립된 기법은 보는 이로 하여금 주관적 심상 차이를 통해 일정한 정치적 정서를 읽을 수 있도록 유도하는 게 사실이다.

여기서 후자에 더욱 주목하고자 하는 이유는 정치가 주는 은근한 '밀교성'(密敎性 *esoterika*)이나 의도적 억압을 통한 무한지배 충동이 권력 안에 늘 유예되기 때문이다. 이같은 숨은 힘을 암시·영상화하는 데 과장과 의도적 생략은 더 없이 좋은 방법이다. 그러나 작업의 최선은 롱 테이크나 숏 테이크의 우위 논쟁이라든지 그 객관적 효과를 비교하는 데 있지 않다. 양자를 합쳐서라도 세상의 변화를 통찰할 수 있는 방법론을 발견해내는 일이 더 중요할 것이다. 이같은 영화방법론의 대강을 체계화시켜 본 것이 다음 〈그림 4〉이다.

이성의 종말이나 권력의 과잉을 영화화하는 데에도 리얼리즘과 반리얼리즘의 대립은 얼마든지 가능하다. 특히 롱 테이크를 핵으로 삼는 바쟁류의 네오리얼리즘은 세기말의 정치적 공허나 인간소외를 이념 붕괴와 결부시키는 과정에서 위력을 발휘[5]했고 그 반작용도 눈에 띄었기 때문이다.

---

5) 앙겔로풀로스의 *Ulysses' Gaze*가 좋은 예일 것이다.

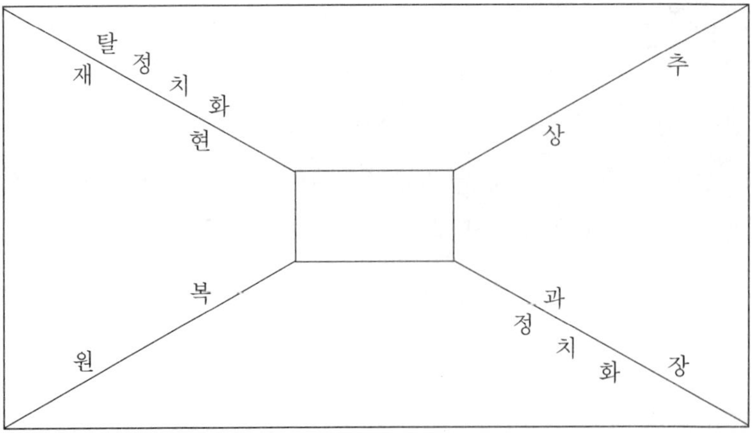

〈 그림 4. 리얼리즘과 반(反)리얼리즘의 영화기법 〉

반리얼리즘 계열의 영향을 자세히 살펴볼 여유는 없지만 대표 작품으로 자주 거론되는 파졸리니의 『살로 혹은 소돔 120일』(이하 '살로'로 略함)에 주목하기로 하자. 파졸리니 역시 리얼리스트 계보를 벗어나기 어렵고 작품 해석에서도 리얼리즘(네오리얼리즘 포함)은 여전히 중요하다고 보는 이도 있다.[6] 이같은 생각은 파졸리니마저 현실공간을 떠나서는 상상조차 할 수 없다는 일종의 수정론을 주장한 것처럼 보인다.[7]

6) Maurizio Viano, *A Certain Realism : Making Use of Pasolini's Film Theory and Practice* (Berkeley, California : University of California Press, 1993).

7) 그 역시 *Una Vita Violenta* 에서 여느 리얼리스트 못지않게 추잡한 사회현실을 묘사한다. 부분을 보고 전체를 유추하자면 그는 어김없이 네오 리얼리스트가 될 것이다. 번역본으로 박명욱 · 오명숙 옮김, 『폭력적인 삶』(서울 : 세계사, 1995).

그러나 적어도 그가 현실과 타협하려 했다거나 권력과의 담판에서 능란한 술수를 발휘했다는 흔적을 발견할 수 없는 한, 그를 쉽사리 리얼리스트 계보에 넣진 못한다. 인간이 꿈꿀 수 있는 공격의 극치와 파괴의 극한을 자기 독선에 업혀 실험한 파졸리니의 『살로』는 비상업적 정치영화의 대표다. 파졸리니가 여기서 무엇을 이야기하고자 했는지는 그의 영상 이미지를 직접 체험하지 않고선 불가능하다. 다만 여기서는 정치성에만 한정시켜 보기로 하자.

> 4인의 방탕아들이 살로 공화국을 세우기로 계약한다. 나치군 복장과 파시스트 복장을 한 군인들이 인근 주민들을 강제로 납치하여 살로 공화국이라는 큰 저택에 감금시킨다. 살로 공화국에서는 방탕아들은 극도로 충동적이며 잔인한 행위를 일삼는 반면, 수용된 양민들에게는 유니폼을 입히는 등 엄격한 질서를 요구한다. 『살로』는 세 여자가 각자 음탕한 이야기를 시작하고 4인의 방탕아들은 이야기에 따라 변태행위를 일삼다가 여자의 이야기가 끝나면 각 부분도 일단락짓는 것으로 구성된다.[8]

온통 난삽한 미장센과 계산 불가능한 의도로 범벅된 『살로』는 극한으로 치닫는다. 작품 원본은 잘 알려진 대로 프랑스 혁명 직후 감옥에 갇힌 사드의 『소돔 120일』이다. 투옥생활이 불러일으킨 극단의 상상과 사회적 단절은 일상의 언술구조를 여지없이 깨버리고 수

8) 황인태(1992), 앞 논문, p. 50에서 재인용.

감자들이 당연시하는 금기 역시 사드는 전면 분쇄한다. 그는 자신의 책 서문에서 "금기란 범해지기 위해 존재한다"[9]고 과감히 선언한다.

> 파졸리니가 지상 가치로 여겨왔던 신성함이 사라진 현대 사회를 맞이하자 원인을 소비사회의 특징들에서 찾은 작품이 『살로』다. … 두 번째 여자가 이야기를 시작했을 때 살로 공화국의 공동식당에서는 음식으로 똥이 나온다. 또한 4인의 방탕아들은 국민들을 발가벗겨 목에는 개목걸이를 걸은 채 끌고 다닌다. 그러다가 바늘이 잔뜩 들어 있는 빵을 먹이로 주기도 한다. 소비사회에서 소비의 원칙과 목적은 결코 향유가 아니다. 시민의 의무로 강요되고 제도화된다. 이 제도에 따르지 않는 사람이 있다면 반사회적 인간이 된다는 사실을 파졸리니는 위와 같이 극단적으로 형상화한다. 사드는 소비에 관한 인간 본성을 다음과 같이 꼬집는다. 인간 내부에는 자원을 불태워 소진 또는 소멸시키려는 욕망이 숨어 있다. 대체적으로 소진 · 소멸은 우리에게 행복감을 준다. 이같은 사드의 지적은 파졸리니에 의해 소비사회의 특징으로 각색되어 『살로』에서 극단적으로 형상화된다. 책을 영화로 만드는 건 한 작품을 다시 만드는 것이기 때문에 이러한 각색은 전혀 새로운 게 아니다.[10]

사드의 파격 논리와 파졸리니의 의도는 일상적 '지배 · 복종'

9) 사드 지음/황수원 · 심효림 옮김, 『소돔 120일(上卷)』(서울 : 새터, 1991), pp. 21-79, *passim*.
10) 황인태(1992), 앞 논문, pp. 51-52에서 재인용.

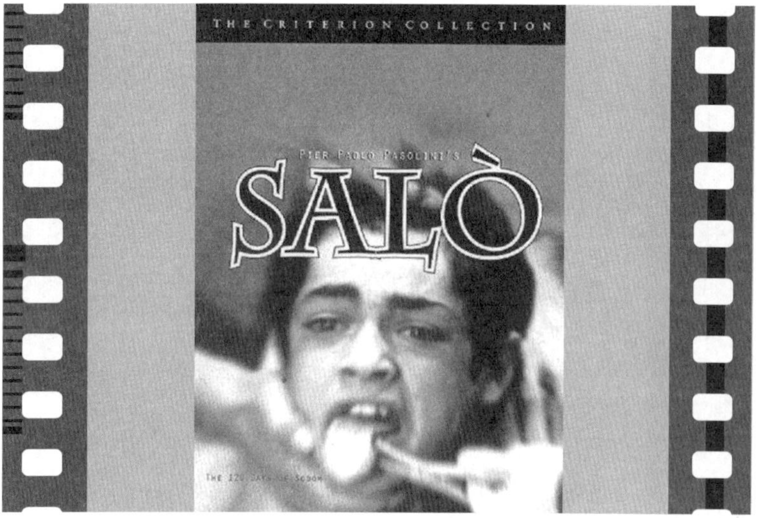

〈「살로 혹은 소돔 120일」/ 파졸리니(1975) 〉

관계를 뒤엎는 혁명의 저의와 그에 준하는 정치저항을 직접 표방하지 않는다.[11] 그러나 그의 영화언어는 파시즘의 폭력을 전면 거부한다. 영상의 카리스마와 그 뒤에 도사린 정치적 저력은 사실 작품에 따라 일정하지 않다. 특히 리얼리즘을 배격하는 파졸리니류의 카메라워크에서 감독의 주관이 관객과의 의식적 교류에서 의미 있는 틀을

11) Sam Rohdie, *The Passion of Pier Paolo Pasolini*(Bloomington & Indianapolis, Indiana : Indiana University Press, 1995), Ch. 4, pp. 117–174 ; Patrick Rumble, *Allegories of Contamination : Pier Paolo Pasolini's Trilogy of Life*(Toronto : University of Toronto Press, 1996) ; Patrick Rumble and Bart Testa, *Pier Paolo Pasolini : Contemporary Perspectives*(Toronto : University of Toronto Press, 1994).

확보하기란 극히 어렵다.[12] 그러나 파졸리니의 경우 핸드 헬드 카메라 워킹이나 영상폭력의 쉼 없는 강요는 왕가위(王家衛)식 '흔들림'이나 입자 굵은 필름 터치와는 또 다른 이미지를 준다.

그것은 전체주의를 확장하려는 권력 중심부의 음흉함에 대한 직접 조롱이었다. 대부분의 정치영화가 어느 정도 난해함을 담듯 쉽게 표현할 수 없는 영상을 통해 그가 요구한 이미지의 극한은 전체주의의 폭력과 그 시네마적 변용을 축으로 삼는다. 대중폭력의 순간폭발이 의도치 않은 사회혁명의 계기로 발전하듯 영상에서 정치성이 극대화되는 순간은 언어 비판이나 설명으로 이루어지지 않는다.

권력에 대한 무작위적 조롱이 가혹한 집단행동보다 더 폭력적으로 발전하는 순간도 바로 이때다. 엄격하게 통제된 상황 속에서 똥을 식사로 주거나 바늘 박힌 빵을 먹이로 강요하는 미장센은 그 자체만으로도 뒤집힌 혁명성, 즉 영상을 통한 잔인한 도전과 극단의 폭력으로 드러난다. 게다가 쉼 없이 주문하는 섹스는 이미 충분히 주입된 폭력성을 다시 화석화시킨다. 이와 관련, 황인태의 주장에 계속 귀 기울여 보자.

> 『살로』의 대표적 주제는 세 번째 여자가 음란한 이야기를 시작하면서부터 집약된다. 세 번째 이야기는 사도-마조키즘에 관한 것이다. 4인의 방탕

---

12) 이 문제가 가장 힘든 부분 가운데 하나다. Robert S. C. Gordon, *Pasolini : Forms of Subjectivity*(Oxford : Clarendon Press, 1996).

아 중 세 명이 정원에서 사디스트의 행동을 취할 때 나머지 한 명은 건물 안에서 쌍안경으로 바라보며 흥분에 휩싸인다. 일종의 관음주의적 변태다. … 공화국의 특권을 가진 자는 특권을 가지지 못한 자에게 사디스트적 행동을 취한다. 『살로』의 사도-마조키즘은 작가와 관객 사이에도 존재한다. 관객이 희생자 입장이 될 때 관객은 마조키스트가 되고 4인의 탕아 중 한 사람으로 동일화될 때 관객은 사디스트가 된다. 만일 브레히트의 소격효과처럼 몰입되지도 않으면서 또한 이성에 의한 주체적 판단능력까지 상실할 때 영화 『살로』는 소비사회에서 소비되지 않는 상품으로 남는다. 현대 사회의 대부분 관객은 『살로』에서 드러나는 염세주의에 동의하지 않는다. 또한 극단적으로 표현된 사디스트들의 행동에 혐오감을 느낀다. 파졸리니는 현대 사회에 관해 완벽히 입증할 수 없는 이론으로 관객이나 독자를 전혀 의식하지 않고 금기의 위반 장면들을 보여준다. 『소돔의 120일』의 저자 사드나 『살로』의 작가 파졸리니는 살로 공화국의 방탕아적 성격을 갖는다. 『살로』에 나오는 4인의 방탕아들은 극단적 폭력도 인간의 일부라고 생각한다. 그리고 자기네들끼리 말을 주고받는다. 그들은 당연한 이치를 따르고 있고 자연법칙을 따르는 건 그들뿐이라고 생각한다. 『살로』에서 파졸리니는 자기 주장을 위해 관객 입장을 부정하는 행동을 하고 있는 셈이다. 세 번째 여자의 등장과 함께 나타나는 사도-마조키즘의 고리는 일단 타인의 부정에서 시작된다. 타인의 부정은 종국에는 자아의 부정으로 귀결된다. 자기 부정은 첫 번째 여자에 의해 음란한 이야기가 시작되면서 묘사되는 자기 학대나 자기 모멸행위와 동성애 장면에서 보여진다. 『테오 레마』나 『돼지우리』 등에서 동성애나 변태는 암시적으로 표현되었지만 『살로』에서 동성애는 암시가 아니라 직접 묘사된다. 또한 인생 3부작에서처럼 성애의 한 표현방식이 아니라 변태에 가깝다. 『살로』에서 동성애란 비정상적이며 비생산적인 행위이다. 첫 번째 여자 이야기는 파졸리니 자신의 동성애에 대한 자기 조소나 사도-마조키즘의 귀결인 자아부정으로 볼 수 있다.[13]

작가의 역할과 감독의 그것이 예술적으로 어떻게 조화를 이루는지는 앞서 짚어본 바 있다. 그들의 통합 가능성에 관해서도 논의해보았다. 원작의 문학성이 각색된 카피의 영화성과 어떻게 어우러질 수 있는지도 흥미로운 주제였다. 그것은 표절도 아니며 문화변용도 아닌 예술적 독자성과 해석의 자율성을 견지한다는 사실도 영화이론의 고전이 된 지 오래다. 문제는 양자의 독자성을 변별해내려는 사회적 긴장과 문화영역 간 기득권을 포기하지 않으려는 경쟁관계가 늘 새롭게 나타난다는 점이다.[14]

이를 굳이 의식하지 않더라도 사드와 파졸리니의 대비는 해석상 커다란 장애를 일으키지 않는다. 하지만 사드의 원작을 파졸리니가 각색할 때도 상업성과 예술성 그리고 대중성이 개입했을 것이라고 상상해 보는 일은 그리 어렵지 않다. 자본주의 체제가 모든 것을 상품화시키고 영화마저 예외가 아님을 충분히 숙지했을 그가 『살로』

13) 황인태(1992), 앞 논문, pp. 52-55에서 재인용.

14) Lynn A. Higgins, *New Novel, New Wave, New Politics : Fiction and the Representation of History in Postwar France* (Lincoln, Nebraska : University of Nebraska Press, 1996) ; Richard Chapple, ed., *Social and Political Change in Literature and Film : Selected Papers From the 16th Florida State University Conference on Literature and Film* (Gainsville, Florida : University Press of Florida, 1994).

의 흥행만 고민하진 않았으리란 추론도 얼마든지 가능하다.

파졸리니의 의도가 돋보이는 부분은 성 본능이 사회와 규범을 의식하지 않고 거침없이 권력화할 때다.[15] 즉 그때 나타나는 원색적 추악함이 얼마나 거칠며 동시에 정치적인지 강조하는 일말이다. 그리고 그 일이 영상의 정치적 공격과 조화를 이룰 때 예술로 각색된 사드의 메시지도 성공적으로 극대화한다. 영화의 정치성과 정치의 영화성이 대칭적으로 부각될 때 파졸리니만큼 드라마틱한 감독도 일찍이 없었다는 사실은 그래서 언제든 강조할 필요가 있다.

그렇다면 영화의 정치성이란 구체적으로 뭘 의미하며 예술적 전개는 또 어떤 모습을 취할까. 이때 영화의 정치성을 크게 제작 주체의 목적으로 볼 것인지 아니면 해석(관람)자의 주관이나 이해수단으로 파악할 것인지도 쉬운 문제는 아니다. 모든 영화를 정치적으로 환원시킬 수 있다면 이 문제는 더 진지하게 천착해 볼 필요가 있다. '정치적인 영화'와 '정치영화'의 연구에서 중요한 것은 그들 사이의 관계가 아니다. 그보다는 전자가 후자의 그것에 포섭되는 방식과 끝내 모든 필름에 내재하는 정치결정론의 극복일 것이다.

1. **제작과 시나리오 주체의 심리 배경에 도사린 욕망이** (자본축적이나 대중적 인기상승 혹은 확고한 사회적 지위 확보 같은 세속적 의미의 것이라 하

15) 티모 에이락시넨 지음/박병기 · 장정렬 옮김, 『사드의 철학과 성윤리』(서울 : 인간사랑, 1997), pp. 137-151.

더라도) 은밀한 자기 중심성이나 목표가치(명예 · 부 · 사랑 · 복지 · 안전 등)를 획득하려는 치열한 삶의 과정을 반영할 때 이같은 사적 동기의 결과로 표현된 영상 일체를 '정치적 영화'라 부를 수 있을 것이다. 그것은 멜로드라마를 포함한 애정물이나 전쟁영화 혹은 권선징악을 주제로 한 액션물과 SF에 이르기까지 폭넓고 다양하게 전개된다. 따라서 이때 정치적이란 용어는 다분히 이중적이며 일정한 극적 효과를 노리는 전략 가치를 반영한다. 그 효과의 증대를 보장하는 수단들도 다양하게 동원된다. 효과가 극대화될 수 있는지 여부에 따라 흥미의 부피 또한 달라짐은 두말할 필요가 없다.

2. 영상 수용 주체의 흥미, 즉 극적 효과 증대와 이를 자극하는 수단은 권력 개입을 통해 지속적으로 채택된다. 여기서 권력의 의미는 직접적인 폭력 사용으로부터 일체의 물리적 강제력이나 생생하고 발가벗은 힘의 세계가 유발하는 유형 · 무형의 흡인력을 연상하는 것만으로도 충분하다. 이는 유혹과 함정의 효과를 유발하는 데 더없이 좋기 때문이다.

3. 권력의 개입 경로에 따라 영화 장르가 결정된다는 사실은 보편화된 주제다. 그러나 문제는 영화의 공급 주체가 느끼는 힘의 크기와 반대 진영에 존재하는 수용 주체의 인식 부피에 있다. 즉 서로의 간극에 따라 영화가 예술인지 아니면 상품인지 가늠할 만한 준거가 마련된다는 데 초점은 다시 맞춰질 필요가 있다.

4. 권력 개입이 은유나 상징을 통한 우회적 방식을 빌리지도 않고 일정한 (기호나 암시를 사용한) 생략 통로를 거치지도 않는 그야말로 권력을 권력 그 자체로 포장하여 이를 공식 영화화한 결과가 바로 '정치영화'다.[16] 이때 권력을 따로 포장하거나 다른 힘을 빌리지 않고도 권력을 직접 소

비 · 현시해 버리려는 욕구는 정치영화가 의도하는 극적 효과의 표본이다. 여기서 권력을 권력으로 소비한다는 것은 곧 영상 이미지 전달에서 제3자 개입이나 간섭의 배제를 뜻한다. 바꾸어 말해 권력의 획득과 확장 혹은 그 유지나 관리를 위한 치열한 인간관계 일체를 다루되 궁극적으로 인간의 정치행위가 인간 자신을 어떻게 변화시키며 타자와의 갈등을 증폭 · 완화시키는지에 초점을 맞추는 영화형식이다.[17]

정치영화에서 막상 중요한 비중을 차지하는 것이 정치 그 자체임은 너무나 당연하다. 정치가 영화에 미치는 영향과 그 변인 크기를 감안하지 않고는 논의가 어렵다는 점은 아무리 강조해도 지나치지 않을 것이다.[18] 정치에 대한 영화의 상대적 의존은 결국 국가가 영화의 개성을 무너뜨릴 수도 있는 높은 개연성마저 암시한다. 하지만 영화가 정치비판 수단이 되거나 압박 도구로 변할 수도 있다는 이른바 영화의 정치성은 이 문제와 별개다. 권력에 의한 영상 오염이나 필름

16) 가령 밀로스 포먼의 「뻐꾸기둥지 위로 날아간 새」(*One Flew Over the Cuckoo's Nest*)에서 잭 니콜슨이 바라보는 정신병동의 창살과 올리버 스톤의 「닉슨」(*Nixon*)에서 앤소니 홉킨스가 쳐다보는 케네디의 초상이 같은 힘을 발휘한다고 보긴 어려울 것이다. 이 경우 두 장면 사이의 영화적 힘이나 감동 차이를 권력 차이로 인식하는 건 어쩔 수 없는 일이다.

17) Chapple, ed.(1994), *op. cit.*

18) 그렇다고 해서 영화에 대한 정치의 영향이 필름에 대한 권력 개입을 허용하는 빌미가 될 수는 없다. 폭력과 선정성으로부터 영상을 보호한다는 명분으로 자행되는 검열을 두둔하거나 이를 확장해야 한다는 정치적 주장의 변명근거가 될 수도 없다. 이는 거꾸로 영화가 끝내 피할 수 없는 정치 환경과 국가적 귀속 크기가 얼마나 절대적이고 또 중요한지 잘 암시한다.

의 폭력화도 문제지만 정치의 영화 개입이 영화의 독립성과 예술성을 어떻게 변형시켰는지도 주요 쟁점이기 때문이다.

정치사회적 조건에 민감하게 조응하는 대표 장르로 문학만큼 독특한 경우도 드물 것이다.[19] 그러나 영상매체의 초국가적 침투가 보편화된 오늘날 문학의 위기는 그만큼 권력의 개입 가능성을 넓혔고 문학의 자리에 영화가 틈입할 공백마저 마련해 놓는다.[20] 영화의 정치화와 권력의 문화 개입 확대. 영화의 국가 예속과 권력의 자기모순 증대. 정치의 영화화와 권력 견제를 의식한 새로운 미디어의 확장. 이같은 상호 의존을 그려본 게 다음 〈그림 5〉이다.

따라서 영화의 현실과 이론은 갈라놓을 수 없다. 영화가 사회적 관심대상이 된 만큼 영화의 이론화 작업도 그에 비례한다. 그것은 트뤼포(1954)와 새리스(1968)의 작가이론뿐만 아니라 다른 부문의 발전을 감안해도 마찬가지다. 그러나 다른 예술이론의 발전 속도와 비교해 볼 때 영화가 유난히 뒤진 이유는 뭘까. 몇 마디 말로 좁힐 순 없지만 그것은 흥미의 극대화란 한 축과 예술성 제고라는 또 다른 축을 중심으로 치열하게 교차 충돌한 영화담론의 결과였을 것이다. 그 가운데 유독 '정치와 영화'라는 특정 주제는 80년대 중반까지 선별적으로 다루어진다.[21] (대중성과 예술성을 영화양식 안에 동시 포섭하거나 이를

19) Chapple, ed.(1994), *op. cit.*

20) Philip Thody, "I Wear, Therefore I Am," *Icon Review* (Spring 1997), pp. 2-3.

21) Peter Nau, *Zur Kritik des Politischen Films : 6 analysierende Beschreibungen und ein Vorwort* 〉Über Filmkritik〈 (Köln : DuMont Buchverlag, 1978) ; Margot Kernan,

뛰어넘는 영화이론을 사회과학이 창조적으로 이끈다는 건 쉬운 일이 아니었다.)

정치와 영화가 긴밀해진 계기는 초국가적 민주화 때문이었다. 특히 사회주의 체제의 개혁·개방과 강고한 이념의 붕괴는 아시아 강성국가들을 자극했고, 영화가 더 이상 엄숙주의의 그늘에 숨어 있을 수만은 없는 동기를 마련한다. 이같은 조류 속에서 급성장한 영화 민주화의 표상은 역시 중국, 특히 북경 영화였다.[22] 80년대 아시아 민

The Politics of Revolution : A Film Course Study Guide(New York : Grove Press Film Division, 1974) ; Simon Rowson, *The Social and Political Aspects of Films* [Extracts From a Paper Read to the British Kinematograph Society on January 9th, 1939] (London : British Kinematograph Society, 1939) ; Sharon A. Russell, *Revolutionary Films/Chicago*, 76 (Chicago, Ill. : Film Center at the School of the Art Institute, 1976) ; James Morrison and Richard Blue, *Political Change : A Film Guide*(Minneapolis, Minnesota : University of Minnesota, Audio Visual Library Service, 1975) ; Leif Furhammer and Folke Isaksson, tr. by., Kersti French, *Politics and Films*(London : Studio Vista, 1971) ; James Roy MacBean, *Film and Revolution*(Bloomington & Indianapolis, Indiana : Indiana University Press, 1975) ; John J. Michalczyk, *Costa-Gavras : the Political Fiction Film*(Cranbury, N.J. : Associated University Presses, 1984) ; Russell Campbell, *Cinema Strikes Back : Radical Filmmaking in the United States, 1930-1942*(Ann Arbor, Michigan : UMI Research Press, 1982) ; Philip Davies, et. al., *Politics and Society in America*(New York : St. Martin's Press, 1985) ; Dan Georgakas, et. al.(1983), *op. cit.* ; Christian Metz, *Psychoanalysis and Cinema : the Imaginary Signifier*, tr. by Celia Britton, Annwyl Williams, Ben Brewster and Alfred Guzzetti(London : Macmillan, 1982) ; Michael Jon Stoil, *Cinema Beyond the Danube : the Camera and Politics*(Metuchen, N.J. : Scarecrow Press, 1974).

22) 중국을 제외하고도 이런 경우는 얼마든지 있다. 인도·일본·중남미 국가군 가운데 민주화와 영화의 관계를 발전적으로 입증할 수 있는 경우란 드물지 않다. 다만 실제 현실변화 정도와 문화 체감이 얼마나 컸는지 비교해 볼 때 중국은 예외일 수 없다. 이에 관해서는 다음 참조할 것. Nick Browne, Paul G. Pickowicz, Vivian Sobchack, & Esther Yau, eds., *New Chinese Cinemas : Forms, Identities, Poli-*

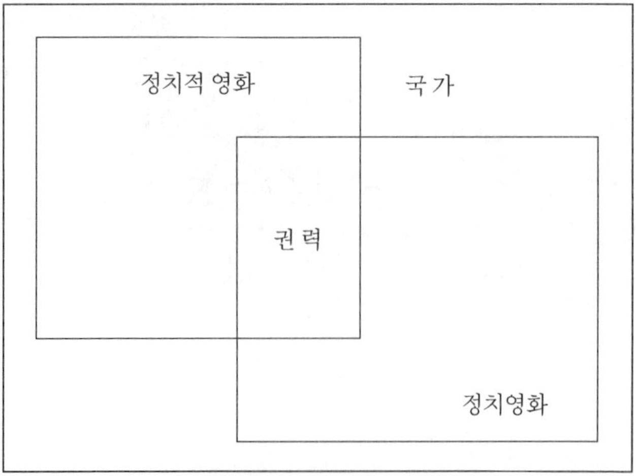

〈 그림 5. 정치적 영화와 정치영화 그리고 국가 〉

주화 과정에서 중국의 위치는 독특했다. 그것은 막연한 자유나 평등을 외친 관념적 민주화가 아니었다. 사회주의 시장경제를 고수하되 중국공산당의 반사회주의적 경향에 경종을 울리는 강력한 메시지가 긴장을 고조시키는 가운데 중국의 정치질서는 변화의 새로운 핵을 만들고 있었다.

그것은 주은래의 사망과 모택동 퇴장 이후 예견된 것이었다. 모택동 사망 이후의 경제 불만과 정치발전 지체에서 오는 긴장이 돌파구를 필요로 할 때 학생운동 확산과 정치적 책임을 둘러싼 수뇌부 갈등은 변화의 새로운 촉발요인으로 급성장한다. 그것은 곧 중국공산

---

tics (New York : Cambridge University Press, 1994).

당의 도덕성 회복과 이념적 긴장을 고취시키는 정치 요구로 이어진다. 그리고 적절한 자극 없이도 정치적 집단행동을 표명할 정도로 무르익은 중국 민주화 운동의 또 다른 표현양식이었다.

호요방의 실각과 조자양의 등장(1987). 호요방의 사망과 천안문 사태(1989). 지도자의 사라짐은 젊은 세대들의 정치적 돌파구였다. 그것은 새로운 시대를 앞당길 필요가 있다는 중국 인민들의 압박과 여망에 어떻게든 답해야 할 또 다른 계기였다. 문제는 당이 인민의 의지와 욕망을 성실히 구현할 수 있을 것인지 그 여부였다. 그것이 해결되지 않는 한, 정치적 긴장과 불만은 사회 저변에 늘 고여 있을 수밖에 없었다. 이를 달랠 수 있었던 문화촉매가 바로 영화였다. 비록 우회적 표현을 빌린 간접 정치행위[23]였다 하더라도 5세대 감독들의 작품에 나타난 정치성 검토는 따라서 불가피하다.

첸 카이거(陳凱歌)는 대표적인 경우다. 자연의 서정성(특히 중국의 산수를 배경으로 하는)과 인위적 각색에 주안점을 두는 그에게 1987년은 특히 중요하다. 호요방이 물러나고 학생운동이 점차 격렬해지던 그해에 제작된 「해자왕」(孩子王 *Haiziwang* : 영어명 *King of the Children*)은 각별히 절제되고 압축된 미장센을 특징으로 한다. 비대칭 촬영과 유난스런 롱 테이크로 관객을 흡인하는 이 작품은 도시 청년들을 지방

23) 감독의 행위가 어디까지 정치적인지가 늘 쟁점의 핵은 아닐 것이다. 그러나 막상 영화가 정치질서형성에서 주변성을 벗어나지 못했다는 점은 중국의 경우 어김없었다. 그것은 권력의 문화통제가 상당기간 허용된 시민사회의 취약성을 그대로 반증한다.

으로 보내 사회주의 혁명이념을 재충전시키려 했던 하방(下方) 운동기를 배경으로 삼되 고등학교 1년만 마친 주인공 라오 가(Xie Yuan)의 지방교사 활동을 기본 축으로 삼는다. 혁명소조(革命小組) 활동을 강제중단당하고 원치 않는 지방교사로 부임한 라오의 의식세계와 그를 통해 변해가는 학생들의 인식지평은 바로 '혁명 속의 혁명' 과정을 그대로 반영한다.

> 상급학교 졸업반을 목전에 두고도 책 한 권 없이 교실에 앉아 있는 중국 농촌 학생들의 교육현실. 아는 글자보다 모르는 글자가 더 많은 학생들의 몽매함. 많이 아는 것보다 절대 평등과 빈곤의 고통 향유가 곧 사회주의 중국의 현실이자 목표라고 인식하는 교장의 소극주의. 뒷간 휴지로 써버릴 비밀 당보(黨報)와 중앙 하달 문건은 있어도 학생들에게 줄 종이는 없는 학교의 이중성. 무엇을 어떻게 가르쳐야 하는지조차 모르는 라오의 절망과 무작정 가르쳐야 한다는 당 중앙의 지시. 그리고 그 심리적 간극.

파스텔 톤의 은은함과 수묵 담채의 레이아웃을 작품 바탕에 두는 「해자왕」에서 척박한 현실은 이처럼 반어적으로 억제 · 생략된다. 스스로 터득하며 자연적 계몽효과에 익숙해지려는 라오의 대사 속에서 첸 카이거는 극단의 정치 명제를 정제해내려 애쓴다. 그것은 결국 주인공 라오를 묶고 또 다시 혁명소조로 축출해내는 빌미가 되지만 당 중앙의 정치적 허구를 공격하고 맹렬히 비판할 저항 이미지를 담는다.

라오 가 : 좋아! 너희들이 쓴 글 가운데 두 사람 것을 읽어주기로 하마. 오늘 작문의 제목은 '학교가기'다. 크게 읽어줄 테니 잘 듣거라. 우선 첫 번째 것은 … 이렇다. '학교에 간다, 학교에 있는 교실로 간다. 나는 학교에 있는 교실로 간다. 나는 학교에 걸어서 간다.' 이게 전부다. (… 폭소) 그만! 이 글은 아주 잘 쓴 글이다. 정말이란다. 적어도 이 글을 쓴 사람은 '걷는다'는 단어를 사용했다. 그 점이 아주 분명했다. 이 사람은 뛰어가지도 않았고 날아가지도 않았다. 누가 데려간 것도 아니다. 그는 걸어갔다.

여학생 : 그렇지만요, 선생님. 너무 짧잖아요?

라오 가 : 짧은 건 문제되지 않는단다. 머잖아 더 많이 쓸 수 있고 분명히 쓸 수 있을 거다.

남학생 : 선생님, 누가 썼어요?

라오 가 : 너지! 누가 썼는지는 중요하지 않단다. 좋아! 하나 더 읽어주마. 두 번 째는 왕푸(Wang Fu : 王福)가 쓴 거다. 제목, '학교가기(上學)' ; '우리집엔 시계가 없습니다. … 나는 일어나서, 나는 옷을 입고, 나는 세수하고, 나는 부엌으로 아침밥을 가지러 가서 아침을 먹습니다. 나는 내 밥그릇을 씻고 … 나는 내 책가방을 맵니다. 나는 시계가 없습니다, 나는 한참동안 걸었습니다, 산에는 안개가 끼어 있었습니다, 나는 학교에 도착했습니다, 나는 책상 앞에 앉았습니다, 나는 공부를 시작했습니다.' (또 다시 한 번 폭소. 왕푸, 당황해하며 고개를 든다) 웃지 말거라! 이 글에는 '내'가 너무 많이 들어 있다. '나'는 한 번만 써도 읽는 사람 모두가 이해할 수 있단다. 꼭 쓰려

고 할 필요는 없단다. 하지만 이 글의 주인공은 몇 가지 중요한 사실들을 썼다. 특히 안개에 주목했잖니?

여학생 : '쉼표' 도 너무 많아요.

라오 가 : 그래, 맞다. 하지만 이 글은 정확하게 쓴 글이란다. 왕푸는 아주 잘 썼다. 첫째, 이 글에는 틀린 글자가 하나도 없구나. 아주 분명하단다. 둘째, 이 글에는 내용이 들어 있다. 내가 너희들에게 부탁했던 게 바로 이거다. 첫째, 글은 항상 분명히 써야 한다는 것. 멋있게 보이지 않아도 그건 문제가 되지 않는다는 거였다. 둘째 -음, 둘째는 없다. 오로지 이 첫 번째 사항만 있을 뿐이다. 둘째로 … .

남학생 : 선생님, 둘째는 없다고 방금 말씀하셨잖아요?

라오 가 : (웃으면서) 두 번 째는 작문할 때 신문에서 베끼듯 어디선가 그대로 옮기지 말라는 거다. 그것이 무엇이든 베끼지 말아라. 그래서 얻는 게 뭐가 있겠니? 너희는 너희들 스스로 제목을 생각하고, 너희 스스로 써야 한다, 너희들이 좋아하는 것을. 길게 쓰지 않는 것은 전혀 문제되지 않는다. 하지만 정직하게 써야 한단다. 그래야 하지 않겠니?

아이들 : (우렁차게) 네!

라오 가 : 하하, 너희들이 나를 기쁘게 하는구나! 그래 바로 그거란다.[24]

---

24) Chen Kaige and Tony Rayns, *King of the Children & the New Chinese Cinema : an Introduction* (London : Faber and Faber, 1989), pp. 98–100.

〈 아이들의 왕 〉

왜 하필 87년이었을까. 아마도 그건 첸 카이거와 제작진의 정치적 선택이었을 것이다. 그 속에서 이 작품이 국내의 저항적 정치심리를 의식한 것이었는지 아니면 영화형식을 빌린 반혁명적 교화기능을 노렸는지는 불분명하다. 분명한 건 영화 속에 나타난 극도의 언어절제가 미장센 전체를 거꾸로 부각시킨다는 점이다. 바로 그 시각효과가 중국의 모순을 분명히 드러내고 있고 무엇이 어디서부터 잘못되어가고 있는지 잘 말해준다.

그것은 소리 없는 아우성이자 칼 없는 혁명이었다. 혹은 피 흘리지 않는 항거의 표본이었다. 시골의 작은 마을, 그것도 학교란 제한된 공간을 106분간 클로즈업시켜 혁명의 모순과 허구를 여지없이 파헤치며 병든 중국의 현실을 부각시키는 데 이 작품은 막강한 사회교육 효과를 거둔다. 별다른 저항수단 없이 혁명을 추진하고 문화적 공감효과를 극대화시킬 수 있었던 것도 이때부터 가능했다. 적어도 중국 영화가 아시아 민주화를 견인하는 데 적잖은 역할을 담당한다는 사실은 이 대목에서 더 중요해진다.[25]

정치와 영화의 관계가 갑자기 흥미대상으로 떠오르지 않고 상당기간 예술적 관심을 끈 것도 우연은 아니다. 특히 그 집중적인 연구가 80년대 중반을 고비로 확실한 흐름을 이루기 시작한다는 점도 단순한 일은 아니다. 정치와 영화의 독특한 관계를 예술적으로 탐색하는 데 성공한 국가들은 그렇게 많지 않다. 이는 중국 민주화처럼 또 다른 보편성 여부의 쟁점을 불러일으킬 수 있다. 왜냐하면 그들 일부의 분석이 다른 정치문화권에도 파급 · 적용될 수 있을지 의문스럽기 때문이다.

대표적 연구 선도 국가는 미국이었고 유럽 국가들이 뒤따랐음도 예견된 일이다. 어느 나라든 예술적으로 다른 나라 정치까지 걱정해 줄 여유는 없었다. 그러나 두 문화권의 영화정치학적 차별성은 자민족중심주의를 그대로 반영한다. 미국은 헐리웃을 세계 중심으로 보고 유럽은 파리와 런던 혹은 바르샤바나 프라하를 더없이 진지한 고

25) Chris Berry, "Neither One Thing Nor Another : Toward a Study of the Viewing Subject and Chinese Cinema in the 1980s," Nick Browne, et. als.(1994), eds., *op. cit.*, pp. 88–116 ; Rey Chow, *Primitive Passions : Visuality, Sexuality, Ethnography, and Contemporary Chinese Cinema* (New York : Columbia University Press, 1995) ; Paul Clark, *Chinese Cinema : Culture and Politics Since 1949* (Cambridge : Cambridge University Press, 1987) ; Chris Berry, ed., *Perspectives on Chinese Cinema* (London : BFI, 1991) ; Nick Browne, et. als.(1994), eds., *op. cit.*, pp. 239–248.

뇌의 배양공간으로 인식하는 풍토가 각기 생겨난 것이다.

문제는 연구결과에 담긴 함의의 크기다. 아울러 아시아 민주화가 막상 구미 영화정치학에 어떤 충격을 줄 수 있는지도 문제였다. 정치적 민주주의의 완성도와 영화의 정치적 고뇌 수준이 정치의 영화적 관심과 반드시 정비례하는 건 아니란 가설도 여기서 의미를 갖는다. 영화발전 수준이 해당국가 정치의 그것마저 보장하는 담보요인도 아니다. 그 반대 논리 역시 얼마든지 성립 가능하기 때문이다. 다만 정치와 영화의 문화적 상합성이나 일관성 정도가 학문 수준으로까지 발전한 몇몇 제한된 경우가 구미 국가로 한정된다는 건 어쩔 수 없는 일이다.

그렇다면 원론 수준에서부터 구체적 문학작품을 통한 각색에 이르기까지 영상의 정치적 추적은 뭘 의미하는 걸까. 그리고 그 문화적 실체는 어떻게 이해할 수 있을까. 이들 물음과 관련된 구미의 연구 역시 제한적이다.[26] 하지만 그것은 주로 권력변동(전쟁이나 혁명현

26) 정치의 문화환경이 영화를 건설적으로 자극한 경우도 구미의 몇몇 나라들뿐이다. 영화가 표방하는 자유와 합리성이 민주적으로 보호 · 유지되기 때문이기도 했지만 무엇보다 관객의 정치적 자율과 권력과의 문화적 긴장이 컸기 때문이다. James Combs, ed., *Movies and Politics : the Dynamic Relationships*(New York : Garland, 1993) ; Higgins(1996), *op. cit.* ; Janina Falkowska, *The Political Films of Andrzej Wajda : Dialogism in Man of Marble, Man of Iron, and Danton*(Providence, RI. : Berghahn Books, 1996) ; Terry Christensen, *Reel Politics : American Political Movies From Birth of A Nation To Platoon*(Oxford : Basil Blackwell, 1987) ; Peter Stead, *Film and the Working Class : the Feature Film in British and American Society*(London : Routledge, 1989) ; John D.H. Downing, ed., *Film and Politics in the*

상과 관련된 국가의 정치질서 전환양식)과 인간의 심층심리가 어떤 관련이 있고 영화적 표현은 어디까지 넓혀질 수 있는지 면밀히 탐색하려 했던 철학적 고뇌[27]의 결과물들[28]이다.

정치와 영화의 관계를 그린 작품들을 연대기적으로 정리·분석하는 일은 매우 복잡하고 어렵다. 특히 문화의 편차를 포괄 분류하거나 세계 영화사를 다시 시대 구분하여 작품분류를 시도한다는 것도 쉽지 않은 일이다. 여기서는 대안의 하나로 절충적인 방법을 쓰기로 한다. 즉 모든 영화를 정치적 영화로 간주한 다음 정치영화를 제한하는 방법보다 기존에 언급된 작품들[29]을 먼저 살펴보고 그 방법이

Third World(New York : Praeger, 1987) ; James E. Combs, *American Political Movies : an Annotated Filmography of Feature Film*(New York : Garland, 1990) ; Michael A. Genovese, *Politics and Cinema : an Introduction to Political Films*(Needham Heights, MA. : Ginn Press, 1987) ; Chapple, ed.(1994), *op. cit.* ; Mas'ud Zavarzadeh, *Seeing Films Politically*(New York : State University of New York Press, Albany, 1991).

27) 대표 인물로 슬라보 지젝(Slavoj Žižek)에 주목하자. S. Žižek, ed., *Mapping Ideology*(London : Verso, 1995) ; *The Metastases of Enjoyment : Six Essays on Woman and Causality*(London : Verso, 1995) ; *The Sublime Object of Ideology*(London : Verso, 1995) ; *The Indivisible Remainder : an Essay on Schelling and Related Matters*(London : Verso, 1996) ; *For They Know Not What They Do*(London : Verso, 1989) ; *The Plague of Fantasies*(London : Verso, 1997). 이 외에도 Keith Tester, *Moral Culture* (London : SAGE, 1997) 참조할 것.

28) Raymond Williams, *The Politics of Modernism : Against the New Conformists* (London : Verso, 1996) ; Patrick McGee, *Cinema, Theory and Political Responsibility in Contemporary Culture*(Cambridge : Cambridge University Press, 1997).

29) 영어사용권에서 정치영화는 정치적 영화, 즉 *political film*과 큰 차이를 두지 않고 사용된다. *Political*이란 형용사 해석에서 이를 쉽사리 명사화시키는 관행을 감안할 때 이를 크게 문제 삼을 순 없다. 다만 *political film*이 정치변화만 함축하진

옳은지 거꾸로 따져보자. 이는 한국 영화의 정치적 해석과 정치영화 연구(혹은 제작)를 위해 반드시 전제해 두어야 할 비교정치영화학[30]의 기초 작업이다.

이를 위해 먼저 정치영화와 정치적 영화 모두를 아우르는 영어 사용권 국가들의 영화분류법을 살펴볼 필요가 있다. '정치'라는 추상명사와 '정치적'이란 형용사의 관계나 이들 각기의 의미가 영화 미디어 속에 어떻게 구분되는지 확연히 가늠하기란 사실 어렵다. 앞서 애기했듯 일정한 사적 동기를 갖고 목적을 이루려는 일체의 행위를 정치적 행위로 규정하고 이를 공식화하여 권력정치의 노골적 욕망을 정치행위의 토대로 본다 해도 작품 해석과 대중적 적실성 확보에는 적잖은 문제들이 수반되게 마련이다. 이는 단순히 둘 사이의 관계나 의미구분 이전에 영화장르 분류와 직결되는 쟁점이기도 하다.[31]

않는다는 사실에 유념하는 일은 늘 중요하다.

30) 정치학에서 일상적으로 사용하는 비교정치개념을 정치영화의 국가별 연구와 통문화 분석에 적용한다면 적실성은 더 커질 것이다. Genovese (1987), *op. cit.*, Ch. 3.

31) Wes D. Gehring, ed., *Handbook of American Film Genres* (New York : Greenwood Press, 1988) ; Barry K. Grant, *Film Genre : Theory and Criticism* (Metuchen, N.J. : Scarecrow Press, 1977) ; *Film Genre Reader* (Austin, TX. : University of Texas Press, 1986) ; Joseph W. Reed, *American Scenarios : The Uses of Film Genre* (Hanover, NH. : University Press of New England, 1989) ; Stephen Neals, *Genre* (Bloomington, IN. : Indiana University Press, 1980) ; Heather Dubrow, *Genre* (London : Methuen, 1982) ; Thomas Schatz, *Hollywood Genres : Formulas, Filmmaking, and the Studio System* (Philadelphia, PA. : Temple University Press, 1981) ; Wheeler Winston Dixon, ed., *Film Genre 2000 : New Critical Essays* (Albany, NY. : State University of New York Press, 2000).

그러니까 정치영화를 독립된 장르로 보아야 할 것인지, 아니면 정치적 영화란 포괄개념 안에 넣어 독특한 영화로 성격 부여할 것인지의 문제 말이다.

정치영화의 사회성과 장르를 구분하는 데 제노비스와 크로우더스의 작업은 유의미하다. 제노비스는 비교영화정치학 연구를 위해 나름대로 분류기준을 제시한다. 그 역시 모든 영화는 일정한 정치성을 반영하고 있고 선전효과에 관심을 갖는다고 본다.

제노비스는 정치적 영화의 유형을 세 범주로 나눈다. 영화의 정치성이 가장 노골적으로 드러나는 경우는 정부를 알리려는 다큐멘터리와 선전물 혹은 정보전달을 명분으로 지지기반을 동원하는 필름들이다. 반면, 상업영화와 비상업영화는 모두 자본과 홍보란 목적가치를 흥미유발로 동원하려 하되 이를 최대한 은폐 · 조작한다. 이를 그대로 따른다면 영화는 권력의 정통성 유지와 확장을 위한 도구이거나 아니면 자본 증대나 조직의 효율성을 도모하려는 철저한 복무수단으로 활용되는 셈이다. 경우에 따라 영화는 고도의 정치성을 내면화하여 대중의 정치적 관심을 조작하거나 권력에 대한 감시의 눈길을 돌릴 수도 있는 문화적 양면성을 얼마든지 발휘한다. 그것은 지나친 정치적 관심을 냉각시키는 절묘한 돌파구로 영화가 이용될 수 있음을 알리는 상징적 신호다. 동시에 정치를 통한 정치의 소멸로도 파악할 수 있다. 영화가 끝내 권력의 영화화 과정을 거치면서도 권력 그 자체를 한 단계 더 업그레이드시키지 못하는 결정적 단서도 여기 있는 셈이다.

그럼에도 불구하고 영화는 가장 강력한 정치적 관심의 촉발수

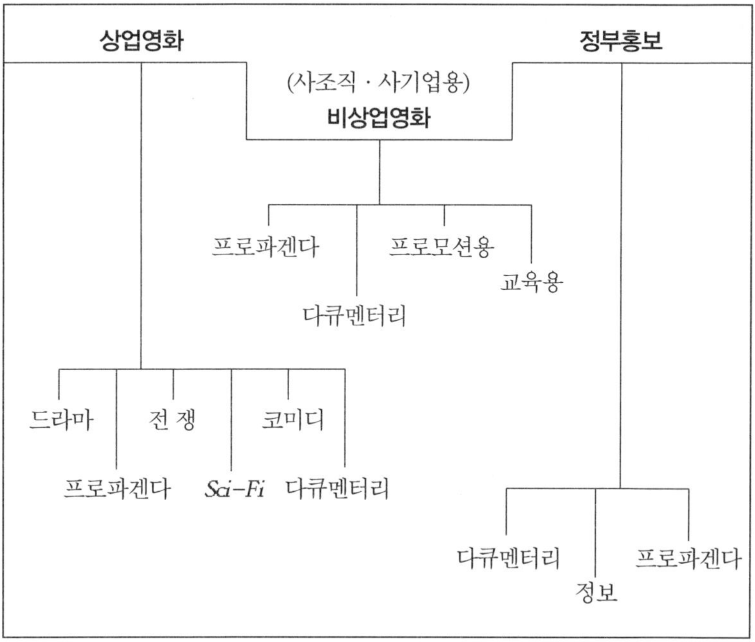

〈 그림 6. 정치적 영화와 정치영화의 경계/제노비스의 분류 〉[32]

단이 된다. 동시에 직 · 간접적 비판도구로 기능한다. 그것은 제노비스가 지적한 대로 영화가 다큐멘터리 성격을 공유한다는 사실 때문만이 아니다. 오히려 우회적 각색과 상징적 반어사용을 극대화함으로써 영화는 얼마든지 드라마틱한 효과를 확대 재생산할 수 있기 때문이다. 그가 정치적 영화를 추적하면서 세 가지 범주 안에 프로파겐다와 다큐멘터리 항목을 빠짐없이 포함시킨 이유도 이런 측면에서

32) Genovese (1987), *op. cit.*, p. 30.

고려할 필요가 있다. 바꾸어 말해 모든 영화는 정치적 영화의 성격을 공유하며 나아가 일정한 상업성과 역사성을 동시 반영한다. 정치가 곧 역사이며 사실의 기록은 영상언어의 등장을 자극한다고도 볼 수 있다.

제노비스는 가장 대중적인 영화형식을 상업영화로 본다. 그 가운데 역사성과 상업성이란 두 축을 흥미와 유혹의 채널로 재구성하는 데 성공한 이들이 유독 헐리웃에 몰려 있다는 사실은 별다른 설명이 필요치 않을 것이다. 그렇다면 막상 헐리웃 영화는 어떻게 보아야 할까. 일상의 지적처럼 그것은 불가피한 오류일까, 아니면 모든 영화형식이 거쳐야 할 통과의례로 인식해야 하는 걸까.

크로우더스는 여기서 비롯되는 인식의 극단성을 중화시킨다. 지나친 상업성과 흥미를 극대화하는 정치적 고려로만 '제작-유통-재투자'되는 게 헐리웃 영화라는 등식논리를 수정하고 미국 영화 역시 일정한 철학과 주제의식을 갖고 굳건한 문화 인프라를 구축했다고 본다. 그것은 일상의 선입견의 하나로 흔히 미국의 무(無)역사성과 과잉투자가 끝내 유럽 영화의 예술성을 초월할만한 저력을 비축하는 데 실패했다는 생각에 쐐기를 박는다.[33] 유럽 영화도 자본과 기

---

33) 그럼에도 불구하고 편견의 뿌리는 여전히 깊다. 역사와 자본이 서로 경쟁할 때 어느 쪽이 유리한지는 그리 간단한 문제가 아니다. 다만 유럽 영화와 헐리웃 영화 사이의 치열한 경쟁은 점차 약화되고 있음에 주목할 필요가 있다. 대표적인 경우를 뤽 베쏭(Luc Besson)에게서 찾는다. *Leon*(1993)과 *Fifth Element*(1997)만 보더라도 Gaumont(社)의 노력은 워너 브로스나 헐리웃의 다른 영화사와 빠리의 경계를 녹인다. 그래서 유럽영화는 곧 예술영화라거나 골치 아프다는 편

술의 결합이 불가피하다는 논리를 수용하고 헐리웃 역시 유럽의 예술우위론 도입이 불가피하다는 반성이 수렴되는 과정은 흥미롭다. 그러나 유럽의 역사변화를 경험할 수 없었던 미국의 경우 수렴의 충격이나 효과는 별로 크지 않은 게 사실이다.

크로우더스는 미국 영화연구자들의 분석과 영화현장 자료들을 종합, 전체 윤곽과 정치적 관련성을 규명한다. 여기서 그는 기존의 영화장르 분류를 거부하고 헐리웃 영화사에 나타난 문화 특성을 재구성한다. 그가 보는 미국 영화의 정치성과 영화언어의 서술구조는 독특하다. 특히 미국이 다원주의 사회란 사실을 감안, 영화문화의 형성 역시 자본주의적 민주주의를 벗어날 수 없다고 이해한다. 그 속에 나타난 영화언어도 기본적으로 미국 사회질서와 정치권력의 정당성을 존중하는 보수 이미지를 그대로 반영해 왔다고 본다. 전쟁과 혁명의 극심한 정치변동을 뉴스나 신문으로만 경험했을 뿐, 질서의 급격한 단절이 주는 충격과 고통의 부피를 직접 체감하지 못한 미국인들에게 영화의 정치성이나 심지어 정치영화란 구체 장르(용어조차)는 별로 민감하지 못했다.

그러나 미국 감독들은 연방국가가 당면한 온갖 문제를 영화 주제로 설정해 나갔고 사회문제가 관객들에게 적잖은 정치교육 효과를 불러일으킨다는 데 착안한다. 질서의 주류를 보수주의로 지탱하되 진

견을 줄이는 데 기여한다. 하지만 이같은 경계 해체나 차별성의 융해가 궁극적으로 무엇을 뜻하는지는 아직도 탐구 대상이다.

보와 발전이란 또 다른 국가목표를 정당화하며 사회를 유지하려는 고상한 부담 속에서 제작진과 감독들은 미국이 안고 있는 현실적 딜레마와 한계를 필름에 담기 이른다.

반공 이데올로기, 대기업과 거대자본의 사회지배력, 흑인의 정치적 잠재력, 범죄, 느와르, 게이와 레즈비언의 커밍아웃, 공포, 유태인, 청소년 범죄, 정신병, 뮤지컬, 원주민과 미국인의 간등, 암살 위협과 사회적 긴박감, 감옥의 삶과 정치적 항거, 로드 무비와 SF, 전쟁영화와 웨스턴, 여성 영화와 애니메이션 등 미국 영화 장르의 세목화 작업은 사실 버겁다. 문화의 다원화와 인식의 자유 표출이 영화언어로 보장될 수 있었던 직접적 배경은 개인의 욕망분출을 조절하는 정책적 배려와 영상 주체들의 민첩한 판단으로 가능했다. 막강한 관객들로부터 동원한 문화 잠재력의 글로벌라이제이션이 진작 가능했던 것도 미국 영화의 정치화를 자극한 또 다른 계기가 된다.

그들은 누구였고 그들이 만든 영화장르는 무엇일까. 이를 체계적으로 세목화한 게 다음 〈표 2〉다. 영화사가 길지 않았다는 사실과 유독 특정 국가에서 작품들이 숱하게 만들어졌다는 건 정말이지 역사 속 우연일까. 그러나 미국 영화의 역사적 우위를 입증할 만한 절대 근거는 없다. 제작규모가 방대하고 기술투자에서 차지하는 테크놀로지 점유가 상상을 초월한다는 사실들만으로 이에 간단히 답하려 든다면 그건 무리다.

장르 / 유형	감독 / 헐리웃
A. Anti-Communist Films	A. Allen, Woody
B. Big Businessmen in American Cinema	B. Altman, Robert
C. Blacks in American Cinema	C. Capra, Frank
D. Crime Movies	D. Chaplin, Charles Spencer
E. Film Noir	E. Cimino, Michael
F. Frontier Films	F. Coppola, Francis Ford
G. Gays and Lesbians in the Cinema	G. De Antonio, Emile
H. Horror Film	H. De Palma, Brian
I. Jews in American Cinema	I. Disney, Walter Elias
J. Juvenile Delinquency	J. Dixon, Thomas
K. Marriage in the Movies	K. Eastwood, Clint
L. Mental Illness in the Movies	L. Fairbanks, Douglas
M. Hollywood Musical	M. Farmer, Frances
N. Native Americans in Hollywood Films	N. Flaherty, Robert Joseph
O. Political Assassination Thrillers	O. Ford, John
P. Political Thrillers	P. Foreman, Carl
Q. Politicians in the American Cinema	Q. Frankenheimer, John
R. Prison Films	R. Fuller, Sam
S. Rebel Hero	S. Garfield, John
T. Road Movie	T. Gilliam, Terry
U. Science Fiction Films	U. Griffith, David Wark
V. Silent Films	V. Kazan, Elia
W. War Film	W. Kramer, Stanley
X. Western	X. Kubrick, Stanley
Y. Women's Film	Y. Lardner, Jr., Ring
Z. World War II Animated Propaganda Cartoons	Z. Lawson, John Howard
	AA. Lee, Spike
	BB. LeRoy, Mervyn
	CC. Losey, Joseph
	DD. Lumet, Sidney
	EE. Maltz, Albert
	FF. The Marx Brothers
	GG. Milius, John
	HH. Peckinpah, Sam
	II. Penn, Arthur

JJ. Poitier, Sidney
KK. Pollack, Sidney
LL. Polonsky, Abraham
MM. Potamkin, Harry Alan
NN. Ritt, Martin
OO. Robeson, Paul
PP. Sayles, John
QQ. Schrader, Paul
RR. Schulberg, Budd
SS. Scorsese, Martin
TT. Spielberg, Steven
UU. Stallone, Sylvester
VV. Stone, Oliver
WW. Strand, Paul
XX. Sturges, Paul
YY. Trumbo, Dalton
ZZ. Van Peebles, Melvin
AAA. Vidor, King
BBB. Wayne, John
CCC. Wexler, Haskell
DDD. Wilder, Billy
EEE. Wilson, Michael
FFF. Zanuck, Darryl

〈 표 2. 미국 영화의 장르 구분과 주류 감독/크로우더스의 분류 〉[34]

왜냐하면 영화 분석과정에서 경제적 · 통계적 변수[35]는 고려의 우선순위에서 제외시킬 수밖에 없기 때문이다. 영화의 정치성 분석에서도 이 문제는 중요하다. 미국 영화가 얼마나 강한 국제적 호응도

34) Crowdus (1994), ed., *op. cit.*

를 확보하는지와 이 문제는 사실 별개다. 오히려 미국 영화는 미국에서만 통용되는 독특한 이데올로기를 갖는다. 게다가 탈이데올로기 조류에 조응할 정치적 인식능력까지 구비하고 있었다고 보는 편이 더욱 옳을는지 모른다.

미국 영화의 정치성은 그렇다면 미국에만 국한될 것인가, 아니면 세계적 보편성을 확보하는가. 답을 찾는 과정에서 또 한 가지 반성하게 된다. 미국은 좀체 정치영화를 만들 수 없거나 만든다 해도 교육적 메시지와 감동 틀을 잃어가고 있다는 점이다. 미국 사회에 폭넓게 퍼진 정치적 무관심과 권력에 대한 오랜 환멸은 발전을 지체시키고 있기 때문이다.

> 권력에 대한 불만과 극도의 이기주의. 진보를 희망하고는 있으나 진정한 변화를 거부하는 이중성의 지속. 새로운 이데올로기조차 조성할 능력을 잃어버린 이상스런 정치적 침묵.

크리스텐슨은 이렇게 말한다.

> 미국 사람들은 일반적으로 정치인들(politician)을 믿지 않는다. 사실상 직

---

35) 제작비 규모와 박스 오피스 판매순위가 영화평가에서 반드시 직접 변인이 되지 않는다. 물론 이들 변수의 우위는 배제할 수 없다. 그러나 영화의 평가는 궁극적으로 대중 정서의 보편성만으로 진행할 수도 없고 고도의 추상성이나 철학적 메시지만으로 가능할 수도 없다.

업으로서의 정치는 의약 · 법률 · 엔지니어링 · 교사 · 치과의사 혹은 행정관료보다도 낮게 인식 · 평가되고 있다. 갤럽의 한 조사자료는 응답자 가운데 거의 2/3 정도가 정치를 썩은 쥐들의 싸움으로 간주하고 있을 정도였다. 반면에 법조인 · 약사 · 의사 · 치과의사 · 교수들은 정직성과 윤리성에서 높은 순위를 나타냈다. 그런가 하면 정치인들은 부동산업자들과 노조지도자들과 함께 최하위를 차지했다. 단지 광고업자들과 자동차 세일즈맨들이 낮은 순위를 기록했다. 사람들은 보통 정치인들에 관한 자신들의 생각을 개인적 경험과 뉴스 미디어 그리고 정치사회화 과정에서 얻는다. 영화는 이 과정에서 정치인들에 관한 사람들의 태도를 창조해내거나 그대로 반영하게 마련이다. 아울러 우리는 영화를 통해 정치와 정치인들의 초상이 거의 부정적으로 그려지고 있음을 본다. 정치인들은 종종 영화 속에서 악당(villains)으로 묘사된다. 그들은 매우 자주 부패하고 탐욕스러우며 스스로 챙기거나 무모한 야망에 불타는 인물들로 그려지기 십상이다. 그러나 이와는 달리 과거 정치인들로 아브라함 링컨과 프랭클린 D. 루즈벨트 같은 이들은 지나치게 존경스러운 인물들로 다루어져 결과적으로는 아주 지겹거나 믿을 수 없는 존재로 둔갑해 버리는 경우도 있다. 물론 어느 경우든 정확한 묘사라고 할 수는 없다. 그러나 이들 모두 정치인들에 관한 보편적 인상을 흉악하도록(murderous crooks) 아니면 영웅적 구세주(saviors)로 인식시키는 데 기여한 꼴이 되었다. … 정치영화는 공공생활의 중요한 메시지들을 제공해 주기도 한다. 예를 들어 정치에 관한 그들의 이미지가 종종 정치참여에 영향을 미치기도 한다.[36] 만일

36) Christensen(1987), *op. cit.*, pp. 6–7. 그는 실제로 영화가 인간 행동에 모사적 행

정치가 모조리 부패했다거나 혹은 그래서 영웅들과 히로인들이 나타나 늘 문제를 해결해 주기만 한다면 시청에 달려가 싸워야 할 이유는 아마 없을지 모른다. 만약 정치가 영화처럼만 된다면 스타들이 아닌 우리 모두는 별 볼일 없는 존재가 되어버리거나 어쩌면 참여할 필요 없는 인간들로 전락할지도 모를 일이다. 권력은 썩은 것이란 오랜 경구의 영향을 받아 영화 속에서도 권력은 거의 부정적으로 다루어지는 단골 주제였다. 단지 아브라함 링컨처럼 덕스럽게 권력을 행사하거나 지속적인 영향력을 행사했던 헐리웃 최고의 신과 같았던 헌신적(selfless) 대통령은 거의 한줌밖에 되질 않았다. 대부분의 미국 정치영화들은 정치 이데올로기를 회피하거나 무시, 부정하였다. 그러나 정치를 이해할 때 이데올로기는 필수적이다. 이데올로기는 우리 주위의 세계에 의미를 부여한다. … 미국의 이데올로기는 실용주의와 동의에 관한 오랜 강조를 통해 이미 본질적으로 반이데올로기적일 수밖에 없었다. 우리는 만사형통하길 바랄 뿐 갈등을 사랑하진 않는다. 이러한 가치정향은 우리로 하여금 이데올로기에 입 다물게 만들었다. 그러나 우리 역시 모든 이데올로기의 전통적 구성요소로, 그리고 미국 정치영화들에서 자주 등장했던 주제들로 개인주의와 경쟁, 사회적 평등이란 이념에 높은 가치를 부여한다. 따라서 정치영화들은 서로 다른 많은 메시지들을 전달한다. 그들은 우리 자신을 묘사 · 형성하고 때로 움직이게 만든다. 비록 몇몇 주제들이 반복 등장하거나 그에 대한 반응과 메시지들이 오랜 시간을 두고 변화하면서 역사적 · 정치적 흐름

태를 유발한다고 강조한다. 예를 들어 「디어 헌터」를 보고 난 다음 러시안 룰렛을 하다 스물여덟 명이 목숨을 잃은 경우가 있고 죤 힝클리 쥬니어는 「택시 드라이버」를 보고 레이건 대통령을 죽여야겠다는 생각을 한다.

> 을 반영하는 것 또한 사실이다. 이러한 보편 주제로 우리의 관심이 다시 되돌아갈 수밖에 없다 하더라도 미국 정치영화에 관한 연대기적 탐사가 중요해지는 이유는 바로 여기에 있다.[37]

미국 영화의 이같은 한계가 세계 영화사에서 차지하는 의미는 뭘까. 분명히 말할 수 있는 건 영화출현 이후 광범위한 투자를 통해 영화의 본격 대중화 작업에 이바지한 대표 국가라는 점이다. 하지만 그들이 늘 최고의 준거로 남아 있으리란 보장은 누구도 장담할 수 없다. 미국 정치영화의 발전과 미국 정치는 긴밀한 관계를 갖는다. 특히 미국 정치사는 정치경제적 영향력과 문화 프리미엄 모두를 아우른다. 그것은 미국이 발휘한 초강대국의 저력과 경제력 모두를 포괄하는 역사준거로 작용한다.

그러나 그들의 영향이 컸다는 것과 그들의 영향이 갖는 가치의 진동 폭이 바람직한 것이었느냐는 물음은 서로 다르다. 따라서 미국 영화, 특히 미국의 정치영화가 발휘한 힘도 따지고 보면 극히 제한적일 수밖에 없다. 그렇다면 미국 정치영화에 내재된 대중적 공감대 역시 선별적일 수밖에 없을 것이다. 미국 정치영화사는 어떻게 읽을 수 있을까. 이에 답하기 위해서 제임스 콤스(James Combs)의 미국 영화사 시대구분에 주목할 필요가 있다. 그는 20세기 미국사를 정치영화제작과 배급 · 상영이란 메커니즘 속에서 다음 〈표 3〉과 같이 재구성한다.

37) *Ibid.*, pp. 7–9.

1920s	정상적인 정치와 영화(Normalcy)
1930s	공황과 정치영화
1940s	전쟁과 영화의 근접조우
1950s	전후 세계질서 형성과 영화의 역할
1960s	단일 노선에서 복합 노선으로 정치 분화
1970s	정체성 재발견과 영화의 제작
1980s	재생과 몰락의 정치적 기로/영화적 비유

〈 표 3. 미국 정치영화와 미국 현대 정치사/제임스 쿰스 〉

이는 편의적 재단일 뿐, 실제 역사가 그처럼 선명히 나누어졌다는 건 아니다. 미국 영화사 속에서 정상적인 정치가 자리 잡는 시기는 1920년대였다. 그것은 1915년, 그리피스(Griffith)의 「국가의 탄생」(*The Birth of A Nation*) 이후 영화에서 권력과 자본의 결합이 불가피한 일임을 알리는 시기이기도 했다. 초기 영화사는 30년대 경제공황과 40년대 전쟁기의 음울한 시기로 돌입한다. 따라서 미국 정치영화의 제2기는 전후 질서를 재편하기 위해 애썼던 50년대에 이르러서야 가능했다. 미국 정치의 본격 가열과 권력팽창을 유도한 60년대는 한층 다양한 목소리로 채워진다. 신좌파의 등장과 매카시즘 이후 반공 이데올로기의 강화, 냉전상황의 고조, 좌·우익 이념대립과 정치노선 분리 … .

국내외 사건도 적지 않았다. 케네디 암살과 월남전 장기화, 닉슨의 워터게이트 도청과 이에 따른 정치 환멸, 정치적 재제도화 노력과 정치적 무관심의 확산. 이러한 일련의 정치상황은 미국의 정체가 무엇이며 민주주의는 왜 필요한지 다시 묻게 만든다. 스스로의 존재 이유와 국가의 필요성을 어떻게 연관시킬 것인지에 관한 정치적 회의는 70년대를 뜨겁게 달군다.

이를 잠재우는 데 80년대가 어느 정도 냉정한 시기였는지도 회의적이다. 레이거노믹스와 압도적 군사력을 골자로 한 아메리칸 드림의 세계화. 민주주의의 완성을 향한 적극적 노력. 그것은 머잖아 마르크스가 꿈꾼 역사의 터미널이라도 될 것인 양 사람들을 들뜨게 했지만 사회주의의 몰락과 미 · 소 긴장 균형은 이제 경쟁대상 소멸과 함께 역사의 물꼬를 바꾼다. 그 저변에는 미국 경제의 지속적 불황과 장기 침체, 실업률 증가와 물가불안 심리란 악재들이 연속적으로 겹친다.

어디로 가야 할 것인가. 무엇을 해야 할 것인가. 그러나 몰락은 멀고 꿈을 실현할 온갖 저력은 여전히 자신들에게 있다는 미국 특유의 민족주의는 헐리웃 영화사(社)를 '꿈의 공장'(Dream Factory)으로 묘사했던 과거 관행을 그대로 고집하게 만든다.[38] 미국이 겪은 역사의 굴곡은 19세기 유럽이 경험한 혁명적 조건이나 제3세계의 진보 이데올로기 세례와는 새롭게 대비된다. 전쟁과 혁명이란 두 가지 정치 변동 계기가 의미를 더하는 대목도 바로 이 지점이다.

영화의 정치성이 막상 정치질서 변화의 고삐를 직접 잡거나 그

38) Leonard Quart and Albert Auster, *American Film and Society Since 1945*(New York : Praeger, 1991).

방향을 예보하는 등 실질적 주도권을 장악하지 못하고 기존질서의 옹호논리를 양산하는 도구로 전락했던 한계는 이미 지적한 바 있다. 급격한 변화의 계기를 경험하는 와중에도 영화는 이들 중심부로 파고들지 못한다. 단지 놓칠 수 없는 역사 현장을 보존해야 한다는 사명의식과 현실을 필름 속에 그대로 담으려는 보도정신에서부터 영화적 응용에 이르기까지 정치변동과 영화의 관계는 한때 매우 굳건한 상품성을 보장해 주기도 한다. 특히 사회주의 혁명의 파급은 미국 중심적 사고, 즉 영화적 팍스 아메리카나에 대한 새로운 반발과 도전의 계기를 이룬다.

> 자본과 기술의 이기적 결합에 대한 반항. 자유주의적 다원주의가 빚어낸 개인 우위의 사고와 정치적 빈곤. 끝없는 계급갈등과 긴장을 해소하지 못하는 권력의 허구. 문제 해결보다 방임의 미학을 즐기는 지배계급의 통치 메커니즘. 카운터 이데올로기와 반자본주의 이데올로기의 전면적 정치화. 혁명은 수단이 아니라 목표일 수밖에 없다는 목적론적 사고의 팽창 … .

영화의 정치화가 극복해야 할 한계는 이처럼 노골적으로 그 정체를 드러내고 있었다. 이에 따라 미국 영화의 일방적 우위도 점차 무너져 간다.

3

권위의 추락, 저항의 일상화

혁명영화의 확산

현존질서에 대한 침묵과 막연한 동조의문화가 헐리웃의 지배 이데올로기였다는 데 모두가 동의한 건 아니다. 그 가운데 한 사람으로 쿰스는 이렇게 말한다.

> 이념적으로 길들여진(헐리웃의 자본주의 기류에 물든) 1세대 학자들은 문화산업을 단순히 공식 승인된 정치적 선전자원의 하나로 보는 경향이 강했다. 그러나 이같은 견해는 점차 수정되지 않을 수 없었다. 문화산업은 여전히 엘리트 세력들에 의해 장악·통제되고 있지만 그들이 단순히 선전 도구로만 기능하거나 단일 메시지의 소스 노릇을 하고 있는 건 결코 아니다. 오히려 영화는 이데올로기 주입 수단으로 이념적 전복 미디어로 자주 작용한 게 사실이다. 대중이라는 불특정 다수집단, 즉 영화관객들은 바보가 아니었다.

> 반드시 당국에 의해 승인받아야 할 필요가 없는 영화로부터 그들은 다양한 메시지를 얻었다. 다른 매스 커뮤니케이터들과 함께 영화제작자들 역시 이념적 전복과 공격 대열에 합류할 수 있었다. … 권력은 아직도 스크린 위에 퍼부을 수 있는 영향력을 갖고 있지만 대중의 저항욕구가 종종 주의 깊게 파악하기 매우 모호한(필름 느와르의 경우처럼) 비판적 메시지를 담아 사회적으로 분출할 경우 그들은 종종 압도당하기 일쑤다. 20세기 말로 가까이 다가갈수록 영화를 포함한 대중매체들은 동조적 가치체계의 한 단위로 기능하기보다 오히려 이념갈등과 혼돈의 한 투쟁장소로 바뀌어 가고 있다. 바로 그같은 의미에서 그들은 국가의 이념적 조건을 정확하게 반영해야 할 부담을 안는다. 왜냐하면 서로 다른 요구와 이해관계를 갖는 관객들의 다원주의와 다원매체의 문화적 배출구들, 그리고 자유로운 표현을 골자로 하는 일정한 규범체계는 바로 이데올로기적 동조나 일방적 지배란 또 다른 적들과 모종의 타협을 하지 않을 수 없었기 때문이다.[1]

뿐만 아니라 쿰스는 미국 영화가 단순한 정치적 동조나 사회비판의 양날 기능만 발휘한 게 아니라 신화이자 이데올로기였다는 데 함께 주목한다. 영화가 국가 목표를 간접 암시하고 사회문제의 핵을 짚음으로써 권력이 해결 못 하는 현실 장벽을 꿈같이 허물어뜨릴 수 있는 힘을 갖고 있다는 점. 그건 곧 영화가 또 하나의 신화일 수 있다

---

1) James Combs, "Introduction : Understanding the Politics of Movies," James Combs, ed., *Movies and Politics : the Dynamic Relationship*(New York : Garland, 1993), pp. 10–11.

는 새로운 담론의 출발점이기도 했다.[2]

그러나 그의 분석은 미국이 갖는 자기 수정의 힘과 다원적 갈등 조절 기제를 충분히 감안한 다음에라야 받아들일 수 있다. 그것은 미국의 놀라운 적응능력을 간접 선전하거나 미국 영화에 깃든 권력의 음모를 고스란히 표출하는 토대가 될 수도 있다. 미국 영화의 위대함은 곧 이같은 탄력적 사고와 정치적 신축성에서 비롯된 것이라는 데 모두는 일단 동의할지 모른다. 하지만 그들의 경험을 역사적으로 공유한다는 건 극히 어려웠다. 미국은 그만큼 복 받은 나라였다. 그들에겐 전쟁과 혁명조차 끼어들 틈이 없었다. 크고 작은 예외도 있지만 그로 인해 역사변동의 기본 조류가 바뀔 수 있는 건 아니라는 점에서 미국의 영화문화는 다른 나라들과 크게 달랐다.

사회주의 이데올로기의 폭발적 전파와 대중적 매혹의 기류는 미국 아닌 오히려 그들과 매우 근접한 중남미와 제3세계 국가에서 가시화된다. 혁명의 목표와 관계없이 인간의 집단행동이 영화적으로 재구성되거나 전후 영화사에 등장했다는 사실은 정치영화 분석에서 각별한 의미를 갖는다. 그것은 지가 베르토프(Dziga Vertov : 1896–1954) 중심의 리얼리즘 전파[3]와 고다르를 따르는 60년대 후반 정치영화 집

---

2) *Ibid.*, pp. 14–23.

3) Luc de Heusch, "The Cinema and Social Science : A Survey of Ethnographic and Sociological Films," (*Reports and Papers in the Social Sciences*, No. 16, UNESCO, 1962), p. 29 ; Luda and Jean Schnitzer & Marcel Martin, eds., *Cinema in Revolution* (London : Secker & Warburg, 1973), tr. by David Robinson, Ch. 5, pp. 77–88.

〈 영화의 주체는 '집단'이다 : 베르토프 정신의 계승 〉

단에 힘입어 적극적 관심대상으로 성장한다. 허구의 세계를 마음껏 상상하고 이를 반영하는 무한의 도구가 되어야 한다는 기존의 믿음을 강력히 배격하는 토대로 영화의 리얼리즘은 한때 지나치게 관심을 끌었다.

사실을 사실대로 그리는 게 영화의 기본이란 급진사상의 출현은 숲속에 렌즈를 숨기거나 생명 있는 피사체가 카메라의 정치적 의도를 전혀 눈치채지 못하게 해서라도 숨어 있는 진실을 솔직하게 드러내야 한다는 새로운 발상을 촉진시키기도 한다.[4] 새로운 영화사회학의 출현은 카메라 렌즈가 사회의 눈으로 거듭 태어나야 하며 나아가 권력 이면에 도사린 온갖 허구와 이기적 욕망의 그늘까지 포착해야 한다는 대중적 지지를 동원해내기에 이른다. 삶과 밀착하되 삶을 꾸미는 도구여서도 안 되고 그 안에 없는 내용을 만들어 부자연스런 감동과 흥분을 동원하는 음모수단이어서도 안 된다는 영화적 믿음

4) *Ibid*.

은 프랑스의 장 비고(Jean Vigo)가 강조하는 사회 다큐멘터리 영화와 르뽀르따쥬(reportage) 필름 및 뉴스 릴 운동을 자극한 실질 자원이었다.

> 무엇이 정치적 진실이며 그것은 우리에게 무엇을 요구하는가. 침묵하는 사람들과 외치는 입을 가려내는 데 카메라는 어떤 역할을 해야 하는가. 영화는 누구를 위한 문화 도구이며 무엇 때문에 존재하는 장르인가.

이 물음들은 민주적 예술도구[5]로 인식되기 시작한 영화의 새로운 제작과 그 정체 설정의 토대로 활용되기 이른다. 아울러 영화는 중심자본주의 국가의 오락수단만이 아니라 경우에 따라 막강한 상징조작 도구로도 차용된다. 특히 영화가 계몽의 방편이 될 수 있다는 자각이 일자 시네마를 통한 이데올로기 전파는 70년대의 보편현상으로 확산된다. 그것은 독설의 메시지나 권력의 부도덕 혹은 무능을 맹공하는 대안의 방법일 수 있었다.

특히 리얼리즘의 충격은 제3세계에서 매력적으로 차용된다. 19세기 혁명 여파에 시달리며 역사의 굴곡을 경험한 서구와 뒤늦게 독립을 누린 제3세계의 정치상황은 크게 보아 비슷했다. 제국주의적 피지배 경험은 곧바로 압축된 시민혁명이나 반제 · 반봉건적 정치반항

5) Garth Jowett, *Film : the Democratic Art* (Boston : Little, Brown & Co., 1976). 역설적이지만 영화를 민주적 예술 도구로 인식할 수 있다는 자각 역시 미국에서부터 시작된다.

의 직접 촉매가 된다. 그들 모두는 언젠가 거쳐야 할 급진적 질서의 파도 앞에 고스란히 노출될 수밖에 없었다. 필리핀과 미국, 인도와 영국, 멕시코와 스페인, 알제리와 프랑스, 아프리카 국가들과 유럽 중심 자본주의 국가, 한국과 일본, 쿠바와 소련 … . 상세히 나열하지 않더라도 제3세계 국가들이 겪은 정치시련의 내용은 충분히 알고도 남음이 있다.

〈「카메라를 든 사나이」/ 지가 베르토프(1929) 〉

영화는 시련과 역사의 모순을 새롭게 자각시킬 수 있는 가장 대중적인 도구로 정치적 자유의 공간에 틈입한다. 헐리웃 시네마는 이 대목에서 아무 역할도 할 수 없었다. 식민지 종주국들로 온갖 잉여를 착취한 영국 · 프랑스 · 스페인 역시 할 말이 없었다. 저들로선 숨기고 싶은 역사를 샅샅이 드러내려는 제3세계 영화인들의 의도는 폭발력을 갖고 있었다.[6] 여기서 제3세계 국가들이 겪은 정치고통의 부피를 정량화할 방법은 없다. 다만 독립투쟁이나 제국주의 국가들에 대한 반항기록을 토대로 얼마나 많은 사례들이 영화화되고 국가별 통계는 어떤지 살펴볼 수 있다. 우선 어느 권역에 영화제작과 배급이

6) John H. Downing, ed., *Film and Politics in the Third World*(New York : Praeger, 1987) ; Mbye Baboucar Cham, "Film Production in West Africa, 1979–1981," *ibid.*, pp. 13–29 ; Paulin Soumanou Vieyra, "Five Major Films By Sembene Ousmane," *ibid.*, pp. 31–39 ; Noureddine Ghali, "An Interview With Sembene Ousmane," *ibid.*, pp. 41–54 ; Th. Mpoyi–Buatu, "Sembene Ousmane's Ceddo & Med Hondo's West Indies," *ibid.*, pp. 55–67 ; Abid Med Hondo, "The Cinema of Exile," *ibid.*, pp. 69–76 ; Moumen Smihi, "Moroccan Society as Mythology," *ibid.*, pp. 77–87 ; Souhail Ben Barka, "A Cinema Founded on the Image," *ibid.*, pp. 89–92 ; Merzak Allouache, "The Necessity of a Cinema Which Interrogates Everyday Life," *ibid.*, pp. 93–99 ; Farouk Beloufa, "Leaving Schematism Behind," *ibid.*, pp. 101–107 ; Abdellatif Ben Ammar, "Putting Forward a Clear View on Life," *ibid.*, pp. 109–117 ; Ersan Ilal, "On Turkish Cinema," *ibid.*, pp. 119–129 ; Jamsheed Akrami, "The Blighted Spring : Iranian Political Cinema in the 1970s," *ibid.*, pp. 131–144 ; Mira Reym Binford, "The Two Cinemas of India," *ibid.*, pp. 145–166 ; Udayan Gupta, "New Visions in Indian Cinema," *ibid.*, pp. 167–180 ; Kwok and M.C. Quiquemelle, "Chinese Cinema and Realism," *ibid.*, pp. 181–198 ; Timothy Tung, "The Work of Xie Jin : A Personal Letter to the Editor," *ibid.*, pp. 199–207 ; Luis Francia, "Philippine Cinema : The Struggle Against Repression," *ibid.*, pp. 209–218 ; Patricio Guzman & Julianne Burton, "Politics and the Documentary in People's Chile," *ibid.*, pp. 219–246 ; Alfonso Gumucio "Dagron, The Cinema of Jorge Sanjinés," *ibid.*, pp. 247–255 ; Robert Stam, "Blacks in Brazilian Cinema," *ibid.*, pp. 257–265 ; Sergio Giral, "Cuban Cinema and the Afro–Cuban Heritage," *ibid.*, pp. 267–277 ; John D.H. Downing, "Four Films of Thomas Gutiérrez Alea," *ibid.*, pp. 279–301 ; Emelia Seubert, "Native American Media in the United States : an Overviews," *ibid.*, pp. 303–310.

편중되고 연구의 지평이 넓어졌는지 궁금해진다. 아울러 주목할 것은 제3세계 정치변동이 대중적 공감 틀을 어떻게 영화로 담보하는가 하는 점이다. 거기에는 무진장한 정치사건들이 포함되며, 그들의 전반적 유사성과 조건의 공유 여부도 문제될 것이다.

여기서 주목하려는 사례들이란 혁명을 목표로 진행된 역사적 집단행동들이다. 이들 사례와 비슷한 정치현상들이 어떻게 영화화되는지 살펴보려는 것도 부수적인 목표다. 저항대상으로 설정한 중심 자본주의 국가들은 미국 · 영국 · 프랑스 · 스페인 · 일본을 하나의 축으로 삼고 소련 · 중국을 또 하나의 축으로 한다. 이들 축을 중심으로 영향받거나 실제 정치저항을 전개하면서 영화화한 국가들 역시 권역별로 반드시 일치하진 않는다.

이들 가운데 영화적으로 압도적 우위를 유지한 곳은 아프리카와 라틴 아메리카권으로 집약된다. 그러나 이는 영화제작을 통한 열정과 해당 국가들의 예술적 개성을 반증하는 한 가지 지표일 뿐, 그것이 곧 그들의 실질 공포나 고통의 질량을 증거하진 않는다. 라틴 아메리카와 아프리카에서 제작 · 배급된 혁명영화가 동남아를 비롯한 주변 국가의 그것을 웃돈다 해서 그것이 바로 과거 제국주의 시대 정치폭력의 크기를 반증하는 건 아니라는 뜻이다.

냉정히 분석하자면 이는 오히려 자가당착일 수 있다. 라틴권과 아프리카권에 편중된 혁명영화 열기는 곧 그들도 자본주의 영화기술에 지배당한 꼴이 되고 말았다는 역설을 고스란히 피할 수 없기 때문이다.[7] 비판하면서도 그 방법만큼은 빌릴 수밖에 없는 문화 모순이 다시 탄생하는 순간이었다 해도 지나친 표현이 아닐 것이다(기술 종속인지 문화적 상호 의존인지도 생각해 볼 일이다). 제국주의의 정치적 영향과 예술의 권위가 반드시 수평관계를 유지한 건 아니다. 그러나 식민통치를 주도한 국가들 대부분은 영화에 관한 한 문화 강국들이었다. 반면 그들이 떠난 후 거꾸로 겪은 혁명영화의 제작 열기는 일종의 문화적 보복이었다. 영화기술을 전수했든 아니든 그것은 문화의 역사적 반작용일 수도 있었기 때문이다.

시네마 연구 현장에서도 이론과 현실은 비례한다. 그것은 제3세계에서도 문화발전의 편차를 그대로 반영한다. 질적 평가의 절대 준거는 마련되어 있지 않지만 이에 관한 동남아 영화연구는 양적으로 라틴권[8]과 아프리카권역을 넘어서지 못한다. 연구의 빈곤을 기술과 자본의 낙후나 영화개념 자체의 전파 지체로 치부해 버린다면 더 할 말은 없다. 일본 · 인도 · 중국 영화의 20세기적 발전까지 염두에 두더라도 혁명영화 제작과 연구에서 왜 동남아의 상대적 빈곤이 두드러지는지 설명할 근거는 희박하다. 이는 동남아 각국의 문화침투

7) 또 다른 문제가 제기된다. 자본주의 발전이 영화형식을 촉발시킨 것인지 아니면 그 반대인지의 논쟁 말이다. 이는 논지에서 벗어나지만 적어도 제3세계 혁명영화제작과 배급 담론에서 배제할 수 없다.

8) Julianne Burton, ed., *Cinema and Social Change in Latin America : Conversation with Filmmakers*(Austin, TX. : University of Texas Press, 1986) ; E. Bradford Burns, *Latin American Cinema : Film and History*(Los Angeles, CA. : UCLA Latin American Center, 1975) ; John King, *Magical Reels : a History of Cinema in Latin America*(London : Verso, 1990) ; Timothy Barnard and Peter Rist, eds., *South American Cinema : a Critical Filmography*, 1915-1994(New York : Garland, 1996) ; Leon G. Campbell & Carlos E. Cortés, *Film As a Revolutionary Weapon : a Pedagogical Analysis*(Riverside, CA. : University of California Press, 1977).

나 기타 아시아 국가들 사이의 교류가 라틴권이나 아프리카의 그것과는 다르며 배타의식 역시 비교적 낮았기 때문일 것으로 추정된다. 아울러 언어나 지정학적 조건도 이유가 될 수 있을 것이다.

결정적인 것은 역사적 정치변동을 실제 겪었는지 여부였다. 이제 이렇게 생각해 보자.

1. 혁명을 비롯한 정치적 집단행동은 영화의 정치화를 자극한 직접 동인 가운데 하나였다. 그것은 기존 권력의 허구와 부도덕을 공박하고 기왕에 억눌린 민중의 정치적 피해의식과 식민주의의 부담을 일거에 상쇄시키는 유인수단이었다. 동시에 교육과 선동에 의한 계몽효과 이상을 동원하는 촉매제였다.
2. 따라서 정치영화에서 혁명이 차지하는 비중은 지배적이다. 바꾸어 말해 직접 경험하지 않은 정치폭력을 자각하게 만들고 관객의 정치의식을 자극하는 데 혁명만큼 극적인 모티브는 문화사에서 쉽게 발견할 수 없었기 때문이다. (전쟁영화 역시 폭력 빈도나 충격 에너지의 의식화 과정은 혁명영화의 그것과 비례한다. 그러나 전쟁은 군인의 전유물이고 민중은 참여주체일 수 없으며, 단지 비의도적으로 강제 편승하지 않으면 안 된다는 점에서 혁명과 달랐다. 따라서 영화의 정치화 과정에서도 전쟁영화와 혁명영화는 서로 다른 이미지 수용을 전제한다).
3. 혁명영화의 제작과 배급, 상영과 전파에서 각 국가의 문화적 특수성은 주요 독립변수가 된다. 특히 얼마나 많은 그리고 강한 혁명 전통을 갖는지는 영화의 직접 배경이었다.
4. 혁명영화의 정치화, 즉 집단행동의 문화 전파와 그 극적 재확인은 과거

> 사건의 성공 여부와 거의 관계가 없다. 따라서 영화의 정치화는 변혁의 실제 파장이나 그 이후 담보되는 정치폭력의 현실적 감지와는 또 다른 주제를 이룬다. 결국 정치영화는 일정한 역사의식과 이를 전달하려는 별도의 열정이 녹아 나타난 장르임에 주목해야 한다. 그 가운데 혁명영화는 더욱 강한 정치의지의 결과물이었다.

혁명영화는 세상 깊이 침투한 헐리웃 영화와 근본적으로 다르다. 그것은 양적으로 크게 제한되며 질적으로 농축된 효과를 반영한다. 혁명영화는 역사의식과 정치의식의 화학적 합성 없이 제작할 수 없다. 중요한 건 실제 역사 속에서 얼마나 많은 혁명사례가 '발생했는가' 였다. 혁명조건을 공유하는 국가는 무수히 많았지만 실제 혁명이 일어났거나 역사 속에서 그 성격을 검증받은 사례는 극히 제한적이었다는 사실은 혁명영화의 예외성을 설명하는 좋은 근거가 된다.[9]

하지만 혁명영화는 혁명에 깃든 역사적 의미나 그에 가담한 인간들의 직접적 감흥 외에 또 다른 충격효과를 발휘한다. 혁명 그 자체보다 더 혁명적일 수 있는 선동효과와 대중적 설득력을 동원해낼

9) Leon G. Campbell, Carlos E. Cortés, & Robert Pinger, *Latin America : a Filmic Appr-oach* [Latin American Studies Program : Film Series, No. 1] (Riverside, CA. : University of California, October 1975) ; Julianne Burton, compiles., *The New Latin American Cinema : an Annotated Bibliography of English-Language Sources, 1960-1976*(New York : Cineaste, 1976) ; Jorge Abdel Martin, *Cine Argentino : Diccionario de realizadores contemporaneos*(Buenos Aires : Instituto Nacional de Cinematografia, 1987).

수 있다면 정치변동의 간접 촉매로 영화는 성공하는 셈이다.[10] 제3세계 혁명이 어떤 경로로 진행되었는지 답하려면 먼저 서로 다른 전통 정치질서의 성격과 상황이 전제되어야 할 것이다. 그리고 과거질서는 얼마나 첨예한 갈등과 사회경제적 모순을 거쳤는지 답할 수 있도록 결정적 역사증거를 수집하는 방법도 입체적으로 고려해야 할 것이다. (이러한 작업은 이미 역사학이나 정치학을 비롯한 인문사회과학의 고전 주제로 충분히 다루어졌다. 자칫 이데올로기의 여운이 퇴색할 대로 퇴색한 현재 이 문제는 시들어 버리기 십상이다.)

가장 중요한 문제는 혁명을 영화화하는 과정에서 작가와 감독이 역사의 실제를 얼마나 충실히 따르고 있고 또 이를 가공 · 극화하고 있는지 탄력적으로 변별해내는 일이다. 혁명영화는 일정한 사실성을 토대로 한다는 점에서 역사성을 반영하며, 그렇다고 다큐멘터리 기법에 충실히 따를 필요까진 기대할 필요 없는 장르다. 따라서 단순히 혁명을 생화학적으로 재구성하기보다 관객의 시각 속에 오랜 잔영과 재연상을 자극하도록 극화, 정치 교육적으로 각색하는 일이 여기선 더 중요하다. 입체성과 동시에 이야기의 과장 범위도 일정한 역사성을 견지해야 한다는 점은 혁명영화 제작의 이중 부담요인이다.

이제 혁명의 세기나 혁명이란 용어에 담긴 대중적 매력이 크게 퇴조하고 있는 가운데 이에 관한 영화적 변용까지 언급하는 건 분명

10) Campbell and Cortés (1977), *op. cit.*

부담스럽다. 더욱이 혁명의 출현을 기대하기도 어려운 상황 속에서 부담은 더 커진다. 그러나 문제의식만큼은 언제 어느 때든 식을 수 없는, 아니 식어서는 곤란한 분명한 이유를 갖는다. 그것은 다시 일정한 목표 아래 민중을 동원하고 정해진 정치목적을 달성하기 위해 군중을 참여시키는 이데올로기적 계산이나 고민 때문만이 아니다. 오히려 혁명행위는 가장 뜨거운 역사적 기능을 발휘하기 때문이다. 따라서 혁명의 역사적 회상은 각별한 의미를 지니며 예술적 응용과 상상 역시 더 입체적으로 요구된다.

혁명의 인문사회과학적 풍요와 달리 영화학에서 그 위상은 그다지 높지 않았다. 혁명 없는 시대를 살고 있거나 앞으로도 그러할 것이란 견해가 지배적인 상황 속에서 관심의 빈곤은 반복될 전망이다. 필자는 몇 가지 예외적 연구로 역사성을 인정받았거나 영화적 관심이 집중된 필름 분석에 주목한다. (하지만 그 역시 혁명상황 모두를 포괄하지 않고 작업 역시 미국에서 이루어졌다는 데 유념하게 된다.)[11]

여기서는 블루와 모리슨(1975) 등의 작품분석에 주목한다. 그들

11) James Morrison & Richard Blue, *Political Change : a Film Guide*(Minneapolis, Minnesota : University of Minnesota Audio Visual Library Service, 1975) ; James Roy MacBean, *Film and Revolution*(Bloomington and London : Indiana University Press, 1975) ; Margot Kernan, *The Politics of Revolution : a Film Course Study Guide*(New York : Grove Press Film Division, 1974) ; James DeFronzo, *Revolution & Revolutionary Movements*, 2nd ed.(Boulder, Colorado : Westview Press, 1996), Selected Films and Videocassettes Files ; Seth Cagin and Philip Dray, *Hollywood Films of the Seventies : Sex, Drugs, Violence, Rock'n'Roll and Politics*(New York : Harper & Row, 1984).

은 개별 사례나 연대기 정리에 관심두지 않고 통시대적 종합과 그 교차분석을 위해 애썼다. 비록 수평적 비교를 시도하고 있지만 그들의 작업결과를 들여다 보면 70년대 중반까지 혁명적 정치변동은 얼마나 자주 그리고 어느 문화권에서 빈발하고 있는지 잘 알 수 있다. 이 같은 작업은 정치지리학적 시각으로 70년대까지 세계체제 변화의 메커니즘도 가늠해 볼 좋은 계기가 된다.[12] 그것이 영화 미디어를 통한 효과적 비교정치연구란 점 역시 재론할 필요는 없다.

다음 표는 20세기 세계 혁명영화의 주요 작품 목록을 정치공간별로 재구성한 것이다. 이를 통해 국가별 혁명영화 제작 실태뿐만 아니라 정치변동의 지정학적 편차도 간접 파악할 수 있다.

12) 프레드릭 제임슨의 연구가 필요한 대목이 바로 여기다. 그는 영화가 예술상품이기 이전, 통시대적 보편성과 초국가적 성격을 갖는다는 데 주목한다. 그가 유념한 영화는 소비에트 리얼리즘 계열과 대만 사실주의 작품들이었고 특히 고다르 작업에 나타난 하이 테크놀로지의에 무게를 둔다. Fredric Jameson, *The Geopolitical Aesthetics : Cinema and Space in the World System* (Bloomington & Indianapolis, Indiana : Indiana University Press, 1992) ; 프레드릭 제임슨 · 이명호 옮김, "인식의 지도그리기," 『문예중앙』(1992 겨울), pp. 287-301.

〈1975년 기준/ABC순〉

대륙	소속국가(권역)	영화제목	(총)계
AFRICA : Algeria Ethiopia Ghana Guinea-Bissau Ivory Coast Kenya Mali Mozambique Nigeria Rhodesia Senegal South Africa Sudan Tanzania Tunisia Uganda	AFRICA (CENTRAL)	*CENTRAL AFRICA* *The Economy : Oil, Water and Aspiration* *The Nuer*	3
	AFRICA (EASTERN)	*AFRICA CHANGES -- Young Leader in a Young Nation* *KENYA BORAN (PART I)* *KENYA BORAN (PART II)* *KENYA : Multi-Racial Experiment* *The Lion of Juday* *NAWI* *TANZANIA : The Quiet Revolution* *To Live With Herds* *Viva Frelimo*	9
	AFRICA (NORTHERN)	*The Battle of Algiers* *The Economy : Oil, Water & Aspirations* *Ramparts of Clay*	3
	AFRICA (SOUTHERN)	*BLACK & WHITE IN SOUTH AFRICA* *BUSHMEN OF THE KALAHARI* *HEART OF APARTHEID* *RHODESIA COUNTDOWN* *SOUTH AFRICAN ESSAY, PART I : Fruit of Fear* *SOUTH AFRICAN ESSAY, PART II : One Nation,*	7

		Two Nationalism *WHITE AFRICA* *Africa Is My Home*	
	AFRICA (WESTERN)	*An African City : Contrasting Cultures* *Bombari of Mali* *FOOD* *Free People in Guinea – Bissau* *The Head Men* *Leopold Sedar Senghor* *Les Maitres Fous* *Mandabi* *Nigeria – Biafra* *Nigeria : Giant in Africa* *Nigeria : Problems of Nation – Building* *PROBLEM OF NIGERIAN UNITY* *RICHMAN, POORMAN* *STORY OF GHANA* *THE SWAMP DWELLERS* *WEST AFRICA – TWO LIFE STYLES*	17
	ALGERIA	*THE BATTLE OF ALGIERS* *RAMPARTS OF CLAY*	2
	ETHIOPIA	*THE LION OF JUDAH*	1
	GHANA	*FOOD* *LES MAITRES FOUS* *RICHMAN, POORMAN* *STORY OF GHANA*	4

GUINEA - BISSAU	*Free People in Guinea – Bissau*	1
IVORY COAST	*An African City : Contrasting Cultures* *West Africa – Two Life Styles*	2
KENYA	*KENYA BORAN (PART I)* *KENYA BORAN (PART II)* *KENYA : Multi – Racial Experiment*	3
MALI	*BAMBARA OF MALI*	1
MOZAMBIQUE	*VIVA FRELIMO*	1
NIGERIA	*AFRICA IS MY HOME* *THE HEAD MEN* *NIGERIA – BIAFRA* *NIGERIA : GIANT IN AFRICA* *NIGERIA : PROBLEMS OF NATION – BUILDING* *PROBLEM OF NIGERIAN UNITY* *THE SWAMP DWELLERS*	7
RHODESIA	*RHODESIA COUNTDOWN*	1
SENEGAL	*MANDABI* *LEOPOLD SEDAR SENGHOR*	2
SOUTH AFRICA	*BLACK AND WHITE IN SOUTH AFRICA* *HEART OF APARTHEID*	5

		SOUTH AFRICAN ESSAY, PARTS I & II *WHITE AFRICA*	
	SUDAN	*THE NUER*	1
	TANZANIA	*AFRICAN CHANGES – A Young Leader in a Young Nation* *TANZANIA : the Quiet Revolution*	2
	TUNISIA	*RAMPARTS OF CLAY*	1
	UGANDA	*NAWI* *TO LIVE WITH HERDS*	2
ASIA : Afghanistan Armenia Ceylon China India	AFGHANISTAN	*AFGHANISTAN*	1
	ARMENIA	*WHERE ARE MY PEOPLE?*	1
	CEYLON	*FOOD* *RICH MAN, POOR MAN* *SONG OF CEYLON* *PROBLEMS OF TRANSITION*	4
	CHINA	*CHINA!* *CHINA : AN END TO ISOLATION* *CHINA – CENTURY OF REVOLUTION* *CHINA TODAY* *CHINA'S VILLAGES IN CHANGE* *THE EAST IS RED*	13

Japan New Guinea SOUTHEAST ASIA U.S.S.R Vietnam		*INSIDE RED CHINA (1964)* *INSIDE RED CHINA (1967)* *MISUNDERSTANDING CHINA* *ONE FOURTH OF HUMANITY* *RED CHINA* *REPORT FROM CHINA* *A VILLAGE IN CHINA TODAY*	
	INDIA	*CALCUTTA* *DAM AT NAGARJUNASAGAR* *FAMILY OF INDIA* *FOUR FAMILIES, PART I : INDIA AND FRANCE* *FOUR MEN OF INDIA* *GANDHI'S INDIA* *GROWING UP IN BENARES* *INDIA – A BETTER TOMORROW* *INDIA : WRITING ON THE SAND* *INDIRA GANDHI OF INDIA* *JUGGERNAUT : A FILM OF INDIA* *THE LONG CHAIN* *MAHATMA GANDHI – SILENT REVOLUTION* *NEHRU : MAN OF TWO WORLDS* *PHANTOM INDIA* *POPULATION EXPLOSION*	19

		RISE OF NATIONALISM IN SOUTHEAST ASIA *VINOBA BHAVE : WALKING REVOLUTION* *UNDALA*	
	JAPAN	*FOUR FAMILIES, PART II : JAPAN AND CANADA* *IMMACULATE EMPEROR* *THE JAPANESE*	3
	NEW GUINEA	*KOMPANI BILONG-YONG* *NEW GUINEA PATROL* *PAPUA-NEW GUINEA DEVELOPMENT REPORT*	3
	SOUTHEAST ASIA	*AMERICAN FOREIGN POLICY-CONTAINMENT IN ASIA* *RICE* *RISE OF NATIONALISM IN SOUTHEAST ASIA* *THE THIRD CHINA*	4
	U.S.S.R	*REVOLUTION IN RUSSIA* *THE WORLD TURNED UPSIDE DOWN*	2
	VIETNAM	*INSIDE NORTH VIETNAM* *INTERVIEWS WITH MY LAI VETERANS* *THE ONLY WAR WE SEEK* *VIETNAM : JOURNAL OF A WAR*	4
		CITY LIMITS	

<table>
<tr><td rowspan="2">CANADA
/
U.S.A</td><td>CANADA</td><td>FOUR FAMILIES, PART II : JAPAN AND CANADA
THE HEAD MEN
LITTLE WHITE CRIMES
OCCUPATION
A PLACE TO STAND
SAUL ALINSKY WENT TO WAR
UP AGAINST THE SYSTEM</td><td>8</td></tr>
<tr><td>UNITED STATES</td><td>ACROSS THESE BORDERS : AFRO-ASIAN BLOC
AMERICA BECOMES AN INDUSTRIAL NATION
AMERICAN FOREIGN POLICY-CONTAINMENT IN ASIA
AMERICA IS HARD TO SEE
AMERICAN REVOLUTION, PART I : THE CAUSE OF LIBERTY
PART II : THE IMPOSSIBLE WAR
ANATOMY OF VIOLENCE
ARMAMENTS : WAR GAME
BATTLE OF NEWBURGH
BLACK VIEWS ON RACE
CITY LIMITS
THE CITY OF NECESSITY
DEATH PENALTY
DIARY OF A STUDENT REVOLUTION
DR. SPOCK AND HIS BABIES
THE FOLKS
FUTURE SHOCK</td><td>34</td></tr>
</table>

		INTERVIEWS WITH MY LAI VETERANS *JUSTICE DELAYED, JUSTICE DENIED* *LIVING OFF THE LAND* *LOUISIANA STORY* *MISUNDERSTANDING CHINA* *THE ONLY WAR WE SEEK* *PRESIDENT OF THE UNITED STATES – SEARCH FOR A CANDIDATE* *PRESIDENT OF THE UNITED STATES – TOO MUCH POWER* *REPORT* *SAUL ALINSKY WENT TO WAR* *SOME ARE MORE EQUAL THAN OTHERS* *TELEVISION AND POLITICS* *A TIME FOR BURNING* *TO CALM A TROUBLED CAMPUS* *TROUBLEMAKERS* *WORK*	
	FRANCE	*THE BATTLE OF ALGIERS* *FOUR FAMILIES, PART I : INDIA AND FRANCE* *NIGHT AND FOG* *PLATEAU FARMERS IN FRANCE* *THE SORROW AND*	5

		THE PITY	
EUROPE : France Germany Great Britain Greenland Ireland Italy Netherlands Spain U.S.S.R	GERMANY	*BERLIN, THE HAUNTED HOUSE* *BEYOND THE WALL* *NIGHT AND FOG*	3
	GREAT BRITAIN & BRITISH COMMONWEALTH	*BRITAIN : A CHANGING CULTURE* *DEATH PENALTY* *FOOD* *FUTURE SHOCK* *HECKLERS* *IMPERIAL SUNSET* *RICH MAN, POOR MAN* *TWILIGHT OF EMPIRE* *YOU, HIRE ME*	9
	GREENLAND	*EMILIE FROM SARQAQ* *THE GREENLAND SEA*	2
	IRELAND	*IRELAND : Making of a Republic* *THE VILLAGE*	2
	ITALY	*ITALY : POSTWAR RENAISSANCE*	1
	NETHERLANDS	*NETHERLANDS : BLUEPRINT FOR AN URBAN SOCIETY*	1
	SPAIN	*LAND WITHOUT BREAD*	1
	U.S.S.R	*REVOLUTION IN RUSSIA* *THE WORLD TURNED UPSIDE DOWN*	2

	YUGOSLAVIA	*STUDENT DEMONSTRATIONS*	1
MIDDLE EAST	ISRAEL	*A WALL IN JERUSALEM*	1
	MIDDLE EAST	*REVOLUTION UNTIL VICTORY*	1
LATIN AMERICA : Argentina Bolivia Brazil Chile Cuba Ecuador Mexico Peru Uruguay Venezuela	ARGENTINA	*IMAGINERO*	1
	BOLIVIA	*BLOOD OF CONDOR* *END OF A REVOLUTION*	2
	BRAZIL	*ANTONIO DAS MORTES* *BRAZIL : THE RUDE AWAKENING* *THE HEAD MEN*	3
	CHILE	*WHEN THE PEOPLE AWAKE*	1
	CUBA	*BATTLE OF THE TEN MILLION* *CUBA* *THREE CUBANS*	3
	ECUADOR	*SKY CHIEF*	1
	MEXICO	*MEXICO – THE ECONOMY IN TRANSITION* *MEXICO – THE CHANGING WORLD OF CARLOS FLORES* *TO MAKE THE BALANCE*	3
	PERU	*SO THAT MEN ARE FREE*	1

	URUGUAY	*TUPAMAROS*	1
	VENEZUELA	*THE FEAST* *VENEZUELA* *VENEZUELA :* *LAST CHANCE FOR* *DEMOCRACY*	3

〈 표 4. 대륙별 · 국가별 혁명영화 제작 〉

이들 작품은 대부분 정치적 자유와 사회적 불평등을 어떻게 조절할 것인지 고민한다. 특히 짧은 기간 내에 문제를 해결해야 한다는 조급증은 급진주의 이데올로기의 도입을 자극하고 무엇이 정의로운 배분인지 집착하게 만든다. 국내 자원의 고갈, 식량난, 실업, 급속한 경제성장 갈구, 도시와 농촌의 문화격차, 경제구조의 철저한 이중성과 대외종속 심화. 이같은 한계는 중앙정부의 행정능력이나 자원공급의 효율과는 전혀 다른 차원에서 정치변화의 불씨를 만들기 시작한다. 그리고 그것은 기왕에 서구가 경험한 시민혁명을 늦게나마 자극한다.

그렇다고 모든 국가가 혁명의 경로를 거친 건 아니다. 쿠데타나 격렬한 학생시위, 노동자 파업과 농민들의 조세저항, 지식인들의 체제 이반과 성직자들의 정치비판 등 제3세계가 경험한 전후 정치질서의 변화는 다양하다. 그것은 대부분 지체된 시민혁명이나 변형된 정치갈등을 크게 벗어나지 않는다. 그리고 대중 참여의 폭발과 권력의 과잉진압이 맞부딪치는 가운데 민주주의의 미숙을 반영하는 악순환의 연속이었다.

〈「알제리 전투」/ 폰테코르보(1965) 〉

〈 혁명의 지탱은 시작보다 어렵다 〉

위 표에 나타난 작품들은 1975년을 기준으로 소급 정리한 결과물이었다. 그 이후 만들어진 정치영화가 배제된 것[13]이다. 하지만 표를 주목해야 할 까닭은 작품들 대부분이 급격한 역사변동을 둘러싸고 진행된 정치의식의 응축물이자 대안의 의사표현이었기 때문이다. 고다르가 말한 것처럼 (혁명영화를 포함하여) 영화는 사회현실의 단순 모사나 반영이 아니라 작업주체가 인식하고 재구성한 의식의 결과이자 영상적 재현이었다.[14]

그렇다면 작품들은 정작 무엇을 말하고 있을까. 통계의 차별성과 국가별 문화변별력은 어떤 의미를 반영할까. 이들 물음에 답하려면 먼저 표에 등장한 정치영화의 국가별 차이와 그 편차에 주목할 필

13) 다음은 75년 이후 아프리카의 정치적 자유주의와 민주주의를 지탱하는 영화적 고뇌의 결과물들이다. 1. *Bab El-Oued City* (Algeria 1993/Dir Merzak Allouache, 93mins ; 2. *Lumumba : Death of the Prophet*(*Lumumba : La Mort du Prophète*) 〈Cameroon 1994/Dir Jean-Marie Teno, 108mins total〉 ; 3. *Clandestine*(*Claudo*) 〈Cameroon 1996/Dir Jean-Marie Teno, 97mins〉 ; 4. *A Dry White Season*(U.S 1989/Dir Euzhan Palcy, with Janet Suzman, Zakes Mokae, Marlon Brando, Susan Sarandon, 107mins) ; 5. *Years of the Brazier*(*Charonique des années de braise*)〈Algeria 1975/Dir Mohammed Lakhdar-Hamina, 177mins〉 ; 6. *Cry, the Beloved Country*(South Africa 1995/Dir Darrel Roodt, with Richard Harris, Vusi Kunene, 111mins) ; 7. *Autumn : October in Algiers*(*Automne : Octobre a Alger*)〈Algeria 1988/ Dir Malik Lakhdar Hamina, 82mins〉 ; 8. *A World Apart*(U.K 1987/Dir Chris Menges, with Tim Roth, David Sucher, 113mins) ; 9. *Flame*(Zimbabwe 1996/Dir Ingrid Sinclair, 90mins) ; 10. *Ceddo*(Senegal 1976/Dir Ousmane Sembène, 117 mins) ; 11. *Guelwaar*(Senegal 1992/Dir Ousmane Sembène, 115mins) ; 12. *Camp de Thiaroye*(Senegal 1988/Dir Ousmane Sembène, 152mins).

14) T. Jefferson Kline, *Bertolucci's Dream Loom : a Psychoanalytic Study of Cinema*(Amherst, M.A. : The University of Massachusetts Press, 1987), p. 19.

요가 있다. 이어 인종과 대륙별로 아우르는 거시문화적 비교 틀을 통해 다시 견주어 봄으로써 70년대까지 요동친 세계 정치영화 제작의 지정학적 변이를 분석해야 할 것이다. 여기서는 편의상 후자에 주목하기로 한다. 다음은 이같은 관점에서 위 표를 대륙별로 재구성한 것이다.

영상문화 전파와 대외 종속성 역시 제3세계의 정치적 독립과 별개의 문제다. 영상문화 전파에서도 미국과 유럽은 종주권을 유감없이 독점하고 있고 제3세계는 문화 예속을 즐기기 때문이다. 제3세계 영화제작 과정에서 라틴권과 아프리카의 상대적 우위는 이미 지적한 바 있다. 하지만 위 표에 나타난 아시아의 상대적 우위는 인도와 중국 · 일본 등 영화 메이저들을 모두 포함한 통계 변화일 뿐, 그 속에서 동남아가 차지하는 영상문화의 빈곤은 변함이 없다(동남아시아 절대평균 : 아시아 전체국가 제작편수 대비 → 4/54×100 ≒ 7.407%). 그럼에도 불구하고 아시아권에서 동남아의 절대빈곤과 제3세계 전반에서 차지하는 그들의 하위를 굳이 구분할 필요는 없을 것이다. 왜냐하면 제3세계권 상호 비교는 궁극적으로 그들 국가가 세계체제에서 차지하는 위상과 중심 자본주의 국가의 대외 지배력을 고려할 때 별 문제가 되지 않기 때문이다.

누가 누구를 지배하는가. 그리고 무엇이 계속되는가. 이 물음은 영상문화가 획기적으로 발전하는 세기말에도 변함없는 식민주의의 망령으로 의미의 파장을 남긴다. 국가 간 정치영화 제작은 중복되는 때가 많고 공동 제작하는 경우도 흔하기 때문에 작품의 국적과 정체를 따진다면 복잡한 문제가 제기된다. 게다가 미국이 70년대 중반까

대륙 / 구분	AFRICA	ASIA (SOUTH – EAST)	CANADA & U.S	EUROPE	MIDDLE EAST (ISRAEL)	LATIN AMERICA	계
국가수*	16	10	2	10	2	10	50
제작편수	39	54	42	27	2	19	183
국가별 절대제작 평균	2.437	5.400	21.000	2.700	1.000	1.900	3.660
순위	4	2	1	3	6	5	

* 국가수 : 권역 포함/1개 권역의 절대값은 1로 환산함 ; 동남아시아 · 중동권역

〈 표 5. 대륙별 · 국가별 정치영화 제작편수 비교/1975년 기준 〉

지 혁명 이미지를 표방한 정치영화 제작에서도 절대 우위를 점한다는 사실을 감안하면 문제는 심각하다. 굳이 마르크스주의 논리를 도입하지 않더라도 일정한 영화 생산력이 영화 생산관계를 지배 · 결정하고 나아가 영화 생산양식의 인프라와 그에 따른 문화적 상부구조의 취약성이 그대로 나타나기 때문이다. 하지만 그같은 현상들이 역사의 법칙을 담보하는 절대 단서였는지는 아직도 의심스럽다.

경제결정론을 그대로 따른다면 오늘의 미국 영화는 과거 식민구조를 토대로 한 잠정적 결과일 뿐 영원히 존속될 문화권력일 수 없다. 사실상 미국 영화생산의 주요 변수들은 보상 없는 비용만 고스란히 지불한 셈이다. 미국은 그들의 잉여를 철저히 착취했고, 과거 자신의 역사를 망각한 채 본능과 탐욕 해소를 위해 문화 재생산 구조와 식민주의의 이데올로기적 연장을 도모하는 데 결국 성공한다.

이는 식민지 주체 입장에서 비정치적 우위마저 새로 확보하려

는 문화 지배전략이다. 그들은 세계 문화를 통제하고 배급과 재생산 구조마저 독점하려는 음모까지 소리 없이 실천한다. 이스라엘을 주축으로 한 중동의 정치영화 제작편수를 절대값 [1]로 환산할 때 미국이 [21]이란 크기를 독점한다는 사실은 너무나 명백한 문화 불일치의 단면이다. 최하위에서 맴도는 라틴권과 아프리카는 비록 혁명을 외치고 또 그 모습을 카메라에 담으며 함께 분노했지만 저들이 만든 기술과 자본 틀을 끝내 허물진 못한다. 분노로만 끝나버린 분노는 제3세계가 겪어야만 했던 비슷한 내용의 또 다른 얼굴이었다.

전후의 혁명영화 열기는 70년대 일부를 지배했지만 그들의 포커스가 현대 혁명으로만 국한된 건 아니다. 프랑스 혁명이 정치영화 제작의 주요 관심대상이었다는 사실은 전혀 이상하지 않다.[15] 혁명기 등장인물로부터 혁명 제도화 과정에 이르기까지 이들을 주제로 한 정치영화는 매우 다양하다. 여기서 그 대강을 일별할 필요는 없을 것이다. 다만 혁명의 본격적 견인 주체로 프랑스는 혁명영화를 어떻게 보고 있는지 주목해 보자.

마크 페로(Marc Ferro)의 혁명사 시대 구분과 이를 통한 정치영화 분석은 여기서 특히 중요하다.[16] 그 역시 모든 혁명을 영화화할 수

---

15) W. S. van Dyke의 *Marie-Antoinette*(1938)와 Andrzej Wajda의 *Danton*(1982)을 예로 들 수 있다. 특히 후자에 관해서는 다음 참조할 것. Elaine McAllister, "Film As Historical Text : Danton," in John D. Simons, ed., *Literature and Film in the Historical Dimension*(Gainsville, Florida : University Press of Florida, 1994), pp. 47-61.

16) Marc Ferro, "The Fiction Film and Historical Analysis," Paul Smith, ed., *The Historian and Film*(Cambridge : Cambridge University Press, 1976), pp. 80-94 ; *Revoltes,*

는 없다는 데 동의한다. 아울러 혁명의 역사와 혁명을 모티브로 하는 정치영화의 역사도 반드시 일치할 수 없다고 본다. 역사의 사실을 복원하는 과정에서 혁명의 미장센 역시 실제의 그것을 단순 복제할 필요는 없다고 생각하는 것이다.[17]

혁명 주체가 교환하는 정치적 담론을 희화화하고 그 의미를 영상화하는 과정에서 메시지 응용은 감독과 배우에게 얼마든지 허용된다. 여기서 과거 혁명은 실제보다 크게 부각될 수도 있고 폄하될 수도 있다. 어떤 혁명들을 영화화할 것인지 선택의 책임도 제작진에게 돌아간다. 그에 따라 정치영화의 관심 역시 일정 유형으로 범주화된다. 아울러 어느 혁명을 영화로 제작할 때 극적 흥미를 최대한 일으킬 수 있는지도 당연히 고려한다. 페로[18] 역시 기왕의 혁명사가 문화적으로 어떤 성격을 반영하는지 주목한다. 그는 기존의 혁명사를 동서양으로 관통, 단순화시키는 압축과 선택의 방법을 쓴다. 물론 이는 도약과 자의성이 빚는 함정을 피하기 어렵게 만든다. 성공하였으나

Revolutions, Cinema (Paris : Centre Georges Pompidou, 1989).

17) Ferro (1989), *ibid*.

18) 페로는 1917년 2월, 러시아 정치권력의 배반과 반도덕성에 남다른 관심을 갖는다. Marc Ferro, *October* 1917 : *a Social History of the Russian Revolution* (London : Routledge & Kegan Paul, 1980). 그런 그가 시네마에 주목했던 건 의외가 아니다. 그는 시네마를 *Fiction Film*으로 보았고 사실전달 양식과 전혀 다른 사회분석 도구라는 데 주목한다. 따라서 2월 혁명의 배반과 10월 혁명의 반동이 스탈린의 이데올로기 강화에서 그대로 살아나는 것도 전혀 이상하지 않다. 러시아 혁명의 변질과 반동을 웅변이나 강연으로 강조하는 것보다 영화형식으로 고발하는 게 훨씬 효과적이라고 보는 이유도 바로 여기 있다. Ferro (1976), *op. cit*., pp. 83-94. 특히 작품 *Tchapaev* (1934) 분석에 주목할 것.

쉽게 잊혀진 사례들이나 실패했어도 과장하기 쉬운 문제들이 곧 드러나기 때문이다.[19]

다음 표는 혁명영화의 체계적 연구를 위해 프랑스 혁명 이후 세계 혁명사를 재구성한 것이다. 프랑스 혁명 200주년을 기념하기 위해 여러 행사를 준비하던 1989년에도 혁명은 어김없이 발생한다. 고르바쵸프의 페레스트로이카나 그 최종 파장으로 나타난 동독 해체는 프랑스 혁명을 기념하기 위해 기획한 의도적 고안물이 아니다. 직접적 인과관계는 없지만 두 사건은 정치질서의 반복적 메커니즘을 그것도 기막히게 반증한다.

프랑스 혁명과 동독의 해체 사이에는 다양한 혁명들이 혼재한다. 그는 모두 아홉 시기로 혁명사를 시대 구분하고 다시 동서양에서 발생한 사건들을 임의 포진시킨다. 비의도적 사건인 혁명과 역사의 의도적 재구성물로 세계 혁명사를 빌린 영화정치학 연구의 좋은 예를 표에서 읽을 수 있다. 어느 시기에 자주 혹은 드물게 혁명이 발생했고 그 정치적 맥락은 문화권별로 어떻게 견줄 수 있는지 이를 통해 잘 알 수 있다.

---

19) 혁명 발발 2세기를 기념해 그가 편집한 『항거 · 혁명 · 영화』에서는 몇 가지 사례들이 임의 선별된다. 혁명기 전후 프랑스와 이탈리아, 스페인과 포르투갈, 소련과 유럽 중심권의 19세기 혁명, 폴란드 · 중국 · 라틴 아메리카 · 일본 · 아프리카 · 인도 · 인도네시아 · 필리핀 · 베트남 · 터키 · 이란 등지에서 일어난 혁명적 정치변동과 해당국가에서 제작된 혁명영화의 관계를 페로처럼 체계화한 경우란 그리 흔치 않다(1989).

	France	Europe	Asie occidentale Extrême Orient Afrique	Amériques
1789	1789. 7. 14 바스띠유 감옥 파괴 1789. 8. 26 인권선언 1794. 9 테르미도르 테 러	1798 보나빠르트와 공화국 연립 (*les républiques soeurs*)	1798 이집트 보나빠르트	1783 미국 독립혁명
1830	1830. 7. 27–7. 29 영광의 3일 (*Revolution en France–les Trois Glorieuses*)	1804–1815 나폴레옹 시대 1830 스페인 · 이탈리아 · 독일의 자유주의 운동 1830 벨기에 · 폴란드 혁명	1824 그리스 독립혁명 1840 이집트 혁명	1820–24 라틴아메리카 독립혁명 1837 잭슨 / 미국 민주주의의 아버지
1848	유럽 전역의 혁명 프랑스 · 이탈리아 · 헝가리 · 독일 · 비엔나 – 아일랜드 위기			
1871	1870 *Commune de Paris* 빠리 꼼뮨	1864 마르크스 · 바쿠닌의 제1인터내셔널 1889 제2인터내셔널 1905 러시아 혁명	1868 일본 명치유신 1905 페르시아 혁명 1908 터키 쿠데타 1911 신해 혁명	1860–65 링컨 – 남북전쟁 1888 브라질의 노예해방

	제1차 세계대전/1914–1918			
1917	1919 *Grandes gréves en France* 프랑스 대파업	1917 러시아 2 · 10월 혁명 1919 독일 · 헝가리 혁명 1919 제3인터내셔널 *Commintern* 1921 뭇솔리니 권력 장악	1919 간디 등장	1916 판쵸 빌라 자파타 : 멕시코 혁명
1933	1934. 2. 6 2월선언 1936 프랑스 인민전선	1933 히틀러 권력 장악 1936 프랑코 권력 장악		
	제2차 세계대전/1939–1945			
1949		1948 체코 쿠데타 1953 스탈린 사망 1956 부다페스트 봉기	1943–1949 인도/인도네시아 독립 1949 모택동, 장개석 제압 승리 1954 이집트 낫세르 혁명 1954–1956 모로코 · 튀니지아 알제리아 독립 1955	1943 페루 · 아르헨티나의 반혁명 1959 카스트로 쿠바 혁명 1961 하바나 제3세계 회의

			반둥회의 1958 이락 혁명 1961 콩고 · 루뭄바	
1 9 6 8	파리 선언	1968 프라하 봉기	1974 이디오피아 · 소말리아 혁명운동 1975 레바논	
1 9 8 9		1980 폴란드 자유 노조연대 1986 고르바쵸프의 *Perestroika*	혁명전쟁 1981 이란 혁명	1978 중앙아메리카 혁명 1980 페루의 *Sendero* *Luminoso*

〈 표 6. 세계 혁명사의 재구성/1789-1989 : 페로(1989) 〉

혁명은 서양의 것이었다. 전쟁도 그들의 것이었다. 이들을 추적하려는 영화적 역할도 그들의 몫이었다. '혁명 없는 곳에 영화도 없었다' 는 가설은 세우기 어려울까. 하지만 적어도 정치질서의 급격한 변화와 이를 다시 제도화하려는 노력이 보이지 않는 곳에서 정치영화의 역사는 자리 잡기 어려웠다. 혹독한 정치적 시련을 겪은 국가들 모두가 정치영화를 제작 · 보급할 수 있었던 것도 아니다. 변화의 강도와 속도 그리고 대중적 체감폭 등 상세한 기준 마련 없이 이 문제에 답하긴 쉽지 않다. 그러나 문화의 저력은 사회경제 갈등과 이로 인한 여러 충격을 완화하는 데 중요한 역할을 한다. 심지어 실제 혁명이 발생해 사회적 혼돈이 일어나도 문화의 저력은 모순과 갈등의 원인을 늦게나마 회고하고 진지하게 반성하도록 대중을 이끌 수 있었다.

동양은 어땠을까. 흥미로운 사실은 동양의 영화 메이저들 모두 극심한 억압과 사회모순 속에서도 그 조건을 극복 · 조정할 수 있었다는 점이다. 이는 곧 권력의 퇴조를 알리고 그 공백을 보완하는 데 문화의 전진이 얼마나 중요한지 알리는 신호이기도 했다. 정치영화에서 혁명영화가 차지하는 위상이 독특한 이유는 영상 미디어가 발휘하는 무한 상상과 힘이 일정한 저항기류를 사회 저변에 확산시킬 수 있었기 때문이다. 다시 말해 역사 현장과 그 시간 속에 있지 않았던 이들에게도 영화는 저항주체의 비판력을 이식, 어떤 대안의 프로그램보다 효율적일 수 있기 때문이다.

그 역할은 누가 주도했을까. 그리고 영화적 상상을 실제 혁명과 연계시킨 인물들은 문화권별로 어떻게 포진하고 있을까. 영화 속에서 다루어진 혁명은 실제 역사 속의 그것들과 어떻게 다를까. 이같은 물음들은 이제껏 편파적으로만 다루어졌다. 정치영화를 어디서 어디까지 한정할 것인지 합의하지 않는 한, 혁명영화를 둘러싼 논쟁은 끝없이 제기될 것이다. 특정 사건과 인물을 앵글 중심에 올려놓는 경우부터 정치적이지 않은 주제를 정치적으로 해석할 수 있는 탄력의 임계점까지 문제의 여지는 얼마든지 감안해야 하기 때문이다.

〈표 7〉은 과거의 혁명을 다루었거나 드라마틱한 현실에 발 딛

고 제작된 (정치 혹은 혁명)영화들을 국가별·감독별로 재구성한 것이다. 이 표는 물론 세계 혁명영화 모두를 포괄하지 않는다. 다만 예술성의 강도가 상업성의 그것을 제압했던 대표적 경우에 주목했음을 미리 밝혀둔다. 이를 통해 중심 자본주의 국가와 주변부 정치영화는 어떤 차이가 있고 문화 편중과 불평등 역시 어떤 관계를 갖는지 추론할 수 있을 것이다. 이제 어떤 나라에서 누가 언제 그같은 영화를 만들었는지 살펴보기로 하자.

국가	감독	출생(사망)	대표작	제작년도 / Running Time(分)
ALGERIA	Mehdi Charef	1952.10.21	*Bent Keltoum* (*Keltoum's Daughter*)	2001/102
BRAZIL	Glauber Rocha	1938 (1981.8.23)	*A Idade Da Terra* (*L'Age de la terre*)	1980/134
CANADA	David Cronen-berg Atom Egoyan	1943.5.15 1960.7.19	*CRASH* *EXOTICA*	1996/102 1994/102
CHILE	Miguel Littin	1942	*El Chacal de Nahueltoro* (*The Jackal of Nahueltoro*)	1969/88
CHINA	Chen Kaige Zhang Yimou Kwan Kam-pang Zhang Yuan	1952.8.12 1950 1957.10.9 1963	黃土地 *Huang Tudi* (*Yellow Earth*) 人生(活着) *Huozhe* (*To Live*) 紅玫瑰 白玫瑰 *Hong Meigui Bai Meigui* (*Red Rose White Rose*) 東宮西宮 *Dong Gong, Xi Gong* (*East Palace, West Palace*)	1984/89 1993/129 1995/123 1996/90

CUBA	Tomas Gutiérrez Alea	1928.12.11 (1996.4.16)	*Muerte de un Burocrata (Death of a Bureaucrat)*	1966/84
ENGLAND	Chris Menges Neil Jordan Ken Loach Roland Joffé Derek Jarman	1940 1950.2.21 1937 1945.11.17 1942.1.31 (1994.2.20)	*A World Apart* *Michael Collins* *Land and Freedom* *Killing Fields* *The Last of England*	1987/113 1996/132 1995/110 1984/142 1987/87
FRANCE	Jean Renoir Constantine Costa-Gavras Agnès Varda Bertrand Tavernier Jean-Luc Godard	1894.9.15 (1979.2.12) 1933.2.12 1928.5.30 1941.4.26 1930.12.3	*This Land Is Mine* *Z* *Loin du Viet-Nam (Far From Vietnam)* *La Guerre sans Nom (Krieg ohne Namen)* *Tout Va Bien (All Is Well)*	1943/103 1968/125 1967/115 1991/240 1972/95
GERMANY	Leni Riefenstahl Rainer Werner Fassbinder	1902.8.22 (2003.9.8) 1945.5.31 (1982.6.10)	*Das Blaue Licht (The Blue Light)* *Mutter Küsters fahrt zum Himmel (Mother Kuster's Trip to Heaven)*	1932/70 1975/105
GREECE	Theo Angelopoulos	1936.4.27	*Ulysses' Gaze*	1994/177
HUNGARY	Miklos Jancso Istvan Szabo	1921.9.27 1938.2.18	*Még Kér A Nép (Red Psalm)* *Edes Emma, Draga Böpe – Vazlatok, Aktok*	1971/88 1991/90
INDIA	Satyajit Ray	1921.5.2 (1992.4.23)	*Hirak Rajar Deshe (The Kingdom of Diamonds)*	1980/118

IRAN	Marziyeh Meshkini	1969	*Sag-Haye Velgrad (Stray Dogs)*	2004/90
ISRAEL	Hany Abu-Assad	1961	*Paradise Now*	2005/91
ITALY	Francesco Rosi	1922.11.15	*Il Caso Mattei (The Enrico Mattei Affair)*	1972/115
	Roberto Rossellini	1906.5.18 (1977.6.3)	*SOCRATE (Socrates)*	1970/120
	Bernardo Bertolucci	1941.3.16	*Novecento 1900*	1976/248
	Lina Wertmüller	1928.8.14	*Tutto a posto e niente in ordine (Everything's Ready Nothing Works All Screwed Up)*	1974/107
	Gillo Pontecorvo	1919.11.19 (2006.10.12)	*La Battaglia Di Algeri (Battle of Algiers)*	1965/135
	Elio Petri	1929.1.29 (1982.11.10)	*La Classe Operaia va in paradiso (The Working Class Goes To Heaven)*	1971/120
	Vittorio De Sica	1901.7.7 (1974.11.15)	*Il Gardino dei Finzi-Contini (The Garden of the Finzi-Continis)*	1970/95
	Luchino Visconti	1906.11.2 (1976.3.17)	*Il Gattopardo (The Leopard)*	1962/205
	Pier Paolo Pasolini	1922.3.5 (1975.11.1)	*Salo o le Centoventi Giornate di Sodoma (Salo ; 120 Days of Sodom)*	1975/117
JAPAN	Kurosawa Akira	1910.3.23 (1998.9.6)	亂 *Ran (Chaos)*	1985/160
	Oshima Nagisa	1932.3.31	*Nihon No Yoru To Kiri (Night and Fog in Japan)*	1960/107
	Ozu Yasujiro	1903.12.15 (1963.12.12)	*Kaze No Naka No Mendori (A Hen in the Wind)*	1948/90
	Imamura	1926.9.15	*KARAYUKI-SAN*	1970/70

	Shohei	(2006.5.30)	(*KARAYUKI-SAN, the Making of A Prostitute*)	
	Kitano Takeshi	1948.1.18	*So No Otoko, Kyobo Ni Tsuki* (*Violent Cop*)	1989/103
POLAND	Andrzej Wajda	1926.3.1	*DANTON*	1982/127
	Krzysztof Zanussi	1939.6.17	*KONTRAKT* (*The Contract*)	1980/111
RUSSIA	Sergei M. Eisenstein	1898.1.22 (1948.2.11)	*STACHKA* (*Strike*)	1925/90
	Vsevolod I. Pudovkin	1893.2.6 (1953)	*MAT* (*Mother*)	1926/106
	Dziga Vertov	1896.1.2 (1954.2.12)	*Man With The Movie Camera*	1929/68
SENEGAL	Ousmane Sembéne	1923.1.8	*EMITAI*	1972/103
SPAIN	Jorge Semprun	1923.12.10	*Les Deux Memoiros*	1974/138
SWISS	Alain Tanner	1929.12.6	*Middle of the World*	1974/117
TAIWAN	Edward Yang	1947.11.6 (2007.6.29)	*Guling Jie Shaonian Sha Ren Shijian* (*A Brighter Summer Day*)	1991/185
	Tsai Ming-Liang	1957.10.27	河流 *He Liu* (*The River*)	1997/115
	Hou Hsiao-Hsien	1947.4.8	胡男胡女 *Haonan Haonu* (*Good Men, Good Women*)	1995/108
TURKEY	Elia Kazan	1909.9.7 (2003.9.28)	*On the Waterfront*	1954/114
U.S.A.	David Wark Griffith	1875.1.22 (1948.7.23)	*The Birth of A Nation* (*The Clansman*)	1915/110
	Frank Capra	1897.5.18	*Mr. Smith Goes To*	1939/129

		(1991.9.3)	*Washington*	
	John Ford	1894.2.1 (1973.8.31)	*The Grapes of Wrath*	1940/129
	Francis Ford Coppola	1939.4.7	*Apocalypse Now*	1979/141
	John Sayles	1950.9.28	*The Lady In Red*	1979/93
	Alan Pakula	1928.4.7	*All the President's Men*	1976/138
	Paul Schrader	1946	*Blue Collar*	1978/114
	Oliver Stone	1946.9.15	*NIXON*	1995/190
VIETNAM	Tran Anh Hung	1962.12.23	*CYCLO (XICH LO)*	1995/120
YUGO-SLAVIA	Dusan Makavejev	1932.10.13	*Sweet Movie*	1973/90

〈 표 7. 국가별 · 감독별 대표 정치영화의 분포 〉[20]

영화사의 흐름은 해당 국가의 역사와 사회상황에 따라 결정될 수밖에 없다. 거꾸로 영화의 예술성과 문화 저력이 세계화해 나가면서 한 국가의 정치적 시련과 질서변화의 의미도 작품을 통해 재인식할 수 있다.[21] 역사의 굴곡은 해당 국가의 영화제작 형식을 결정한다. 그리고 그 예술적 결과에 대한 세상의 공감대가 퍼져가는 과정에서 (혁명영화를 포함한) 정치영화의 문화적 설득력은 단순 상품 이상의 가

20) 분류 기준은 예술성과 정치성, 대중성 세 가지였다. 자료의 근거로는 다음 유념할 것. http://fii.chadwyck.co.uk/film/search ; Georgakas & Rubenstein, eds.(1983), *op. cit.* ; Genovese (1987), op. cit., pp. 67–88 ; Combs (1990), *op. cit.*, pp. 131–170 ; Christensen (1987), *op. cit.*, pp. 228–238. 감독의 생사(生死)는 현재까지 밝혀진 사실을 토대로 한다. 확인 불가능한 경우는 연도만 밝혀둔다. 국가명은 감독 출생지와 국적 그리고 주요 활동국 기준으로 분류한다.

치를 인정받는다.

근 · 현대 격동기의 정치 조류는 인간의 문예적 상상력을 풍요롭게 자극한다. 고통을 이겨내는 예술적 수단으로 영화는 막강한 계몽과 잠재적 비판력을 동원할 수 있었다. 이같은 현상은 비단 제3세계의 혁명영화 제작에서만 나타나지 않는다. 영화는 이제 보편적 문화파급 수단으로 중심 자본주의 국가나 준주변부 혹은 빈곤과 저개발의 늪 속에서 헤매는 소외권역 모두의 언어로 재인식된다. 압박 주체든 착취나 침탈대상이든 영화는 결국 역사를 기술하고 정치를 재해석하는 합리적이며 대중적인 문화도구로 활용되기 시작한 것이다.

영화는 한 인간이 역사에 의해 변할 수 있는 정도와 거꾸로 세상을 어느 정도 바꿀 수 있는지 동시에 말하는 매체이기도 하다.[22] 역사 속에 빛나는 수많은 인간들을 영상으로 보존하는 데 성공한 영화는 궁극적으로 권력의 그늘을 벗어날 수 없었다. 특히 정치권력은 영

21) 우리에게 이는 아직 변방의 문제일 뿐이다.

22) 영화가 역사의 산물인지 아니면 사회인식의 또 다른 도구인지는 자주 거론되는 문제다. 그것은 영화를 만드는 입장에서도 같이 고민할 수밖에 없는 문제다. 첸 카이거는 「패왕별희」(*Farewell My Concubine*)와 「풍월」(*Temptress Moon*)의 영화적 차이에 관해 이렇게 말한다. "전자는 등장인물들이 갇혀 있는 사회적 맥락 속에서 그 각기의 성격을 다룬다. 나아가 역사의 변화가 사람들의 삶을 어떻게 바꾸는지를 그린다. 여기서 등장인물 모두는 여러 변화에 달리 반응한다. 반면 「풍월」은 그 속에 살아 있는 인간들의 눈을 통해 사회를 바라보고자 한다. 작품 속 인물들의 성격을 이해함으로써 중국에 관한 인식지평도 더 넓어질 것이다." – "Programme Notes · The Two Careers of Chen Kaige/Special Preview : *Temptress Moon* (Production Notes)" 97/09/17(水), 8 : 30PM 〈The National Film Theatre, South Bank, Waterloo, London SE1 8XT〉.

상의 문화적 존재양식과 역사 주변부에서 때로 생존 자체가 삶의 전부였던 인간들의 사회적 조건까지 결정한 필요악이었기 때문이다.

위의 작품들은 결국 권력과 인간의 정치적 관계 속에서 무엇이 옳고 그른지 따지기보다 오히려 선과 악의 극단적 지점까지 인간의 의식을 잡아당기거나 풀어놓음으로써 존재의 이유를 끝없이 설득하려 한다. 왜 살아야만 하는가. 무엇 때문에 복종해야 하는가. (달리 표현하자면 무엇이 그들로 하여금 살아야 한다는 생각을 멈추지 않게 했는가. 그리고 그 존재 지탱의 전략은 무엇인가.) 이 두 질문 사이에서 서로 다른 언어와 얼굴을 교차시키는 미장센들은 결국 같은 내용의 다른 표현이다.

하지만 적어도 그것은 강요된 결론이나 의도적 목적을 향해 인간 의지를 억지 조종하는 부자연스런 계산의 결과물들은 아니다. 그것이 가능하다 해도 영화는 인간의 자유의지를 계몽하거나 새롭게 변형하는 도구일 뿐, 종교적 주문이나 예술적 장식을 겨냥한 절대 신념의 담보물은 아니다. 그래서 합리주의만으로 설명 불가능한 영화는 오늘날 정치의 외피를 깨버릴 수 있는 막강한 도구일 수도 있고 자칫 그 음험한 동기에 갇힐 수도 있게 된다.

Ⅳ

영화사상과 정치질서의 변동

1
포스트모더니즘과 영화

역사적 격동기를 거친 국가가 정치영화를 많이 제작했다고 해서 그것이 곧 문화적 우위나 민주화 수준을 담보하는 건 아니라고 지적해 둔 바 있다. 마찬가지로 정치질서의 급격한 변화를 경험했지만 그것을 영화로 기록할 능력이 없던 국가들을 논의에서 배제할 권리는 누구에게도 없다. 기존의 권위가 더 이상 설득력을 발휘하지 못하게 된 상황 속에서 이제까지의 문화 지표는 무의미하기 때문이다.

역사분석의 보편 틀이 존재하지 않는 조건 속에서 국가란 무엇일까. 그 속에서 영화는 무엇으로 존재하는가. 이는 이미 그 자체로 별도의 연구주제를 이룬다. 더 이상 개인에 답할 능력을 상실해 버린 국가, 게다가 TV나 비디오에 밀려버린 영화는 이제 위기라는 어휘로도 설명 불가능해진다. 그렇다면 그들은 왜 존재하는 걸까. 누구나 다

작가일 수 있고 누구라도 시인이 될 수 있는 상황 속에서 이른바 '작가의 죽음'으로 알려진 새로운 세상이 시작된 것도 오래 전 일은 아니다. 그것은 자유의 평등화나 평등의 자유로운 구가와는 다른 새로운 쟁점을 예고하고 있었다.

이데올로기의 종말이 또 하나의 이데올로기로 커갈 수 있었던 새로운 상황은 이처럼 국가의 위기, 개인 존재의 위축 그리고 영상 이미지의 전진이란 독특한 문화조건을 만든다. 그러나 국가는 개인에게 그리고 영상은 인간에게, 나아가 사회집단은 국가를 향해 더 이상 매력적인 유인요소를 제공하지 못한다. 이들 각자는 겨우겨우 존재하는 자구적 가치체계로 스스로 변명하는 상황마저 연출한다. 영상매체의 전진에도 불구하고 문자 미디어가 말소될 수 없다는 소극적 가치체계도 동시 지탱한다. 겨우 존재하는 양식들의 느슨한 문화연대가 지배하는 조건이란 자칫 쉽게 상처받고 또 입힐 수 있는 연약한 심성 단위들을 억지로 끌어안으며 역사의 흐름을 타는 형국이었다. 그 사이를 뚫고 틈입한 영화사상 역시 포스트모더니즘의 주문(呪文)을 외면하진 못한다.

그러나 막상 포스트모더니즘이라는 이름 아래 진행된 온갖 담론들이 얼마나 설득력을 갖는지는 또 다른 문제였다. 정치와 영화의 논의에서 포스트모더니즘이 어떤 성찰 계기를 마련하는지 관심을 갖는다면 초점은 곧 국가 위기를 어떻게 겨냥할 것인지로 맞춰진다. 이를 논의하면서 포스트모더니즘에 내재된 철학의 빈곤과 그 어휘 주변의 거품들도 걷어낼 수 있을 것이다. 포스트모더니즘이 사회과학적 담론 절차를 거치지 않고 가령 건축에서 출발하여 문학 · 사진 · 연극 · 미술 · 무용 등을 휩쓸고 지나는 동안 체계적 이해 틀을 충분히 마련하지 못했다는 점도 여기서 빼놓을 수 없다. 논의는 풍성하였으되 막상 아무도 그것을 제대로 포착할 수 없었다는 사실은 포스트모더니즘이 저지른 비극의 한 장면이다.

이 유행어가 적실성을 갖는지 검색한 경우는 매우 많다. 그러나 그 사회적 이미지를 영화 미디어와 관련시켜 살펴본 예는 흔치 않다.[1] 그 가운데 노만 덴찐(Norman Denzin)은 대표적이다. 그는 사회과학에서 포스트모던이란 용어를 최초로 사용하고 그 지평을 넓히는 데 본격 기여한 장본인은 밀즈(Mills)였다고 주장한다.[2] 널리 알려진 대로 밀즈는 50년대 미국 사회학을 주도하면서 후기 자본주의의 여전한 계급주도 경향과 이를 묵인하는 엘리트 중심 사회의 비민주성 모두가 사라져야 할 대상이라고 본다. 그리고 이를 돌파하는 데 구조기능주의자들의 보수주의 방법론은 별 도움이 안 된다고 강조한다. 그리고 그의 사회학적 상상력. 기존 가치체계는 모두 깨버려야 할 관습이며 잘못된 믿음일 수 있다는 가설. 스스로 상상하고 답을 찾되

1) 영화의 포스트모더니즘이라는 문제의식을 독립된 주제의 강제결합으로 파악해선 곤란하다. 다음 연구들은 영화가 사회를 떠날 수 없고 세상의 포스트모더니티를 반영하는 데 더 없이 좋은 수단이란 점을 강조한다. Guy Austin, *Contemporary French Cinema : an Introductory*(Manchester : Manchester University Press, 1996) ; Norman K. Denzin, *Images of Postmodern Society : Social Theory and Contemporary Cinema*(London : SAGE, 1991) ; Anne Friedberg, *Window Shopping : Cinema and the Postmodern*(Berkeley, CA. : University of California Press, 1993).

2) Denzin(1991), *op. cit.*, p. 53.

일방적 규범과 강요된 결론에 매몰되지 말 것. 이것은 그가 한때 강력하게 주문했던 사회학적 메뉴들이다.

그러나 덴찐은 밀즈의 상상력 요구가 그 자체로 위선이며 무의미하다고 꼬집는다. 왜냐하면 그가 상상하고 그린 미국은 적어도 오늘의 미국이 아니고 그의 사회학적 예견의 상당부분도 사실은 미국의 복지와 민주 규범의 힘을 통해 치유해야 할 점진적 고뇌대상이었기 때문이다. 인종갈등 · 계급불평등 · 소외 · 마약 · 범죄 · 성폭력 · 에이즈 … . 이같은 현상들은 밀즈의 상상력과 관계없이 여전히 계속되는 미국 자본주의의 어두운 단면일 뿐 전체는 아니다. 그것은 역사 속의 일정한 조건이 불러일으키는 끝없는 모순의 결과였다.

정작 중요한 건 위대한 상상과 장엄한 이론이 개인적 고통의 실체를 해부하고 그 아픔을 덜어내기 위해 실제로 얼마나 이바지할 수 있는지 밝히는 일이라고 덴찐은 강조한다. 이 점에서 그는 밀즈뿐만 아니라 료따르(Lyotard) · 보들리야르(Baudrillard) · 제임슨(Jameson) 등 모두는 실패한 지식인들이라고 통렬히 반박한다.[3] 포스트모던의 조건, 이성의 종말과 권력의 횡포, 허구적 규범의 강요와 탈권위적 사회의 표류, 언어 해체와 도덕의 냉각, 인간관계의 파편화와 단절의 극대화 … . 소외의 이미지 도입조차 무색해진 상황 아래 상황 자체를 묘사하고자 했던 포스트모더니스트들의 노력은 결국 또 하나의 전체론 이외에 아무 것도 아니었다. 그것은 막상 한 인간이 헤쳐야 할 사

3) *Ibid.*, pp. 54–64.

회 좌표를 제시하는 데 끝끝내 실패하고 만다는 게 덴찐의 생각이다.

누구도 뛰어넘지 못한 사회와 역사의 조건을 새롭게 상상하기 위해 필요한 건 그에게 영화였다. 차라리 영화를 통해 사회를 바라보고 영화적 상상과 이미지 도입을 거쳐 역사 속 개인을 사유하는 것이 사회학적 상상보다 더 적절한 사유방법일 수 있다는 것. 그것은 영화사회학에서 제기한 문제의 몇 가지 단면들을 다시 고민해 보는 일이었다. 사회과학 전반의 포스트모더니즘 연구가 갖는 빈곤 속에서도 그나마 연구조건을 강화할 수 있었던 견인 주체는 사회학이었다. 영화사회학이 사회학에서 차지하는 위상이나 영화학에서 발휘하는 위력은 그다지 크지 않다. 그것은 과거의 부수적 관심사로 치부되거나 아니면 사회화 인자의 하나로 영화가 어떤 역할을 할 수 있는지 규명한 원론 수준의 연구가 고작이기 때문이었다.[4]

이같은 초기의 사회과학적 영화연구 없이 오늘의 포스트모던 영화연구나 철학적 함의 추적은 불가능했을 것이다. 그것은 영화의 역사적 변화와 사회관계를 규명하려는 꾸준한 노력의 기초를 제공

4) I. C. Jarvie, *Movies As Social Criticism : Aspects of Their Social Psychology*(Metuchen, N. J.: Scarecrow Press, 1978) ; *Towards a Sociology of the Cinema : a Comparative Essay on the Structure and Functioning of a Major Entertainment Industry*(London : Routledge & Kegan Paul, 1970) ; George A. Huaco, *The Sociology of Film Art*(New York : Basic Books, 1965) ; Luc de Heusch, "The Cinema and Social Science : a Survey of Ethnographic and Sociological Films" (UNESCO, *Report and Papers in the Social Sciences*, 1962) ; J. P. Mayer, *Sociology of Film : Studies and Documents*(London : Faber & Faber, 1946) ; Andrew Tudor, *Image and Influence : Studies in the Sociology of Film*(New York : George Allen & Unwin, 1974).

했다는 점에서 지속적 주목대상이 된다. 정치교육과 사회교육 도구로서 영화의 비중 증가. 그리고 기록과 전달을 넘어서는 문화적 인독트리네이터로 영화의 역사성 분석 강화. 이 두 가지 테마는 영화의 사회과학적 탐구를 지속하게 한 중심축이다.[5]

그것은 영화의 사회적 책임[6]과 가능한 한 정치철학적 메시지까지 전달하려는 제작 주체의 동기와 깊이 관련된다. 물론 모든 영화가 일정한 고통의 대가를 지불했던 건 아니다. 이윤을 생각해야 하는 속성상 일방적인 사회적 책임과 정치적 의무 같은 변수들의 지나친 강조는 영화의 흥미를 반감시킨 게 사실이다. 영화의 사회적 책임을 담보하는 궁극의 원인은 어디에 있을까. 영화의 사회성을 배양한 철학적 근거와 특히 포스트모던의 조건 속에서 생각할 수 있는 영화사상의 모습이란 어떻게 그릴 수 있는 걸까.

---

5) Graeme Turner, *Film As Social Practice*, 2nd ed.(London : Routledge, 1993) ; Paul Smith, ed., *The Historian and Film* (Cambridge : Cambridge University Press, 1976) ; M. J. Clark, ed., *Politics and the Media : Film and Television For The Political Scientist and Historian* (Oxford : Pergamon, 1979. Published for the British Universities Film Council Ltd.).

6) Jürgen Römhild, ed., Hans Richter, *The Struggle for the Cinema : Towards a Socially Responsible Cinema* [tr., by Ben Brewster, foreword by A. L. Rees] (Aldershot : Scolar Press, 1986) ; Sari Thomas, ed., *Film/Culture : Explorations of Cinema in Its Social Context* (Metuchen, N.J. : Scarecrow, 1982) ; Patrick McGee, *Cinema, Theory and Political Responsibility in Contemporary Culture* (Cambridge : Cambridge University Press, 1997).

진정한 장엄함이란 자연적 대상에서 찾는 게 아니라 주체의 마음 속에서만 찾을 수 있다고 칸트는 말한다. 그러나 대상의 부재라는 긴밀한 계기에 의해 장엄함이 상상력에 대해 야기하는 폭력은 주체로서의 인간중심주의를 위협하는 전복 이미지를 연상시킬 수 있다. 이러한 위협은 하이데거가 말하는 표상의 종합전개와 인간에 관계되는데, 이때 인간은 자신을 모든 측정 기준의 권위 있는 척도, 즉 무엇이든 분명한 진실과 또 존재로서 설명할 수 있는 척도로 생각한다. 인간을 고려하는 이러한 과정에 놓여 있는 확실한 존재론적 보장은 상상력이 일종의 환상으로 나타나는 폐쇄작용에 의해 차단된다. 환상이 지니는 거대한 종합적 전개는 칸트의 장엄화를 후퇴의 계기로 전환시킬 수 있다. 여기서 후퇴의 계기는 부조리와 분열적인 자극성을 나타낸다. 따라서 서구인의 폭발은 칸트의 미학적 혼란을 이해한 하이데거에게서 찾아볼 수 있다. 표상적 주체로 인간은 환상화된다. 즉, 인간은 자신의 표상이 생각하는 무엇이든지 객관적 이미지 세계로 생각하는 상상 속으로 이동한다. 영화는 역설이다. 그렇지만 인간이 영화로 존재하게 된 것(주체로서 존재하게 된 것)은 외설적 장면을 새로운 자유라고 간주하게 한다. 주관적 표상인 자아현존에 대한 하이데거의 맨 처음 설명은 이러한 새로운 자유의 요점을 정확하게 지적하지 못했다. 그럼에도 불구하고 주체를 환상으로 파악한 그 밖의 하이데거의 요점은 표상의 종합적 전개와 상상력을 구분한다. 전환적 자유에 의해 영화는 하이데거가 강조하는 위임에 대한 기대를 구체화하고 칸트가 말하는 본체론적 자아 현존과 하이데거가 말하는 종합전개에 대한 불안으로부터 영화 자체의 이미지를 해방시켰다. … 영화는 본질적으로 그것이 지향하는 미국주의적 상품세계에서 비롯되었지 형이상학적 서구사상

에서 비롯된 게 아니다.[7]

부르처와 실버만은 하이데거를 통해 영화사상의 현대적 지평을 이렇게 압축한다. 그들의 하이데거 읽기와 이해하기에 이의를 제기하지 않는다면 이쯤에서 논쟁의 발판은 충분히 마련된다. 특히 영화가 미국에서 출현했다는 주장은 유럽 영화의 인식지평을 역사적으로 어떻게 포착해야 할지와 관련, 상당한 쟁점을 야기한다. 굳이 뤼미에르를 거론할 필요 없이 프랑스에서 비상업적 예술영화가 시작된다는 역사를 뒤집지 못하는 한, 이들의 분석은 기묘한 반어법일 가능성도 적지 않다.

그들은 다만 영화사상의 토대가 유럽 형이상학에서 발동되고 그 발전 토양이 미국에서 마련된다는 사실을 재확인하려 한다. 사유와 상상을 떼어놓으려는 온갖 장애를 극복하고 초월적 세계 안에 장엄함과 신비로움 혹은 환상적 인식 주체가 궁극적으로 나 자신임을 잊어선 안 된다는 사실을 각인하는 데 하이데거를 끌어들인 것이다. 영화는 궁극적으로 세계와 우주를 인식하는 나의 존재, 그리고 외계의 사물을 사물 이전에 자연으로 인식하는 탁월한 인식능력(그것을 굳이 칸트가 말하는 선험적 지각능력, 즉 이성으로 치환하지 않더라도) 없이 존재할 수 없으며, 동시에 영화를 영화로 느끼고 때로 사실과 역사로 사

7) Wilhelm S. Wurzer & Hugh J. Silverman, "영화 : 사유의 명문화," 휴 실버만 엮음 · 윤호병 옮김, 『포스트모더니즘 : 철학과 예술』(서울 : 고려원, 1995), pp. 259–261.

유 · 상상할 수 없다는 바로 그 사실 말이다.

그들의 작업 동기는 결론 유도에서 분명히 드러난다. 하이데거 업히기 작업을 통한 그들의 의도가 자칫 결정론 안에 그들 스스로를 빠뜨릴지도 모를 것이란 우려와 함께 말이다.

> 영화는 실존이 아니다. 영화는 셀룰로이드도 아니고 스크린도 아니고 영사기도 아니다. 그것은 감독도 아니고 연출자도 아니고 의상 디자이너도 아니고 촬영사도 아니다. 그것은 또 영화관의 매니저도 아니고 극장도 아니고 텔레비전도 아니고 비디오도 아니고 청중도 아니고 관중도 아니다. 영화는 또 사진도 아니고 회화도 아니고 초상화도 아니고 스케치도 아니다. 영화는 또 존재론적인 것도 아니다. 영화는 자신과 자체를 분리시킬 수 있는 존재도 아니다. 그것은 셀룰로이드 · 배경 · 배우 · 촬영사 · 카메라 · 극장 · 텔레비전 · 비디오가 존재할 수 있는 일반 조건이 아니다. 영화는 모든 영상 · 표상 · 이미지 · 쇼 같은 것의 원인이 될 수 없다. 영화는 영상화된 것, 표상화된 것, 이미지화된 것, 쇼로 전화(轉化)된 것의 원인이 될 수도 없고 그러한 것을 형성할 수도 없고 설정할 수도 없고 제공할 수도 없다. 영화는 배경 · 배우 · 촬영기사 · 셀룰로이드 · 카메라 · 극장 · 텔레비전 · 비디오와 이들 요소의 동질성(또는 이질성)을 형성하는 존재 사이에서 작용한다. 영화는 그 자체로 고유한 동질성이 없는 실존이자 존재론적 행위이며 공간이다. 그것은 새로운 기술 · 장비 · 인간의 역할 및 미학적 기능이 형성되는 영화시대의 시작을 의미한다. 따라서 영화는 차별성이 있는 곳, 즉 의미가 발생하는 곳에서 야기되고 발생하고 일어난다. 이처럼 미묘하고 비동질적인 곳, 즉 의미에 대한 이러한 전후관계에서 영화는 영화 자체의 활동을 할 수 있다. 그러나 영화는 여

> 기서 그 자체를 드러내기 시작할 뿐이다. 하이데거가 설명했고 암시했던 포스트모던 이전 시대에는 전통적인 형이상학적 대립은 영화가 발생할 수 있는 여건을 마련했다. 영화는 초월적인 것도 아니고 경험적인 것도 아니며 주관적인 것도 아니고 객관적인 것도 아니며 자아의 특성도 아니고 세계의 특징도 아니며 실체도 아니고 외형도 아니며 사유도 아니고 사고도 아니다. 그렇지만 이러한 대립의 전후관계에서 영화라고 불리게 되는 공간이 마련될 수 있다. 모던시대 말기에 하이데거와 함께 나타난 이러한 대립의 공간, 즉 대립 그 자체가 여전히 의미를 가질 수 있는 공간은 공간 그 자체를 폐쇄하려고 한다.[8]

포스트모더니즘은 모더니즘의 연장인가 아니면 모더니즘의 해체와 종말을 예고하는 새로운 촉진제인가. 이들 물음은 아직 풀리지 않았다. 특히 마르크스 사후 자본주의의 근대성 지속 여부[9]를 규명하기 어려웠던 것처럼 모더니즘의 포스트 논쟁 역시 일련의 맥락을 만든다. 후기 자본주의를 자본주의의 단순한 후기 단계로 보기보다 자본주의 위에 공존하는 변형된 생산양식으로 파악할 필요가 있다면 포스트모더니즘 역시 굳이 모더니즘의 해체나 새로운 근대성 출현을 분획하는 이데올로기의 이정표로 이해할 이유는 줄어들 것이다.[10]

---

8) 윗글, pp. 264–266, *passim*.

9) Timothy W. Luke, *Social Theory and Modernity : Critique, Dissent and Revolution*(Newbury Park, CA.: SAGE, 1990).

10) John O'Neill, *The Poverty of Postmodernism : Social Futures*(London : Routledge,

그렇다면 현대 영화사상에서 포스트모더니즘의 정체는 어떻게 붙잡을 것인가. 그 적합한 이해 틀은 어디서 발견할 수 있을까. 우리는 거대이론의 변화와 종말을 논의하는 과정에서 세기의 전환이 결코 막연하지 않고 그 속에서 영화의 비중 역시 만만치 않다는 사실에 주목한다.[11] 포스트모더니즘 논의에서 영화는 문화 해체와 그 사회성 분석을 강하게 자극한다. 누구나 쉽게 접근할 수 있는 장르로 영화는 별다른 절차 없이 의식적 내면화와 무의식적 주입을 경제적으로 반복할 수 있었다. 권력의 영향력 축소와 권위의 분절화를 현대 민주주의의 특징으로 본다면 영화의 이러한 효과는 포스트모더니즘이 강조하는 사회의 파편화와 문화의 장르 삼투를 깊이 유인한 직접 동인이었다.

정치권력이 더 이상 대중적 흡인력을 발휘할 수 없게 된다는 사실은 프랑스 혁명 이후 모더니즘이 피할 수 없는 역사 환경의 기본이다. 영화조차 어느 정도 대중적 호응을 받고 나면 별다른 감흥을 주지 못하게 된 비극도 차라리 희극적 냉소거리가 될 지경이다. 실버만 등의 주장처럼 '아무 것'도 아니었던 영화가 '무엇'으로 변화하여 '어떤' 의미의 표상이 되고자 애쓰는 것이었다.

아무 것도 무엇이 될 수 없고 그 무엇도 누구에게나 어떤 의미

1994).

11) David Bordwell, "Contemporary Film Studies and the Vicissitudes of Grand Theory," David Bordwell and Noel Carroll, eds., *Post-Theory : Reconstructing Film Studies* (Madison, Wisconsin : University of Wisconsin Press, 1996), pp. 3-36.

로 대중적 지배력을 동원할 수 없게 되었다는 사실. 그것은 곧 빛과 소리, '봄'(seeing)과 '보여짐'(to be seen) 속에서 영화가 최고의 문화 권력이자 곧 반사회성까지 포괄하는 매체가 된다는 사실을 잘 반증한다. 포스트모더니즘의 영화정치학 이론이 전통이론과 어떻게 다른지는 여기서 더욱 중요해진다. 자바르자데는 이렇게 말한다.

> 둘(전통과 포스트모던) 사이의 차이는 결국 그들 각자가 그들의 지식과 지식대상을 지칭하는 방식에 있다. 전통 영화비평 이론에서 지식의 대상은 곧 밖에 존재하고 있는 세상 그 자체였다. 각 개인들이 타고난 자신의 의식과 독특한 일상의 행위를 반복하고 사는 상식적 의미의 그런 세계 말이다. 포스트모던 이론에서 이같은 상식적 자연세계와 그 세계의 일정한 의미들은 모두 해체된다. 그리고 과거의 그 세계는 이제 불안하고 변덕스러우며 타인의 의지에 따라 움직이는 복합적인 주체들의 입장에서 매우 비자연적인 세상으로 다시 비쳐지기 시작한다. 전통이론이 자연세계로 간주하던 그 세상은 포스트모던의 이론세계에서 이제 언어의 세례효과를 통해 탈바꿈한다. 그러나 자연의 해체작업에도 불구하고 포스트모던 이론세계는 지식의 새로운 대상(언어든 텍스츄얼리티든)에 내재된 의미의 총체를 고스란히 지탱할 수 있었고 일정한 역사적 간섭의 손길을 피할 수 있었다. 각기의 주체들은 언어의 세계로 들어감으로써 자신의 주체성(그 철저한 나의 속성 그대로)을 획득하고 언어에 의해 생산된 상징적 질서마저 가질 수 있었다. 범역사적 차별성의 체계로 간주되던 그 두 가지 모두를 말이다. 바꾸어 말해 포스트모던 이론은 무역사적 세계(상식적 · 자연적 의미의)를 (언어로 포착된 텍스트적 의미의) 다른 세계로 간단히 치환시켜 버렸다. 하지만 그들 두 이론은 모두

지식을 지식대상 속에 내재하고 있는 의미로 파악하였고 지식과 (지식대상의) 경험세계를 등치시키고 말았다.[12]

문제는 이제 분명해진다. 전통 영화이론에서 오브제로 포착된 자연은 하나의 의미체계이기 이전 현실과 인간관계를 포섭하는 가장 넓은 피사체로 존재할 뿐이다. 그러나 모더니즘의 붕괴와 대체를 논의하는 포스트 시대에 그것은 철학의 파편이자 무의미한 대상의 한 구성분으로 새롭게 언어화되고 항상적인 접근 가능태로 변모한다. 이제 지식의 대상은 단순히 외계의 시지각 포착물로 존재하는 자연인지 아니면 일회적 가변태로 잠시 머물다 마는 것인지를 향해 화두는 좁혀진다.

포스트모더니즘의 영화정치학이 의존한 기왕의 담론체계는 거대한 불안의 언어체계였다. 그러나 그 불안은 단순히 패배와 사라짐을 뜻하지 않는다. 그것은 한 시대의 종말을 예견하거나 새로운 시대의 정체를 분명히 언어화하는 역사성을 강하게 예비한다. 이러한 일련의 의도는 문화적 보수주의를 체계적으로 그리고 무차별 공격하는 데 성공한다.

언어의 폭력구조가 파편화된 세계에서 포스트모던 영화언어는 자신의 입지점을 예상보다 빨리 확보한다. 그것은 의식과 행동의 잠

12) Mas'ud Zavarzadeh, *Seeing Films Politically*(New York : State University of New York, Albany, 1991), pp. 107–108.

재태를 새로운 선동과 정치적 매개에 따라 거침없이 표출하는 기회이기도 했다. 동시에 극한의 고독과 원자화된 사회 속에서 즉시적이며 가장 광범위한 대중 동원 장르는 결국 영화일 수밖에 없다는 사실을 재확인한다. 가장 빨리 현실을 포착하고 소리와 색, 선과 움직임을 순간 매개하여 감동과 흥분을 전달할 수 있는 테크놀로지의 여과물로 말이다.

포스트모던의 영화정치학 이론은 극단의 다원주의와 절대적 민주화의 갈구에서 나타나는 관음을 통해 잘 드러난다. 그것은 민주주의 확산과정에서 예견된 필연의 현상이다. 이제 볼 수 없는 대상은 어느 곳에도 없으며 동시에 보는 주체의 입지마저 폐쇄할 수 없다는 사실이 거짓처럼 실현되는 과정에서 카메라와 렌즈, 필름과 영상매체의 사회적 유통은 거부 못 할 현상이 된다. 보는 내가 끝없이 보여질 수밖에 없는 시지각 망에 걸려들고 훔쳐보든 바로 보든 나를 보는 그를 다시 또 내가 의식할 수밖에 없는 운명의 체계는 국가를 운영해야 할 폭력 주체의 최후 방편으로까지 응용된다. 그것은 곧 '감시와 처벌'이란 강제 수단을 통해 지탱하지만 거의 대부분 쉽사리 대중화된 일상적 '봄'으로 소리 없이 화석화되어 간다. 여기서 영상 이미지는 '보는 나'와 '보여지는 나'의 정체를 동시 해소한다.

이러한 시지각 포섭행위, 즉 [旣視感(*déjavu*)을 통한 잔영의 연속체로든 아니면 의도적 관찰로든] 대상을 객관적 실체로 파악하는 일련의 과정은 수많은 인간관계를 거치며 체계적 정치담론으로 발전할 수 있었고, 그 배경에 현상학 운동이 자리하고 있음은 주지하는 바와 같다. 모든 인간 행동에는 동기와 결과가 개입되며 행위의 동기는 일정한 의미를 갖는다는 이 소박한 진리가 정치적 민주화 과정에서 발휘한 철학적 저력이나 영화적 적용[13](혹은 변용)에 미친 영향력은 측정하기 곤란하다.

'봄'과 '보여짐'을 담보하는 수평적 인간관계. 사회적 평등과 정치적 자유를 지향하는 상호 감시와 관찰 의지. '주관 없는 객관은 무의미하며 객관 없는 주관은 무가치할 수밖에 없다'는 현상학 명제. 상호 주관적 인간관계와 정치적 생활세계 안에서 변화하는 삶. 이를 구조적으로 이해한 이른바 실존주의 현상학 계보가 「후설-하이데거-사르트르-퐁티」로 이어졌던 점이나 그 맥락 안에 신비주의나 종교적 초월주의가 개입할 여지조차 용납될 수 없었다는 사상사의 흔적도 우리는 분명히 기억한다.

자아와 대자(對自)의 관계를 사회권력으로 포섭하고 나아가 이를 국가 안에 강제로 가두는 정치권력이 우월적 힘을 지탱할 때 인간 의식의 타자지향성이나 인식의 타자의존성이 멈춰질 수 없는 일임은 이제 분명해졌다. 보는 내가 다시 누군가에 의해 보여진다는 사실은 인간의 사회관계를 유지하는 긴장의 핵심 요인이며, 타자의 시선이 주는 정치적 부담은 결국 권력이 큰 비용 들이지 않고 일정한 목적을 달성할 수 있는 합리적 방편이 되기도 한다.

---

13) Vivian Carol Sobchack, *The Address of the Eye : a Phenomenology of Film Experience* (Princeton, N.J. : Princeton University Press, 1992) ; Allan Casebier, *Film and Phenomenology : Toward A Realist Theory of Cinematic Representation* (Cambridge : Cambridge University Press, 1991).

영화는 이 과정에서 보고 보여지는 시선의 힘을 사회문화적으로 확대 재생산하는 최고 수단이 된다. 그것은 인간의 흥미를 유발하는 도구로 기능한 부분이 더 컸다. 게다가 누구도 렌즈 앞에서 자유롭지 못하고 결국 필름에서 도망갈 수 없다는 사실을 일깨운다. 문화권력의 창출과 그에 예속될 수밖에 없는 인간의 연약함은 굳이 타자의 시선까지 거론하지 않아도 영화 메커니즘 안에서 훌륭한 설명 틀을 찾는다. 렌즈와 필름은 인간과 인간 시선을 연장 · 구속하는 문화 재생산 수단으로 발전하고, 이때 인간은 자신도 볼 수 없는 자신의 이면을 기어이 잡아내는 도구를 발견함으로써 더욱 강한 긴장과 구속 상황을 자각한다. 그것은 기왕에 구조화된 상호 주관적 인간관계를 한층 강화하고 영화를 단순한 오락 도구에서 사회적 지배도구로 활용하는 계기를 이룬다.

여기서 영화를 보는 인간과 영화의 관계는 새삼스런 상호 주관성을 담고 이를 정치적으로 포착할 흥미로운 계기도 마련한다. 이는 바로 앞서 지적한 시선의 구속, 즉 타자에 대한 불가피한 인정과 나포된 자의식이 영화와 인간의 삶에서 어떤 의미를 갖는지 잘 반증한다. 나와 내 자신은 스스로 보지 못하는 나의 육체를 타자를 통해 거울처럼 추론한다. 이때 영화는 나와 유사한 인간이 의도하는 내면의 의지와 인식의 결과물로 존재하되 스스로 보지 못하는 나의 육체를 그대로 복제하는 데 성공한다.[14]

14) 하기야 이제 유체이탈(幽體離脫) 쯤이야 영화에서 보편화되어 있지 않은가.

이때 나와 유사한 또 다른 상호 주관성은 자아 속에 공존하는 타자의 존재를 통해 끝없이 되살아난다. 나의 내면에 존재하는 잠재적 시지각과 나의 현 존재태 사이의 간주관성(間主觀性)은 상호 주관성과 사회적으로 공존하며 나와 타자의 관계를 매개 · 존속시킨다. 인간의 존재가 순간순간 어떻게 변하는지는 영화가 추구하는 문제의식의 한 축을 이룬다. 바꾸어 말해, 영화는 무수한 인간들의 상호 주관성과 그들 각자가 지각 · 응시하지 못하는 간주관성의 문화 매개물이며 동시에 타자의 육체와 영혼을 임의 매개하는 도구가 된다. 그렇다면 타자의 삶은 뒤집힌 나의 삶일 수 있으며 나의 현 존재태는 타자의 잠재적 욕망과 인식의 또 다른 발현물일 수 있다.

그러나 이 계열의 영화이론이 포스트모더니즘의 영화정치학이나 그 담론의 모두를 대변하진 않는다. 그것이 포스트모던이란 무정형의 시대 이미지까지 부각시키는 핵심 도구는 아니었기 때문이다. 따라서 우리는 포스트모던이란 자의적 용어[15]를 통해 영상 미디어를 다루는 또 다른 담론과 만나게 된다. 영화를 비롯한 영상 미디어 일체의 문화충격이 모더니즘 이후의 기술 합리성이나 자본주의 쾌락

15) Zavarzadeh 가 [*ludic*]이란 비일상적 형용사를 쓰면서까지 포스트모던 영화이론을 비판하려 했던 이유는 다음 사전적 해설을 보면 잘 알 수 있을 것이다. [*ludic*] : ① playful in an aimless way ; *The Random House Dictionary of the English Language*, 2nd, ed., unabridged (New York : Random House, 1987), p. 1143 ; ② (of play) spontaneous and without purpose ; (of behaviour) undirected and spontaneously playful ; Lesley Brown, ed., *The New Shorter Oxford English Dictionary on Historical Principles*, Vol. A–M (Oxford : Clarendon Press, 1993), p. 1641.

가치와 어떤 관계를 맺는지는 언필칭 포스트모더니스트도 피하지 못할 함정이었다.

김성곤은 이렇게 말한다.

> 텔레비전 시대의 서구 작가들은 구텐베르크식 활자문화를 무력하게 만드는 영상매체의 막강한 위력 앞에 소설의 고갈과 죽음을 인정할 수밖에 없었다. 사람들은 책장을 펼치는 대신 텔레비전 스위치를 켰고 허구를 읽는 대신 사실을 보는 편을 선택했다. 일관성과 연속성 그리고 인과성과 단선성에 의존해 오던 활자문화는 이제 복합성과 불연속성 또한 찰나성과 다성(多聲)성을 특징으로 하는 영상매체와 경쟁해야만 했다. 그 결과는 전자의 참담한 패배였다. 작가들은 위기의식을 느꼈고 영상매체에 대항하는 새로운 형태의 문학양식을 창출해내기 위해 부단한 시도를 계속했다. 마샬 맥루한의 말처럼 문어적인 활자문화는 이제 드디어 구어적이고 시각적이며 청각적인 영상문화에 자리를 내주고 역사 속으로 사라져 가는 것처럼 보였다. … 그같은 변화는 결국 두 가지 논의를 불러온다. 즉 그같은 변화가 활자문화로부터 영상문화로의 이동을 의미하는 것인지 아니면 영상문화를 포용하는 활자문화의 확장을 의미하는 것인지가 바로 그것이다.[16]

영화와 비디오는 정지된 오브제로 자연과 이를 담아내는 순수

16) 김성곤, "영화 : 텍스트의 이동인가, 문학의 확장인가를 엮으며," 『외국문학』 제34호(1993년 봄), pp. 6–8.

미술 개념을 대체한 셈이다. 특히 영화가 비디오 양식을 받아들여야 한다는 사실은 또 하나의 부담이었다. 두 가지 양식의 공존은 비디오의 영화적 우위가 역사적인 것인지 아니면 예술 사회학적으로 깊이 이해할 필요가 있는 문제인지 계속 제기한다.

그러나 이와는 관계없이 영화를 모더니즘 텍스트로 간주하고 비디오를 포스트모더니즘의 텍스트로 이해하는 또 하나의 주장과 만나게 된다. 프레드릭 제임슨은 이렇게 말한다.

> 오늘날 영화가 포스트모던적이 되었다거나 모든 영화는 아니라 하더라도 최소한 어떤 영화들이 그렇다는 건 명백한 사실이다. 하지만 다른 형태의 문학적 산물 또한 그래왔다. 그러나 논쟁의 초점은 이러한 형태들의 우월성의 순서를 정하는 데 있다. 즉 세계 정신의 최고로 특권적이고 징후적 지표의 역할을 할 수 있는 능력, 좀 더 현대적인 언어를 사용하자면 새로운 사회경제 국면의 문화 지배자로 설 수 있는 능력, 그리고 철학적으로 바라보자면 체제 자체에 대한 어떤 새로운 설명을 위한 우의적이고 해석학적인 도구를 제공하는 능력을 중심으로 한다. 영화나 문학은 더 이상 그런 작업을 수행하지 못하고 있다. 비록 오늘날 문화 헤게모니의 가장 강력한 후보자로 내가 염두에 두는 또 다른 형태의 예술형식, 예술 미디엄에게서 이들 두 가지 예술이 소재 · 형식 · 기법, 심지어는 주제까지 차용하는 경향이 점점 증가하는 부수적 증거들을 장황하게 나열하진 않겠지만 말이다. 그러나 이 후보자의 정체는 비밀스러운 게 아니다. 그것은 분명 비디오다.[17]

제임슨은 영화에 대한 비디오의 문화 자율성이 절대적인 것인지 아닌지 끝내 말하지 않는다.[18] 이것은 예술적 우위의 문제라기보다 발생론적 논쟁으로 발전할 수 있는 주제다. 하지만 영화가 비디오 양식의 예술적 토대였는지 아니면 비디오가 경제적이며 실용적 문화유통 도구로 영화와 다른 독자 개념을 구성하는지는 큰 의미를 갖지 않는다.

포스트모더니즘으로 두 가지 양식을 구분하는 방법은 곧 제임슨 개인의 세계관[19]이자 영화정치학의 기본 명제 가운데 하나였다(표 참조). 그리고 양자의 예술성은 상업성이란 또 하나의 문화무기(혹은 도구)와 부딪친 이후 새로운 무게중심을 찾는다. 여기서 두 가지 양식은 이데올로기적이라기보다 의지의 산물임을 알 수 있다.

모더니티	포스트모더니티	포스트모더니티 이후
영화 (*Film/Cinema*)	비디오 (*Video/graph*)	*DVD*

〈 표 8. 영화와 비디오의 문화사 〉

17) 프레드릭 제임슨 지음/김진경 옮김, "해석 없는 책읽기 : 포스트모더니즘과 비디오 텍스트," 『외국문학』 제34호(1993년 봄), pp. 41-42.

18) 그의 태도는 다음 연구에 나타난 분석과는 매우 대조적이다. Kathleen K. Rowe, "Class and Allegory in Jameson's Film Criticism," *Quarterly Review of Film and Video*, Vol. 12 No. 4 (September 1991), pp. 1-18.

19) Anne Friedberg, *Window Shopping : Cinema and the Postmodern* (Berkeley, CA. : University of California Press, 1993), pp. 168-174.

2

예술영화와 상업영화

언제까지 비껴서야 하는가

영화와 비디오의 짧은 역사보다 앞선 논쟁거리는 그 내용물을 둘러싼 담론들이다. 예술영화를 주축으로 하는 유럽과 물량을 바탕으로 삼는 미국(헐리웃)이 경쟁한 결과가 그것이다. 이들의 경계가 서서히 녹아드는 현상, 즉 영화의 세계화가 주목해야 할 대상임은 앞서 지적한 바 있다. 그러나 이같은 경계 용해가 양 진영의 뿌리 깊은 경쟁과 강력한 자존의 기초까지 녹여 없앨 만큼 급진적인 건 아니다. 이 점에서 두 거대공간의 영상 대결은 아직 사라지지 않았다.

오히려 그 구도는 어떤 측면에서 더 강고하게 굳어가고 있다. 유럽과 미국의 영화 경쟁은 양 진영의 민족주의 감정을 그대로 반영한다. 아울러 그들이 지니는 문화의식의 자연스런 결과이기도 하다. 유럽 영화의 우위를 고집하며 헐리웃 영상을 오락과 흥미유발의 도구로만 치부하는 입장은 여러 인물들이 고수해 왔다. 프레드릭 제임슨은 여기서 다시 부각된다. 그를 공박하는 린다 허치언 역시 그러나 미국의 문화지평을 고스란히 대변하진 않는다. 포스트모더니즘 문예비평에서 패러디의 우위를 종교처럼 신봉하는 허치언이고 보면 역사와 사상의 혼돈을 바라보는 입장은 제임슨과 어느 정도 비슷한 게 사실이다.[1] 패러디에 내재된 정치적 반어와 저항 논리를 헤아릴 수 있다면 말이다. 더욱이 제임슨이 미국 영화 일체를 전면 거부한다는 확증이 없는 한, 허치언의 공격도 무의미한 건 아닐까?

허치언은 미국 영화를 공박하면서 영화와 비디오의 문화 이분법에 도취하는 제임슨에게 동의하지 않는다. 허치언의 공격이 곧 미국에 대한 애정이나 문화 우위를 입증하려는 그야말로 정치적 패러디의 결과였는지는 애매한 채로 남는다. 그러나 허치언은 타협하지 않는다.

> 포스트모더니즘의 패러디를 그 자체 무가치하며 또한 모든 것을 무가치하게끔 만들어 버리는 것으로 파악하는 지배적 관점은 영화비평에서도 마찬가지다. 예컨대 제임슨은 「보디 히트」나 「스타워즈」 같은 영화의 패러디 기법이 향수에 젖은 과거로의 도피주의라고, 현재와의 대면을 가로막는 '패스티쉬'(pastische)를 통한 과거의 감금이라고 주장한다. 동시에 제임슨은 오

---

1) Linda Hutcheon, "An Epilogue : Postmodern Parody : History, Subjectivity and Ideology," *Quarterly Review of Film and Video*, Vol. 12 No. 1–2 (May 1990), pp. 125–133.

늘날의 예술이 역사의 감각을 상실했다고 한탄한다. 그는 패러디 기법을 사용하는 예술을 단지 나르시즘적인 것으로 단지 소비자 자본주의의 무시무시한 선고 그 자체-가장 경미하게 말한다 해도 시간과 역사를 취급할 능력을 더 이상 갖지 못한 그러한 사회의 병적이고도 가공할 증상이라고만 본다. 그러나 「젤리그」와 「카르멘」, 「프랑스 중위의 여자」를 필두로 한 포스트모더니즘 영화들은 실제로 역사를 취급하고 있으며, 그들이 역사를 취급하는 방식은 분명 아이러니지만 결코 진지함이 결여된 건 아니다. 제임슨에게 문제가 되는 것은 단지 그들이 마르크시스트적 의미의 역사를 취급하고 있지 않다는 점이 아닌가 싶다. 이 영화들은 역사에 대한 확고한 유토피아적 개념이나 역사적 담론의 실재하는 지시대상에 대한 신념을 거의 보여주지 않기 때문이다. 이들이 대신 암시하는 것은 현재의 우리들에게 직접적으로 그리고 자연스럽게 접근할 수 있는 참된 과거란 존재하지 않으며, 우리는 과거를 오로지 그것의 흔적을 그 재현물을 통해서만 알 수 있다—그리고 구성할 수 있다—는 것이다. 지금까지 반복 고찰했듯 그것이 문서든 목격자에 의한 기술이든 혹은 다큐멘터리 필름이든 이들은 여전히 재현물이며, 오로지 이들만이 우리로 하여금 과거로의 접근을 가능케 해주는 유일한 수단이다. 그러므로 제임슨은 유일한 종류의 역사, 우연적이며 불가피하게 상호 텍스트적인 그런 역사를 노스탤지어란 말로 치워버린 다음 그가 정의하는 특별한 의미의 역사와 역사적 감각이 상실되어 버렸다고 한탄하는 셈이다. 이 역사를 패스티쉬요 노스탤지어로 규정해 버리고서는 현대의 사회체계가 그 자신의 과거를 보지(保持)할 능력을 잃고 영원한 현재 속에서 살기 시작했다고 슬퍼한다는 건 타당성 여부가 의심스럽다.[2]

이에 대해 제임슨은 답하지 않는다. 다만 자신의 입지점을 강화할 따름이다. 흥미로운 사실은 영화의 철학적 분석에서 역사와 이데올로기는 여전히 핵심 화두이며 정치와 국가란 장(場)을 떠날 수 없다는 점이다. 중심 자본주의 국가의 문화 우위는 공동체 전체의 예술적 아이덴티티 확립과 관련되는 매우 복합적인 뉘앙스를 풍긴다. 정치와 영화는 이 대목에서도 굳이 권력이나 이데올로기를 빌리지 않고 영향력을 계속 행사한다.

유럽이 예술영화 중심이라거나 상업영화의 핵은 미국이란 이분법은 여전한 논쟁거리다. 그러나 이 명제의 취약성은 세계 영화의 국경 용해에서만 발견되지 않고 정치적 사건에 관한 영화화 과정에도 분명히 드러난다. 두 진영의 영화적 차이는 역사적 사건들, 특히 정치질서 변화와 관련된 일련의 충격과 폭력을 다루면서 크게 희석된다. 물론 영화산업의 이윤추구 경향은 자본 그 자체와 이를 이용한 온갖 부가가치를 흡수해 버릴 수도 있다.

하지만 전쟁과 혁명이 영화로 묘사되는 과정에서, 특히 유럽과 미국이란 중심 자본주의 국가에서 예술성과 상업성이 철저하게 분리되었다는 증거는 아직 발견되지 않았다. 그만큼 그것들은 역사적 처절함과 때로 감정이입을 용이하게 하는 내면 요소들을 감춘다. 쉽게 경험하기도 어렵지만 잊히기도 쉽다는 점에서 정치질서의 격변을

2) 린다 허치언 · 육은정 옮김, "포스트모더니즘 영화?" 『외국문학』 제34호(1993년 봄), pp. 32-34.

다루는 영화는 흥미유발보다 예술성과 역사성의 종합적 차용에 더 많은 관심을 갖는다. 역사적 처절함과 정치적 심각성 앞에 영화적 상업주의는 탐미적 사고를 쉽게 앞지르지 못하고 거기서 유럽과 미국이 극명하게 나뉘는 여지 또한 극히 좁아진다.

영화의 정치성에 반영된 의외의 단순성은 능히 효과적이다. 영화가 주입하는 순간적 강제효과, 즉 무의식적 정치교육의 힘은 선거과정에서 유권자의 동원전략으로 응용될 수도 있다. 거꾸로 투표자가 선택대상을 단순 비교하기 쉬운 도구로 활용할 수도 있다는 사실은 이미 일상화되었다.

쿰스는 미국 정치와 영화적 선전효과의 관계를 밝히기 위해 고민한다. 물론 그의 미국 편중 경향은 상당한 한계를 갖는다. 그러나 영화의 정치성이 돋보이는 건 바로 필름의 선전효과에 있다고 보는 그의 가설에 주목하자.

> 20세기 영화선전이 갖는 정치적 중요성은 정치적 상상을 유발하는 가장 강력하고 중심적인 매체가 바로 시각 이미지에 있다는 사실에서 비롯된다. 따라서 실질적으로 영화역사 초기부터 필름 메이커들은 변론적이고 설득력 있는 메시지들을 영화적 재현 과정 안에 포함시킬 수 있었다. 바로 그 같은 매체적 동반효과와 인상적인 극적 경험의 전달능력을 통해 영화가 선전의 한 좋은 도구가 될 수 있다는 사실을 학습해 나갔다. … 20세기 영화선전 스토리들이 하필 전쟁과 긴밀하게 연결되었다는 점도 우연은 아니다. 전쟁은 분명 미래 역사가들에게 20세기 역사현실 가운데 가장 중심적 사건으로 비칠 것이다. 그리고 두 차례의 대전과 냉전, 80년대 말의 공산정부 붕

괴 가운데 전쟁은 가장 결정적인 역사 행위였음에 틀림없었다. 가장 높은 대중성과 휴대하기 쉬운 매체로 영화는 모든 시각 주체들과 그같은 정치투쟁 과정에 개입하는 정부에게 실질적으로 중요한 존재가 되었다.[3]

전쟁과 혁명을 영화화할 때 나타나는 그리고 기대할 수 있는 감동 부피 역시 비교할 수 있는 성질의 것은 아니다. 왜냐하면 이 역시 인식 주체가 느끼는 문제일 뿐, 어떤 객관적 기준도 기대할 수 없기 때문이다. 하지만 이들 경험은 누구나 겪을 수 있는 일들이 아니고 그렇다고 또 피할 수 있는 일도 아니다. 이 점에서 이들은 두드러진다. 경험해 보지 않은 이들에게 격동의 역사가 주는 폭력 부피는 때로 과장된 의혹이나 실체 이상의 충격을 줄 수 있고, 실제로 당대를 겪은 이들에게 영상경험은 기억의 현상학을 재현시킨다는 점에서 동일시 효과마저 동원한다.

영화의 정치적 효과를 극대화시키는 데 혁명이나 전쟁이 어떤 비중을 차지하는지는 이미 짚어본 바 있다. 새삼 되돌아 볼 필요가 있는 것은 이들 사건의 폭력성이 비단 전후 제3세계에서만 각별한 게 아니란 점이다. 그 정치적 충격효과는 당사국 국민들뿐만 아니라 이를 영화로 재현할 때 급속도로 세계화할 잠재력을 지닌다. 그것은 어디든 확장 · 전파될 수 있었다. 전쟁과 혁명이 19세기 전후 유럽의

3) James E. Combs & Sara T. Combs, *Film Propaganda and American Politics : an Analysis and Filmography*(New York : Garland Publishing Co., 1994), p. 15.

전유물이고 폭력의 지체가 압축혁명을 세계화시킨 점을 감안할 때 영화정치학의 전개 또한 굳이 경험적 검증이 필요하진 않을 것이다.

전쟁과 혁명의 영화적 이해나 충격의 간접경험이 양 진영의 문화 간극을 좁히는 데 기여할 수 있다는 사실은 역사의 공간 분화가 실제 경험으로만 반복되는 게 아니란 걸 잘 말해준다. 제1세계에서 촉발 · 분화한 정치변동을 영화화할 때 그것이 제3세계와 어떻게 다른지는 한층 중요하다. (여기서는 유럽의 중심 자본주의 국가가 경험한 역사 충격과 이를 바탕으로 한 정치적 작품들의 필름연보에만 주목하기로 한다.) 다음 두 〈표〉는 1930년대에 제작된 유럽(영국 · 프랑스 · 독일 · 이탈리아)의 전쟁영화와 전후(戰後)의 집단행동과 관련, 저항영화연보를 체계화한 것이다. 표를 통해 알 수 있는 흥미로운 사실은 전쟁 이후 정치저항은 크게 줄어들고 있고(이 점은 제3세계와 대조적이다) 국가별 편차도 고르게 분산된다는 점이다. 물론 이같은 편차는 실제 경험을 그대로 반영하지 않고 그 자체가 이미 하나의 의사현실 혹은 허구적 진실로 곡해될 수 있는 것도 사실이다.

그러나 이들 사례는 절대 허구를 토대로 삼지 않고 실제 경험과 역사성을 바탕에 깔고 제작 · 배급되었다는 점에서 모두 두드러진다. 해당 작품들의 국가별 · 연도별 전개는 다음과 같다.

연도	영국	프랑스	독일	이탈리아
1930	*Journey's End* ⓐⓒ *Two Worlds* *Suspense* ⓐⓒ *French Leave* ⓐ *The W Plan* ⓐ	*La Rebelle* *Les Deux Mondes*	*Westfront 1918* ⓐⓒ *Zwei Welten*	
1931	*Tell England* ⓐⓒ *East Lynne on the Western Front*	*Les Croix de bois* ⓐⓒ *Les Monts en flammes* ⓒ *Un soir au front* ⓐ *Verdun, souvenirs d'histoire* ⓒ *Sous le casque de cuir* ⓐ	*Niemandsland* ⓒ *Berge in Flammen* ⓒ *Die Nacht der Entscheidung* *Douaumont* ⓒ *1914, Die letzten Tage vor dem Weltbrand*	
1932	*Josser in the Army* ⓐ		*Kreuzer Emden* ⓒ *Tannenberg* ⓒ	
1933	*I Was A Spy* ⓐ *On Secret Service* ⓐ	*La Voie sans disque* ⓐ	*Morgenrot* ⓒ	*Camicia nera* ⓑ
1934		*Cessez le feu* ⓑ	*Stosstrupp 1917* ⓒ *Ein Mann will nach Deutschland* *Heldentum und Totenskampf unserer Emden* ⓒ	
1935	*Moscow Nights* ⓑ *Forever England* ⓐ	*Nuits moscovites* ⓐⓑ *L'Equipage Koenigsmark* ⓐⓑ		*Milizia territoriale* ⓐⓑ *Passaporto rosso* ⓑ *Le scarpe al sole* ⓐⓒ

1936	*Mademoiselle Docteur* *The Secret Agent* ⓐ	*Mademoiselle Docteur*	*Das Schloss in Flandern* *Im Trommelfeuer der Westfront* ⓒ	*Cavalleria* ⓑ *Tredici uomini e un canone*
1937	*Dark Journey* *The Wind Mill* ⓐ *Secret Lives* ⓐ *A Romance in Flanders* ⓐⓑ	*Boissière* ⓐ *Grand Illusion* *Ultimatum* ⓐ *J'accuse* *Marthe Richard au service de la France* ⓐ *Soeurs d'armes*	*Patrioten* *Unternehmen Michael* ⓐⓒ *Signal in der Nacht* ⓒ *Urlaub auf Ehrenwort*	
1938	*Who Goes Next?* ⓐ *Thirteen Men and a Gun*	*La Héros de la Marne* *Paix sur le Rhin* ⓑ	*Pour le mérite* *Dreizehn Mann und eine Kanone*	
1939	*The Spy in Black* ⓐ	*Le Déserteur* *Deuxième bureau contre Komman-dantur* *Les Otages* *Paradis perdu*	*D III 88* ⓒ	*Piccolo alpino* ⓐ

주 : ⓐ 문학작품(희곡 · 소설 등)의 원전 각색.
ⓑ 플롯의 주요부분은 전쟁 전후시기로 설정.
ⓒ 전쟁행위 자체가 영화의 중심을 구성함.

〈 표 9. 1930년대 유럽의 전쟁영화 연보 / 연도별 · 국가별 분류 〉[4]

4) Pierre Sorlin, *European Cinemas, European Societies 1939–1990*(London : Routledge, 1991), pp. 25–26에서 재인용.

연도	영국	프랑스	독일	이탈리아
1942	*Secret Mission*			
1943	*Went the Day Well?*			
1945		*Le Jugement dernier* *Peleton d'exécution*		*Giorni di gloria* *Open City* *Due lettere anonime*
1946	*Now It Can Be Told*	*The Battle of the Rails* *Jericho* *Les Clandestins* *Le Père tranquille*		*Paisan* *The Sun Rises Again* *Un giorno nella vita*
1948	*Against the Wind*			
1950	*Odette*	*Le Grand Rendez-vous*		
1951				*Achtung, banditi*
1952	*The Gentle Gunman* *So Little Time*			
1954			*The Last Bridge* *Canaris* *The Jackboot Mutiny*	
1955	*The Man Who Never Was*		*The Devil's General* *Der 20. Juli*	

			Himmel ohne Sterne *Verrat an Deutschland*	
1956	*I'll Met By Moonlight*	*A Man Escaped*	*08.15 in der Heimat*	
1957	*Seven Thunders Count Five and Die*		*Der Fuchs von Paris*	
1958	*Orders To Kill* *Carve Her Name with Pride*	*La Chatte*		
1960	*Circle of Deception*	*Babette s'en va-t-en guerre*	*Kirmes* *Soldatsender Calais*	
1961				*Un giorno da Leoni* *Una vita difficile* *Il tiro al piccione*
1962	*The Password is Courage*			*Le quattro giornate di Napoli*
1963				*Il terrorista*
1964	*It Happened Here*			
1966		*Paris brûle-t-il?*		
1968				*I sette fratelli Cervi*
1969		*The Sorrow and*		

		the Pity *L'Armée des ombres*		
1970				*Corbari*
1972			*Studenten aufs Schafott*	
1973		*Lacombe Lucien*		
1974				*C'eravamo tanto amati*
1976				*L'Agnese va a morire*
1977				*1900*
1982			*Die weisse Rose*	*The Night of the Shooting Stars*

〈 표 10. 1942-1982년간 유럽의 저항영화 연보/연도별 · 국가별 분류 〉[5]

유럽과 미국의 영화적 상대성을 견주어 볼 자료는 주위에 얼마든지 있다. 쉬운 예로 대여점에 들러 제작국가와 감독의 정체를 검토한 후 작품들을 비교해 보면 차이를 곧 알 수 있을 것이다. 과잉 단순화시켜 보자. 유럽은 지루하지만 매력적이고, 재미는 있지만 하루 지

5) *Ibid.*, pp. 71-73에서 재인용.

나자 다 잊어버리는 게 미국 영화라고 등식화한다면 너무 심할까?

반대 경우도 물론 얼마든지 있다. 하지만 두 문화권 사이에 스며 있는 매력과 지루함, 그리고 흥미유발과 망각을 유인하는 인자들은 뭘까. 이들이 모여 보편의 영화언어를 만든다면 그 종합성은 뭘 뜻하는 걸까. 흥미와 망각은 영화수입의 확고부동한 보장을 자극하는 쪽으로 영화의 세속화 경향을 자연스레 부추긴다. 반면 예술적 흥미의 반감이란 또 다른 한계 역시 이윤과는 거리가 멀다.

이러한 상대성은 '자본이냐 예술이냐' 라는 선택적 문제를 계속 제기한다. 타협점을 찾지 않는 한, 이들은 쉽게 허물어질 문제도 아니다. 그 상대성은 곧 그들의 문화적 자존과 이를 유지하는 가치체계들을 그대로 반영한다. 그것은 마치 역사적 생활양식으로 화석화된 의식의 단면이자 동시에 모더니즘과 실용주의의 영화적 재현이기도 하다. 흥미와 자본 그리고 기술 축적이란 후기 자본주의 시대의 영화 가치를 고수할 것인지, 아니면 예술성과 작품성 나아가 영화미학의 대중성 확보란 고부가가치를 포기하지 않을 것인지 이들 물음은 사실상 영화 종사자 모두가 공유하는 고민의 핵을 이룬다. 아울러 이는 영화 수요자들 역시 늘 거쳐야 할 터널이기도 하다.

이 단계에서 영화의 비교연구와 정치적 성격분석이란 문제가 등장한다. 영화의 파급, 특히 양대 진영의 영화문화 확산은 우리에게 무엇을 남겼는가. 그것이 제3세계의 정치적 분노와 또 다른 감정의 조각들을 건드리고 있다면 그건 뭘까. 이들 물음과 관련, 비교정치연구와 영화연구의 접맥은 불가피하다. 영화의 공급 진영과 국가권력의 정치경제적 환경과는 피할 수 없는 관계가 있다는 걸 소홀히 해선 안 된다. 다음 몇 가지 가설은 비교영화연구를 위한 현실적 고민의 항목들을 잘 반영한다. 여기서 유럽 영화와 미국 영화의 문화적 차이는 영화의 정치경제학이라는 다른 주제에 포섭되며 동시에 그들의 영향력이 어떻게 얽혀 있는지 가늠하게 해준다.

1. 영화의 공급은 국가권력의 정치의지와 직접 관계가 없다. 이들은 단지 수평관계를 통해 상호 감시와 명분 있는 개입을 모색하며 각자의 자율성을 향유한다.
2. 그러나 영화와 정치권력 그리고 자본의 삼각관계는 결코 독자적일 수 없다. 그들은 간섭과 비판의 기회구조를 공유한다. 이때 권력과 자본의 영화적 우위가 영화 본연의 예술적 자율성을 침해할 가능성이 커지는 건 물론이다. 권력의 자본통제나 자본의 권력이용 혹은 이들 양자의 영화 개입 시기는 예측할 수 없다. 다만 권력은 자본을 통해 그리고 영상통제를 이용해 자신의 정당성을 추구하며, 영화는 영화대로 예술적 자유 신장을 위해 적극적 행위주체로 탈바꿈할 수 있다.
3. 자본과 기술은 영화와 권력 사이에서 절대적 자율성을 추구하기 위해 자신을 은폐한다. 그들은 자기 없이 문화권력 창출이 불가능하다는 계산을 이미 끝낸 상태에서 상대를 조종할 수 있는 방법마저 수시 적용 · 변용한다.
4. 영화는 국가권력과 자본, 기술 그리고 영화 주체의 의지의 산물이다. 이때 영화적 예술가치의 객관적 평가와 관계없이 국력의 총량가치와 영화 보유 편수는 각 국가의 문화능력을 평가할 수 있는 지표가 된다.
5. 영화를 종합예술의 역사적 응축물로 본다면 영화제작 이전의 국가별 전

통과 문화예술 조건 그리고 정치사회 환경은 영화화 과정의 독립변수가 된다. 그러나 영화형식 출현과 기술적 전파를 담보한 유럽과 미국은 우위를 누려왔다. 영화는 이들의 비중이 상호 침투해 나타난 문화교차적 산물일 수밖에 없다. 하지만 일정 국가의 영화적 결과물에 틈입한 유럽과 미국의 침투효과는 측정 불가능하며 그 함량 분석 역시 쉽지 않다.

6. 이데올로기가 순간적으로 가시화되는 계기도 영화에서 마련된다. 이데올로기의 일정한 메시지를 재현하거나 새로운 의식화 도구로 효과적 힘을 발휘하는 매체는 영화라는 데 세계 지성사는 동의하기 때문이다. 그러나 이데올로기의 영상통제는 영화의 자유로운 제작과 공급을 억제하며 영상의 자유가 권력에 대한 위협으로 발전하는 통로를 봉쇄하는 데 최대한 주력한다. 따라서 이데올로기의 강화와 영화보유의 빈곤은 직접 관계가 있다.

이 가설을 검증하기 위한 자료로 다음 표는 좋은 준거가 된다. 이 표는 1900년부터 2007년까지 국가별 영화보유 현황을 〈British Film Institute〉가 공식 집계한 결과다. 물론 이 수치는 해당국가의 영화보유 편수 총량을 그대로 대변하지 않는다. 어디까지나 영화사적 비중과 대중 평판을 기초로 삼되, 이는 시장과 상영현장의 지명도를 감안한 것이다(따라서 예술성과 상업성을 둘러싼 국가별 논쟁이나 보유편수 논란은 불가피하다. 그러나 영화연구에서 절대지표, 즉 일정 시점을 기준으로 집계한 총합자료가 흔치 않음을 고려한다면 이는 우선 극복하고 볼 일이다). 여기서는 편의상 국가 명칭을 알파벳 그대로 사용한다(다큐멘터리, TV드라마, 단편영화 등은 모두 제외).

국가	제작편수	국가	제작편수	국가	제작편수
Afghanistan	8	Greece	521	Peru	69
Albania	28	Greenland	1	Philippines	277
Algeria	152	Guatemala	3	Poland	1,900 (14)
Andorra	1	Guinea (République		Portugal	482
Angola	6	de Guinée)	12	Puerto Rico	26
Argentina	938	Guinea-Bissau	5	Republic of	
Armenia	22	Guyana	4	Korea	436
Australia	1,550 (16)	Haiti	9	Republic of	
Austria	1,229 (21)	Honduras	1	Vietnam	15
Azerbaijan	8	Hong Kong	1,093 (23)	Rhodesia	3
Bahamas	1	Hungary	1,417 (18)	Romania	541
Bangladesh	23	Iceland	97	Russia (Republic)	288
Belgium	1,053 (25)	India	3,135 (9)	Russian Empire	
Benin (Dahomey)	3	Indonesia	83	(pre 1917)	53
Bermuda	1	International Agencies	9	Rwanda	1
Bhutan	2	Iran	422	Saudi Arabia	1
Bolivia	31	Iraq	30	Scotland	104
Bosnia-Herzegovina	22	Ireland	409	Senegal	59
Brazil	1,324 (19)	Israel	543	Serbia &	
Bulgaria	519	Italy	9,706 (4)	Montenegro	9
Burkina Faso		Ivory Coast	23	Serbia	35
(Upper Volta)	59	Jamaica	8	Seychelles	1
Burma	4	Japan	2,934 (11)	Sierra Leone	5
Burundi	1	Jordan	3	Singapore	33
Byelarus	4	Kampuchea	6	Slovakia	40
Cambodia	4	Kazakhstan	34	Slovenia	
Cameroon	25	Kenya	9	(post 1991)	39
Canada	3,682 (8)	Kuwait	4	South Africa	483
Canada (Quebec)	268	Kyrgyzstan	8	Spain	4,097 (7)
Cape Verde	2	Lao (Laos)	1	Sri Lanka	76
Central African		Latvia	28	Sudan	1
Republic	2	Lebanon	60	Surinam	2
Chad	5	Libya	1	Sweden	1,538 (17)
Chile	159	Liechtenstein	12	Switzerland	1,229 (22)
Colombia	151	Lithuania	18	Syria	30
Commonwealth		Luxemburg	140	Taiwan	243

Country	Films
of Independent States	45
Congo	3
Costa Rica	11
Croatia (post 1991)	46
Cuba	335
Cyprus	17
Czech Republic	268
Czechoslovakia	2,471 (12)
Democratic Republic of Vietnam	5
Denmark	1,061 (24)
Dominican Republic	7
Ecuador	10
Egypt	170
El Salvador	2
England	63
Estonia	30
Ethiopia	7
Federal Republic of Yugoslavia	6
Finland	663
France	13,656 (2)
Gabon	8
Georgia (Republic)	21
German Democratic Republic	741
German Federal Republic	5,460 (5)
Germany	4,646 (6)
Ghana	20
Gibraltar	1
Great Britain	13,285 (3)
Macao	2
Macedonia	16
Madagascar	6
Malaysia	31
Mali	24
Malta	5
Martinique	6
Mauritania	1
Mauritius	1
Mexico	1,271 (20)
Moldova	2
Monaco	4
Mongolia	29
Montenegro	10
Morocco	103
Mozambique	11
Namibia	2
Nepal	4
Netherlands	1,014 (26)
New Zealand	273
Nicaragua	13
Niger	14
Nigeria	40
North Korea	9
Northern Ireland	29
Norway	562
Not Known	1
Pakistan	37
Palestine	19
Panama	16
Papua New Guinea	5
Paraguay	5
People's Republic of China	771
Tajikistan	9
Tanganyika	3
Tanzania	2
Thailand	223
Togo	2
Trinidad & Tobago	4
Tunisia	114
Turkey	302
Turkmenistan	3
Ukraine	24
United Arab Emirates	10
United Arab Republic	27
United Germany	2,967 (10)
Uruguay	41
U. S. A	45,030 (1)
U.S.S.R	2,147 (13)
Uzbekistan	7
Venezuela	159
Vietnam	63
Virgin Islands	1
Wales	61
Yemen (Republic)	1
Yugoslavia	1,613 (15)
Zaïre	3
Zambia	2
Zimbabwe	27

* (괄호)는 상위권 국가 순위 : 누계 천편 이상 보유국 기준.

〈 표 11. 국가별 영화누적 통계 : 1900-2007 〉[6]

자료에 따르면 108년간 세계 극영화 제작총수는 124,051편[7]이었다. 국가별 영화제작 실제 편수(篇數) 역시 표에 나타난 수치를 훨씬 웃돌 것이다. 지명도와 인기도가 반드시 일치하지 않는다는 데 주목하고 또 자료 선별기준이 명확하지 않다면 수치의 '적합성'도 의심스러울 수밖에 없다. 이러한 한계는 남북한 수치 차이만 보더라도 잘 나타난다. [436 : 9]란 역조뿐 아니라 실(實)제작편수의 절대 잔여분은 반영되지 않았기 때문이다.

그러나 이같은 한계(인종주의적 편견까지 포함하여)를 감안하더라도 이 수치는 위의 몇 가지 가설적 사고를 잘 뒷받침한다(이 자료는 인구와 국토 면적 혹은 그에 따른 정치 · 경제 · 문화 · 종교 · 예술적 차이를 고려하지 않고 1국가 1영화권의 절대기준을 적용한다. 따라서 병렬적 등위 차이가 실제와 편차를 보인다는 사실도 고려대상에 넣어야 한다). 영화의 양적 추적에서도 미국은 단연 압도적 우위를 점한다. 2007년 말 현재 45,030편 이상이 이미 국제시장에 등재되어 있는 만큼 헐리웃의 막강함은 별다른 설명이 필요 없을 것이다. 미국을 제외하고 나면(1,000편 이상 보유 국가들 가운데) 상위권 10개국에 포진하는 국가들은 '프랑스-영국-이탈리아-독일[8](통일 이전)-스페인-캐나다-인도-(통일)독일-

6) [*FILM INDEX INTERNATIONAL*] → http://fii.chadwyck.co.uk/film/search

7) 영화의 지정학적 변인들은 국가 명칭의 변동만큼 중요한 요소다. 그럼에도 불구하고 영화의 콘텐츠는 이에 쉽게 비례하지 않는다. 이 수치는 지정학적 변인과 국가 명칭의 변동을 감안하여 중복 부분을 제외한 실 제작편수만을 의미한다.

8) 여기까지는 앞서 Sorlin의 분석에 나타난 4개국 국가우위와 일치한다.

일본' 순으로 나타나고 다음으로는 '체코슬로바키아-소련-폴란드-유고슬라비아(분리독립 이전)-오스트레일리아-스웨덴-헝가리-브라질-멕시코-오스트리아-스위스-홍콩-덴마크-벨기에-네덜란드' 순이다.

특히 눈에 띄는 현상은 세기의 전환기를 거치며 세계 영화 메이저 국가 판도가 일부 바뀐다는 점이다. 그 중 두드러진 건 세기말까지 우위를 점하던 (분리독립 이전) 체코슬로바키아와 소련의 퇴조이고, 이를 대신한 캐나다와 인도, 일본의 대약진이다. 캐나다는 최상위 10위권 내에서 순위의 일부 상승만 돋보였지만 인도와 일본의 눈부신 영화성장은 가히 공격적이다.

무엇보다 인도는 11년(1996-2007) 사이 두 배 이상 괄목할 만한 영화의 양적 성장을 보임으로써 아시아권내 대표 주자로 올라선다. 이같은 공세적 특징을 찾기란 쉽지 않다. 또한 같은 기간 내 1,000편 제작의 메이저권으로 진입한 국가들 가운데는 '(통일)독일 · 오스트리아 · 스위스 · 홍콩 · 덴마크 · 벨기에 · 네덜란드'를 꼽을 수 있다. 특히 통독은 국가통합 이후 강력한 시너지 효과를 드러낸 대표 사례로 10년 사이 무려 네 배 이상 성장한다. 뿐만 아니라 큰 국가들보다 유럽과 아시아의 작은 문화강국들이 영화산업에서도 약진한다는 데 주목할 필요가 있다.

그러나 21세기로 진입한 이후에도 아시아의 영화 위축은 여전했다. 일본과 인도 그리고 과거 소련 일부를 제외하고 나면 영화 메이저들 거의가 서구로 편중되는 이유도 굳이 따질 필요는 없을 것이다. 한국은 아프리카와 라틴 일부 그리고 동남아권보다 상대적 우위

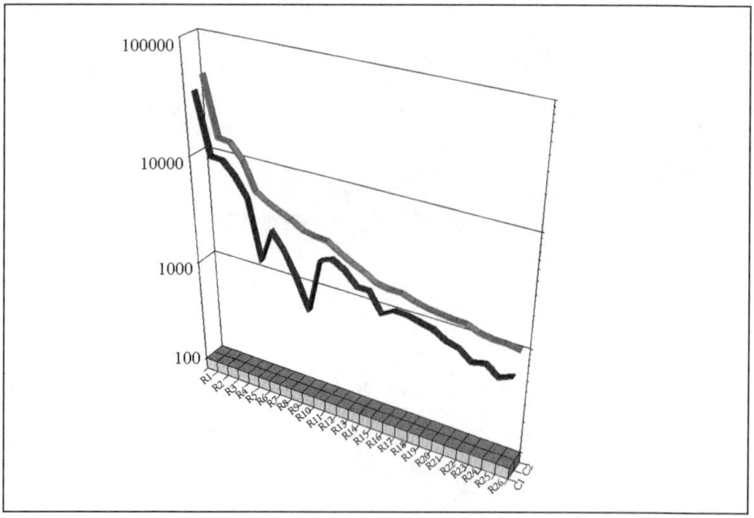

〈 그림 7. 영화 메이저 국가들의 세기 전환기 제작변화(1996 : 2007) 〉

를 차지하지만 아직도 하위권에 머무른다. 이같은 거시변동의 모습을 압축시켜 본 것이 위의 그림이다. 이에 따르면 2007년 말 현재 1,000편 이상 제작편수를 확보한 영화 메이저 국가들의 분포가 세기 전환기에 어떤 편차를 보이는지 알 수 있다. 세기의 전환기를 의식, 특히 96년이란 특정 시점과 다시 한 세대 이후를 임의 선정할 때 그 사이 제작편수의 부침은 어떤 편차를 보이는지 그림은 잘 말해준다. 영화 인프라가 강한 나라는 강한 대로, 진지하고 성실하게 국가의 문화 저력을 비축 · 관리한 경우는 또 그들대로 어떤 전진과 후퇴의 경험을 반복했는지 이를 통해 추론할 수 있음도 물론이다(여기서는 상위 10위권 국가들과 주변 메이저들을 26위까지 병렬화시킴).

그렇다면 한국은 어떤 변화를 겪을까. 논의의 방향을 잠시 틀어

연도	국내 영화편수	외국 영화편수	극장수	실제판매 티켓수	총판매액수(원)
1968	212	50	578	171,341,354	8,674,888,324
1969	229	65	659	173,043,272	10,963,704,884
1970	209	61	690	166,349,541	12,210,733,386
1971	202	82	717	146,303,355	11,719,896,266
1972	122	63	694	118,723,789	9,869,954,670
1973	125	60	662	114,625,241	10,130,657,104
1974	141	39	626	97,375,813	10,091,576,460
1975	94	35	597	75,597,977	12,696,709,222
1976	134	43	580	67,700,738	13,566,132,085
1977	102	42	558	64,928,935	19,910,462,215
1978	117	31	488	72,833,605	28,770,505,815
1979	96	33	472	65,518,581	46,844,135,607
1980	91	40	447	54,671,679	51,465,256,301
1981	87	30	423	44,443,122	48,756,999,858
1982	97	27	404	42,737,086	55,538,453,187
1983	91	23	452	44,036,426	58,411,405,873
1984	81	26	414	43,098,262	59,374,000,655
1985	80	30	443	48,098,262	68,898,486,748
1986	73	51	640	47,278,807	72,489,320,163
1987	89	84	673	48,592,841	79,566,189,658
1988	87	176	696	52,230,524	96,482,771,565
1989	110	264	772	55,306,458	125,587,908,850
1990	111	276	682	53,459,280	139,098,398,807
1991	121	256	762	52,196,654	158,359,237,054
1992	96	319	712	47,110,475	163,510,591,255
1993	63	347	638	48,230,788	178,971,074,542
1994	65	382	629	48,350,326	188,335,393,650

〈 표 12. 한국 극영화의 발전과 변화 : 1968–1994 〉[9]

9) 출처 : Korean Motion Picture Corporation, *'97 KOREA CINEMA* (Seoul, 1997), p. 66.

국내 시장을 들여다 보자. 앞의 자료는 1968-1994년간 한국 영화의 외형 발전과 퇴보의 과정을 극명하게 대변한다. 특히 주목할 것은 영화제작의 기예(技藝)적 발전과 달리 국내 제작편수와 티켓 판매 실수(實數)는 착실히 줄어들고 있는 반면, 수입영화 물량은 크게 늘어난다는 점이다(극장 숫자는 답보).

이는 무엇을 뜻할까. 극장수의 증감과 국내외 영화(국적) 경쟁 구도의 길항(拮抗)은 영화 자체의 완성도와 흥미 혹은 관객 흡인력을 종합적으로 고려할 때 높은 상관성을 갖는다. 재미없는 영화에 관객이 몰릴 리 없고 그 반대 논리 또한 얼마든지 가능하기 때문이다. 그러나 이 기간 동안 외화의 일방 공세와 그에 따른 압도적 우위는 국내 영화의 기술적 · 예술적 인프라 비축과 잠재력 성장을 기다릴 여유조차 없이 휘몰아친 문화의 공격적 세례로 이해하는 게 더 적합할 것이다. 영화의 표피적 영향력과 그에 따른 감각적 침투효과 역시 관객들이 자발적으로 비교 여과할 역량이 있었는지 고려해야 할 일이다. 여기에는 물론 각 정권별 영화정책과 권위주의적 속성 등 헤아려야 할 변수 또한 만만치 않게 개입하는 것도 사실이다.

하지만 외화의 이같은 편향 침투와 국내 정치의 한계가 한국 영화의 정치력과 자체 근력을 은연중 약화시켰거나 혹은 면책시킬 핑계가 될 수 없음은 물론이다. 혹여 억압이 발전의 족쇄였을망정 이를 향해 맞설 수 있는 강력한 잠재력이 영화진영 내부에서 추동되지 않았던 까닭은 이 대목에서 더욱 선연히 그 모습을 갖추기 때문이다. 반드시 공세적 양상을 띠진 않았으나 세기말, 특히 세기의 전환기에 이르면 그러나 얘긴 크게 달라진다. 그 역시 입체적 분석과 꾸준한

연도	한국 영화		외국 영화		전체 출시 영화 편수
	제작 총계	출시 총계	수입 총계	출시 총계	
1995	64	62	378	307	369
1996	65	55	483	320	375
1997	59	60	431	271	331
1998	43	43	296	244	287
1999	49	42	348	233	275
2000	59	62	404	277	339
2001	65	52	339	228	280
2002	78	82	262	192	274
2003	80	65	271	175	240
2004	82	73	285	194	267
2005	87	83	253	215	298
2006	110	108	291	237	345
2007	124	112	404	280	392

〈 표 13. 세기 전환기의 한국 영화 제작/출시 대비 외국 영화 수입/출시현황 〉[10]

추적이 절실히 필요하겠으나 외화 일변도의 영화 세례와 그에 따른 대중의 감각적 추수(追隨)가 크게 둔화하기 때문이다. 이는 곧 문화 인프라의 상호 지원과 정치를 에워싼 영화 주변의 사회경제적 민주화 열기가 봇물처럼 터져나왔던 까닭이리라.

90년대 중반부터 적어도 10년간 한국 영화시장의 판도 변화에

10) Korean Film Council, *Korean Cinema 2007*(Seoul : KOFIC, 2007), p. 495.

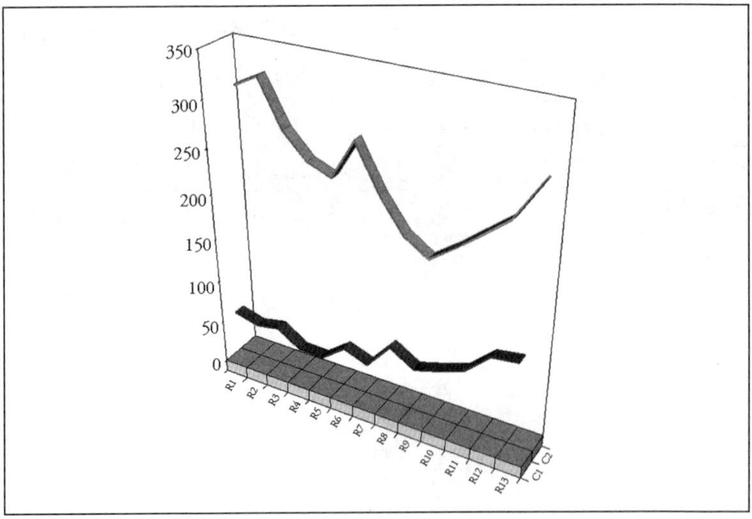

〈 그림 8. 국내 영화 대비 외국 영화 출시편수 연도별 변화 : 1995-2007 〉

렌즈를 들이대자면 지각변동의 골은 곳곳에서 잘 드러난다. 무엇보다 그것은 국내 영화제작과 상영편수의 점진적 증가로 구체화되고 있고 그에 비례하여 외화 도입과 공격적 출시가 눈에 띄게 수그러든다는 점이다. 외화의 절대적 영향력 감소와 국내 영화의 상대적 전진이 주는 의미는 지난 세기의 압도적 문화 편향으로 볼 때 가히 혁명적인 변신이었다. 국가 간섭과 문화통제의 서슬이 완전히 사라진 건 아니지만 이는 사회 전 부문에 걸친 정치심리적 여유와 비판의식 고조, 가구당 소득 증대로 과거의 일방적 피해 수준을 크게 벗어나고 있다는 걸 영화로도 읽을 수 있는 셈이다.

앞의 표는 이를 통계로 잘 반증한다. 수치 변화를 객관화시켜 보면 체감효과는 더욱 커진다. 특히 국내외 작품 제작편수를 고려하지 않고 실제 출시작 기준으로 연도별 변화의 시퀀스를 그려보면 변동 폭의 상대적 조절은 더욱 확연해지기 때문이다.

공급 대비 수요의 현장 경제학으로 이 현상을 파고들면 얘긴 더 흥미롭다. 막상 관객들은 언제 얼마나 극장에 모였고 또 실제 티켓을 구매했는지 현미경을 들이댈라치면 관심과 흥미의 빨판은 국내외 영화별로 엄연히 갈라진다. 연도별 증가와 감소의 급진성은 위에 살펴본 제작과 출시 양상과 달리 두 진영에 걸쳐 달리 나타난다. 다음 표는 이를 잘 말해준다.

우선 두드러지는 현상은 관객들이 세기의 전환기 동안 국내 영화에 보인 관심과 열정의 혁명적 신장이다. 1995년 대비 2005년 경우만 하더라도 티켓 판매 액수는 무려 열세 배 이상 늘어났고, 이같은 전환 조류가 때마침 세기말을 기해 불붙기 시작했다는 건 우연의 기획치곤 너무나 역사적인 희화성을 지닌다. 게다가 한 해도 빠짐없이 신장세는 놀랍도록 불어났고 추이의 미래 또한 낙관적으로 기대할 만 하다는 사실도 이례적이다.[11]

이에 반해 외국 영화를 선택한 관객의 경우는 극히 예외적이다. 완만한 상승세를 지속하되 소폭 감소 경향 또한 보이기 때문이다. 물론 수요의 열정이 공급 진영의 영화적 진정성을 반드시 반증하는 것도 아니고 양과 질이 결코 등가적으로 평가될 수 없다는 사실도 감안해야 할 것이다. 하지만 이는 과거의 한국 영화문화를 의식할 때 매

11) 하지만 그 외형의 팽창이 영화적으로 뭘 뜻하는지는 전혀 별개의 문제다.

우 흥미로운 현상임이 분명하다. 그만큼 관객들의 자발적 여과능력과 작품 선호의 변화가 뚜렷해졌고 문화의 공간 이동 역시 먼 나라 얘기가 아님을 뜻하기도 했다.

여기서 각별한 사실은 양측의 영화 선호, 즉 어느 진영의 영화를 관객들이 더 많이 보려 했는지였다. 하지만 공교롭게도 지표 변화는 세기의 전환이 이루어지는 즈음 동시에 이루어진다. 국내 영화팬들의 꾸준한, 그리고 현격한 상승곡선과 외국 영화 선호 인구의 점진적(혹은 완만한) 하향추세가 서로 만나는 시기(時機)가 하필 2000-2003년으로 집약된다는 사실은 일찍이 예측하기 어려운 일이었다. 외국 영화의 국내 시장 점유를 실제 티켓 판매액으로 환산할 때 이 시기는 국내 영화관객들의 열기 고조와 맞물려 과반 독점의 기존 프리미엄을 양보해야만 했던 때와 일치한다. 아래 그림은 이같은 상승과 하강 추이가 어느 시점에 이르러 서로 만나며 엇갈리는지 잘 보여준다. 이제 국내 영화를 선호하는 관객들이 영화시장을 제압하는 상황은 보편화되고 있다. 물론 이같은 추세가 앞으로도 지속될 것이라는 결정적 증거는 없다. 다만 기왕의 추이를 바탕으로 지수 변화를 예측할 때 압도적 성장세의 지탱을 점쳐볼 따름이다. 문제는 이같은 영화의 양적 팽창을 튼실하게 뒷받침할 콘텐츠의 안정적 보강과 흥미의 담보가 성공적으로 도모될 것인지 여부로 모아진다.

한국 영화의 열혈 관객 증가와 달리 외국 영화 선호 관객 역시 비록 점감(漸減)하고는 있지만 안정적 우위를 지탱할 수 있는 여건은 관람 조건의 현저한 개선에서도 찾을 수 있다. 특히 주지하듯, 세기의 전환기에 이르러 분명히 확산되기 시작한 멀티플렉스(복합 상영관)

(단위 : 억 원)

연도	박스 오피스 판매액				총계
	국내 영화		외국 영화		
1995	393	20.4%	1,532	79.6%	1,925
1996	455	22.4%	1,573	77.6%	2,028
1997	600	25.2%	1,784	74.8%	2,384
1998	629	24.3%	1,955	75.7%	2,584
1999	1,128	39.4%	1,734	60.6%	2,862
2000	1,209	34.9%	2,251	65.1%	3,460
2001	2,609	49.8%	2,628	50.2%	5,237
2002	3,068	48.5%	3,259	51.5%	6,327
2003	3,823	53.3%	3,348	46.7%	7,171
2004	5,048	59.4%	3,450	40.6%	8,498
2005	5,277	58.8%	3,704	41.2%	8,981
2006	5,917	63.9%	3,340	36.1%	9,257
2007	–	50.8%	–	49.2%	–

〈 표 14. 국내 영화 대비 외국 영화 티켓 판매액 연도별 변화 : 1995–2007 〉[12]

문화는 극장이 냄새나고 침침한 공간이 아니라 기회가 되면(아니 기회를 만들어서라도) 다시 찾고 싶은 곳으로 사람들의 생각을 바뀌게 만든다. 그리하여 영화 관람은 쾌적하고 편안하며 이승의 행복한 도피

12) Korean Film Council(2007), *op. cit.*, p. 496. 2007년 국내외 영화 티켓 판매총액은 『연감』 발간 당시 미집계.

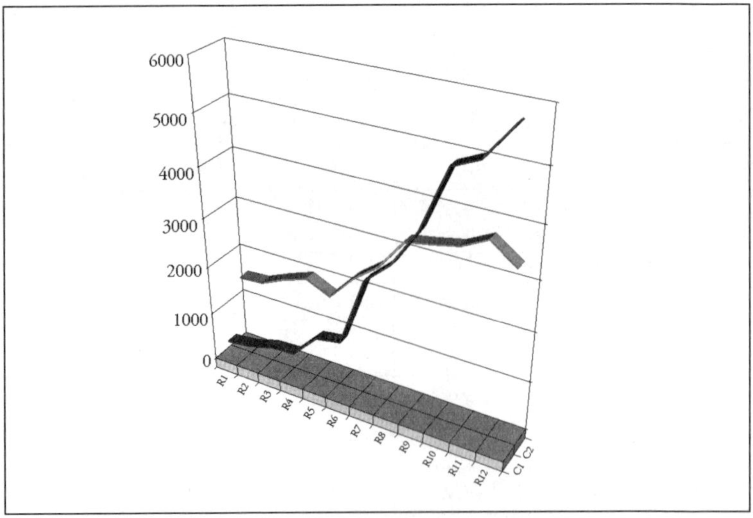

〈 그림 9. 세기 전환기 국내 영화 대비 외국 영화 티켓 판매액 연도별 변화 〉

행위로 인식시키는 데 크게 기여한다.

다음 표는 이러한 조건 변화를 통계로 잘 말해준다. 특히 눈에 띄는 건 복합 상영관 본래 취지에 맞춰 이제 [1극장 1작품] 상영시대가 가고 한 건물에서 여러 편을 동시 감상하거나 같은 작품 역시 다양한 시간대를 골라 관람할 수 있게 되었다는 점이다. 이같은 변화는 기왕의 개봉 · 재개봉관 등 하드웨어의 강제 선택과 그 물리적 우열을 무너뜨리는 방향으로 영화문화를 재구성한다.

한편, 극장수는 전체적으로 줄더라도 관람의 실질 공간, 즉 스크린 물량은 대폭 늘어남으로써 영화 공급과 수요의 경제학을 다시 쓰게 만드는 효과도 커진다. 스크린 증가는 객석 증가를 자연 담보했고 객석의 증가는 고품질 · 고가의 소프트웨어 공급을 더욱 재촉하

연도	극장수	스크린 물량	객석수
1995	577	577	N/A
1996	511	511	N/A
1997	497	497	N/A
1998	507	507	181,512
1999	373	588	194,677
2000	373	720	196,928
2001	344	818	239,096
2002	309	977	240,652
2003	280	1,132	256,983
2004	302	1,451	297,584
2005	301	1,648	322,110
2006	321	1,880	356,691
2007	348	2,058	서울(238,755)

〈 표 15. 세기 전환기의 국내 극장 숫자 대비 스크린 물량 대비 객석 증감현황 〉[13]

게 마련이었다. 모든 것이 자동적으로 이루어지는 건 결코 아니었다. 배급구조 강화와 다변화, 작품 선정의 치열한 고뇌와 관객 취향의 예측 및 복합적 홍보전략 등이 당연히 뒤따랐고 관람 계층의 다양화 역시 진지하게 고려해야 할 사전 변수로 떠오른다.

---

13) *Ibid.*, p. 497. 2007년 객석 총수는 『연감』 발간 당시 미집계(서울의 멀티플렉스 통계만 산입).

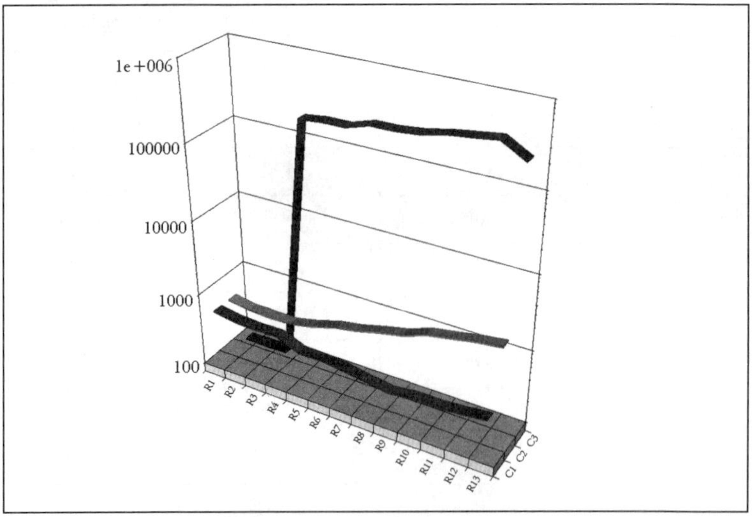

〈 그림 10. 국내 극장 증감률과 스크린 물량 대비 객석 증가현황 : 1995-2007 〉

무엇으로 객석을 채울 것인지의 단기 전략이 아니라 어떻게 안정적인 관객동원을 예측 · 담보할지가 문제의 핵이었다. 쾌적한 관람 조건에 발맞춰 이를 둘러싼 실질적 정책 대안이 고민의 상수로 자리하면서부터 한국 영화의 예술성과 대중성, 나아가 정치성마저 치밀하게 따져봐야 할 대상이 되었음은 재론의 여지가 없다. 이같은 외형적 영화 물량 증가는 사실상 한국 영화의 인프라 보강과 동시에 영화 자체의 장르 분화나 콘텐츠 강화라는 양대 축을 중심으로 부담의 부피를 더해가고 있다. 무엇을 영화로 만들 것인가, 그리고 그 확산과 수용은 예술적으로 또 사업적으로 어떻게 숙성시킬 것인가. 이는 이제 한국의 영화현실이 피하지 못할 대상이 되고 있는 것이다.

책에서 그다지 강조하려는 영화의 정치성이나 나아가 정치영화의 활성화란 것도 따지고 보면 한국 영화발전이라는 거시목표를 의식한다면 단지 하나의 곁가지에 불과할 것이다. 그림에 나타난 것처럼 영화 객석의 혁명적 증가 속에서도 정치영화가 동원할 수 있는 감동의 실제 부피란 따지고 보면 전체 속의 부분, 즉 공존 가능성의 한 단위로만 인식할 수 있을 것이다.

이제 다시 논의의 흐름을 되찾자. 세계영화 정치경제학에 나타난 뚜렷한 국가 차이는 그렇다면 뭘 뜻할까. 영화 메이저와 국력의 메이저가 상대적 친화력을 발휘하는 구체적 동인은 뭘까. 이들 물음에 거꾸로 답을 찾는다면 답의 실마리는 이미 한쪽 손에 쥐는 셈이다. 미국 영화와 유럽 영화의 우위성. 양이 질을 결정한다는 일방 명제는 늘 '진'일 수 없지만 살벌하고 무자비한 세계 영화시장에서 적어도 이들 다섯 나라 영화의 압도적 우위에 스민 힘의 실체는 그들 국가의 정치경제적 우위로 설명할 수밖에 없다. 세기가 바뀌어도 여전히 탄탄한 저력은 이같은 사실을 잘 뒷받침해 준다.

다시 단순화시키자면 혁명과 전쟁을 경험한 모든 국가들이 영화 메이저가 될 수 있었던 건 아니다. 그러나 적어도 급격한 정치변동을 경험한 민족국가와 이를 토대로 발전한 시민국가의 경우 사회발전과 문화촉진 요인들은 거의 예외 없이 영화가치를 축적 · 재생산하고 해당국가의 경제잉여는 예술 영역에서마저 성공한다. 그러나 영화적 상상의 세계는 환경에 의해 자동 조종되는 게 결코 아니다. 왜냐하면 질에 따른 양의 무의미화, 즉 통계상의 우선순위를 뒤엎을 수 있는 내면의 차이 역시 얼마든지 드러날 수 있기 때문이다. 그건 어느 국가든 적용할 수 있는 문제다. 주관적 감동 크기와 대중적 설득력까지 정량화하자면 순위 결정이나 차별화란 무의미하기 짝이 없을 것이다.

영화적 경쟁과 그 상대적 우위에 따르는 숱한 쟁점들은 자본주의 영화제작이란 주제를 둘러싸고만 진행되지 않았다. 영화와 이데올로기의 길항, 좌우 이념 간 갈등, 인종주의와 제국주의 편견 등 다양한 문제들이 파생될 수 있었다. 미국과 유럽의 영화 이분법이 강요하는 문화적 독소조항과 또 다른 문제들로 말이다.

이제 한 가지 유의미한 분석과 마주하게 된다. 대릴 친은 영화제작을 둘러싼 인종 간 편견과 이데올로기 대립이 막상 영화와는 전혀 관계없는 권력문제를 야기하고 끝내 권력이 영화를 무력화하는 최악의 무기로 탈바꿈한다는 데 주목한다.

그는 이렇게 말한다.

> 논의의 쟁점이 된 하나의 안건은 곧 제작될 영화, 올리버 스톤 각본에 마이클 치미노 감독의 「용띠 해」(*Year of the Dragon*)였다. 많은 사람들이 이 영화가 만들어진다는 사실 그 자체에 분개했으며 제작을 그만두라는 항의를 해야 한다고 했다. 결국 그 제작진들을 만나 대본수정을 요구할 계획까지 세웠다. 그런데 이 「용띠 해」에 대한 격분에서 재미있는 한 가지 사실은 그 격분이 매우 추상적이란 점이다. 아무도 감독이 누군지, 각본을 누가 썼는지, 그리고 누가 주연을 하는지 모르는 듯했다. 영화에 관해 알려진 유일한 사실은 그 영화가 원작이 있으며, 뉴욕 차이나타운에서 벌어지는 불법 마약거래를 다룬다는 것이다. 이들은 이런 추측을 했다—그 영화는 인종차별적일 것이며, 분명히 차이나타운의 죄악상에 대해 틀에 박힌 묘사를 반복할 뿐이며,

아시아의 위험이자 뿌리 깊은 부패인 당파전에 휘말린 교활하고 사악한 중국인이란 판에 박힌 형상화를 할 것이다. 아직 만들어지지도 않은 이 영화를 놓고 토론하느라 들인 시간과 정열은 가히 놀랄 만했다. … 「용띠 해」는 완벽한 흥행실패를 기록했다. 시위가 효과를 거두었기 때문인가. 아니면 영화가 좋지 않아 비평가들의 주목을 받지 못한 가운데 혹평만이 입에서 입으로 전해졌기 때문일까. 이 영화제작에 쏟은 관심이 과하게 보일지도 모르나 이는 매체가 지닌 정치적 특성이란 논리를 충실히 따른 것이었다. 이 논리 때문에 사회활동가들은 그들이 어떤 미학적 입장을 취하든 매체예술을 권력 비슷한 걸 손에 넣는 지름길로 파악하고 매달린다. 이 권력 비슷한 것은 예술이든 아니든 사회정치적 효과란 면에서 측정될 수 있기 때문에 항상 논쟁거리가 된다. 너무 자주 사회적 이유로만 예술과 관련을 맺은 것들은 예술을 단지 선전으로 격하시켰다. 좌익 활동가들은 이데올로기적 관점을 취한 채 예술이 즐거움을 주어야 한다는 목적을 부정하려 드는데, 그 이유는 예술의 의미는 선전이란 그 의심스런 믿음 때문이다. 반면에 우익 활동가들은 저들이 예술의 의미를 선전으로 격하시킨 걸 대번에 알아보고 즐거움을 주어야 한다는 예술의 목적을 중요시한다. 그러나 믿기 어려울 정도로 퇴행한 관점으로 관념적 삶을 묘사함으로써 수용자들에게 기쁨을 주려 한다면 이 또한 예술을 격하시킨 것이다. 자, 이제 분명한 사실들을 말해보자. 영화가 예술형식인 것은 사실이지만 모든 영화가 다 예술작품은 아니다. 영화에는 다양한 유형이 있다. 예를 들어 교육용 영화나 과학영화 등등. 이런 영화들의 성패가 우리의 미적 감수성을 고양시키는 데 달려 있지는 않다. 전하고자 하는 바가 잘 전달되기만 한다면 그 영화는 잘된 영화다. 그러나 우리가 영화를 예술작품으로 바라보고자 한다면 그 영화에는 우리의 상상력을 발휘케 하는 그 무언가가 있어야만 된다. 영상미라든가 정서적 효과, 재치 그리고 단지 녹화물 수준을 넘어 영화의 경지에 이르게 하는 그 무언가 말이다. 그러나 영화는 여러 매체들 사이에서 태어난 혼혈아이기에 복합성을 지니며, 그 때문에 어떤 영화를 특별하게 보이도록 하는 요소를 정확하게 알아내기 힘들 때가 종종 있다. 바로 이 때문에 여태껏 진행된 영화에 관한 언술들이 그토록 복잡하고 파악하기 힘들었던 것이다.[14]

초점은 이제 분명히 드러난다. 영화를 상상의 세계로 승화시키는 예술적 요소와 이를 좌우에서 견제하는 전략들이 서로 얽혀 있는 상황. 그것이 바로 영화가 서 있는 정치적 조건이다. 어쩔 수 없이 '운명적'이란 형용사가 허용되는 지점도 바로 이 대목이다. 영화의 정치 전략을 구사하는 사람들 모두는 이제 이데올로기 거점을 강하게 의식하거나 전술적으로 의존할 이유가 사라졌다고 자각한다. 대릴 친처럼 오히려 영화마저 권력의 도구로 전락해 버리거나 의도치 않은 정치적 합리화 수단으로 활용되기 쉬운 새로운 정체를 만들어낸다. 이 상황 속에서 영화환경이 영화 그 자체를 침해할 수 있다는 역설이 등장한다.

그렇다면 이를 가장 잘 감지하는 당사자들은 누굴까. 그것은 바로 영화의 구성단위 그 자신들이다. 그들이 누구보다 이같은 사실을

---

14) 대릴 친 지음/박소영 옮김, "헐리웃 멜로드라마와 적/우방으로서의 한국인과 월남전의 재현문제," 『외국문학』 제34호(1993년 봄), pp. 64–66, *passim*.

잘 인식하고 문화환경의 한계를 자각하며 동시에 자본화시킬 수 있는 예술적 저력마저 길러온 셈이다.

무엇을 어떻게 배합해야 영화적 상상력을 키울 수 있는 걸까. 그리고 정치적 활용 계기를 적절히 차단하고 예술적 자본동원에 성공할 수 있을까.

V

권력 · 섹스 · 영화의 서로 훔쳐보기

1

폭력과 육체의 탐닉

감각의 과잉

영화제작의 전략적 동기는 곧 영화의 유통효과와 직결된다. 영화의 사회적 인정이 줄어들 경우 그것은 바로 자신들의 정체 소멸과 직결되기 때문이다.[1] 따라서 그들 각자가 생각하고 행동하는 생활세계는 곧 영화의 새로운 사회관계를 꾸리는 요인이 된다. 한 편의 영화를 제작하는 데 왜 그렇게 많은 인적 · 물적 요소들이 투입되어야 하는지[2]는 이같은 사회문화적 책임 측면에서 답을 찾아야 한다는 게

1) Robert Gustafson, "Film and Labor : What the Credits Mean," Sari Thomas, ed., *FILM/CULTURE : Explorations of Cinema in Its Social Context*(Metuchen, N.J. : Scarecrow Press, 1982), pp. 77–80.

이제까지 영화정치학이 추구한 모럴의 기본이다.

그러나 현실은 규범과 모럴의 명령에 충실하지 않았다. 아니 그 요구에 전면 부응하지 않았다. 도리어 빠른 자본회전과 용이한 재투자 경로 등 문화 세속주의에 거꾸로 지배당하거나 영화가 새로운 자본축적의 지름길일 수 있다는 허구적 믿음까지 유포시킨다. 규범과 도덕률이 행동의 절대준칙이 될 수 없는 경우는 영화의 정치화 과정에서도 예외가 아니다. 그래서 대릴 친의 담론은 여기서도 중요한 울림 효과를 갖는다.

모든 영화가 다 좋은 영화일 수 없다는 사실은 영화의 사회적 책임이 모든 작품에 골고루 담보될 수 없음을 암시한다. 이미 지적한 대로 세기말 모럴이 갖는 위력은 극히 약했다. 자기 정화의 단서 또한 존재하지 않았다. 이같은 사실을 보다 분명히 이해하기 위해 다음과 같이 그 한계를 그려볼 수 있을 것이다. 모든 영화가 좋은 영화일 수 없듯 모든 영화가 나쁜 것도 아니다. 이 상반된 논리가 중요한 시대의 경구로 다가오는 이유는 모든 (아니 앞으로 만들어질 영화까지 모두 포함하여) 영화의 사회기능과 정치적 역할을 규명해야 할 책임이 모두에게 담보되기 때문이다. 이런 이유 때문에 영화가 발휘하는 일정한 감동과 폭력의 양면성을 비교할 수 있어야 하고 영상으로 포장된 움직임과 대사 속 행간의 의미까지 파고들 수 있어야 한다.

---

2) Hans Richter, *The Struggle for the Film : Towards a Socially Responsible Cinema* (ed., by Jürgen Römhild, tr., by Ben Brewster), (Aldershot : Scolar Press, 1986), p. 80, 94, 101.

거듭 강조하건대 공급 진영의 전략적 사고 가운데 최고의 숨은 가치는 자본의 증대(혹은 축적)일 것이다. 투자 이상의 효율을 노리는 상품으로 영화는 예술로 변명되는 매력을 끝까지 포장·두둔할 수 없다. 경우에 따라 자본 추구의 동기는 물론 예술적 명분으로 꾸며질 수도 있을 것이다. 감독의 목표와 제작자의 목표가 반드시 일치하는 건 아니기 때문이다. 그러나 감독이 제작자의 의도와 완전히 동떨어져 자율성을 누리진 못한다는 점에서 자본 자체를 직접 투자하는 진영 만큼 적잖은 한계를 느끼는 건 사실이다.

자본의 유혹과 부담을 극복할 수 있는 유일한 대안은 영화가 예술의 한 장르일 뿐이란 사실을 재확인하는 일이다. 그것은 곧 제작자의 투자명분을 구성하는 좋은 빌미가 된다. 좋은 영화로 평가될 수 있는 영화적 상상의 자극. 그리고 영화의 작품성 제고. 이 두 가지 영화적 임무는 여러 가능한 자원을 동원하도록 자극한다. 특히 대표적인 것이 '권력'과 '성'(性)이다. 여기서 권력이란 좌익 일반이 호소하는 반계급적 이미지로 파악할 수도 있고, 우익 전반이 눈치 보거나 가능하면 업혀 합법적으로 지원받고자 의식하는 대상일 수도 있다. 하지만 여기서 성공적 상상의 촉발요인으로 인정받는 경우란 그리 흔치 않다. 이 경우 권력은 지지와 찬양의 대상이 아니다. 그것은 이유 있는 비판과 무자비한 영상 공격의 오브제로 바뀌기 쉽다. 비판과 공격의 근거를 예술적으로 승인할 때 미학적 효과 역시 극대화된다. 누구나 공격과 비판의 선봉에 설 수 없는 일이고 보면 그건 영화적 상상의 좋은 지표가 된다.

정치적 비판 욕구가 영화적 공감과 간접 경험을 담보할 수 있다면 성은 매우 식상하다. 그러나 권력보다 더 강한 충격과 탐닉효과를 동원할 수 있다는 점에서 성은 자본주의 영화 최고의 함정이다. 영화가 자본의 급속한 회전을 위해, 그리고 재투자의 자구책으로 쉽게 퇴행해 버리고 마는 이유도 여기 있다. 얼마나 그리고 어디까지 육체를 영화도구로 활용할 것인가. 이 물음은 영화적 화두로는 이제 고전이다. 포르노가 영화인지 아닌지 다툴 정도로 성의 영상화는 상상의 범주를 벗어나고 말았다.

권력과 성은 그래서 모두가 인정할 수밖에 없는 매력의 단위이자 전략대상이다. 모두를 긴장시키고 상호 견제하도록 자극해 왔던 것 또한 사실이다. 영화의 정치화 과정에서 제작 주체가 부딪치는 마지막 한계는 바로 권력의 영화 공격 강도를 어떻게 견뎌낼 것인지의 문제다. 통제와 검열의 회피. 이것은 언제나 이데올로기와 정치노선의 문제로 돌변할 여지를 숨긴다.

하지만 더 중요한 것은 법과 질서를 핑계로 성을 통제하고 성을 상상의 자극요인으로 채택하는 영상의 동기마저 흉계라고 단죄하는 권력의 의도를 가려내는 일이다. 무엇 때문에 권력은 성을 긴장대상으로 몰고 가는 걸까. 그리고 성은 이에 굴하지 않고 어떻게 그 거침없는 원색의 향연을 지치지 않고 준비하는 걸까. 이들 양자의 긴장 속에 쾌락과 행복을 키우려는 인간의 동물적 이미지는 왜 끝없이 영상화되고 있는 걸까.

적어도 단서 하나는 찾을 수 있다. 권력의 성 통제나 성의 권력 공세에 내재된 본질은 폭력이란 점이다. 영화를 정통성 유지나 권력 확산을 위한 도구 정도로밖에 생각하지 않는 권력의 입장에서 영화의 반란은 묵과할 수 없는 행위로 간주된다. 아울러 당연한 지배대상으로 문화의 일개 단위를 형성하는 영화의 가시적 저항도 저항이려니와 자신들보다 훨씬 더 호응을 불러일으키는 영화가 일종의 시기를 자아내는 이유도 이해 못 할 바는 아니다.

권력은 영상이 더욱 대중적 매력을 발산하고 있다는 사실에 외적으로 흔들리지 않는다. 아니 의식의 흔적조차 남기려 들지 않는다. 다만 사법통제의 필요로만 권세를 발휘할 뿐이다. 그러나 법의 명분을 들어 성의 도발을 다스리려는 권력의 의도 안에는 다른 불안이 깃든다. 영상이 포착할 수 없는 건 아무 것도 없다는 허구적 믿음. 바로 그 잘못된 믿음이 자리하는 것이다.

가장 충격적인 비밀의 현장은 그리고 구린내 나는 혐오의 공간은 인간의 성기(性器) 안에만 은폐되어 있는 게 아니라 바로 자신들에게 내재되어 있다는 사실을 영상이 일깨워 주기 때문이다. 다시 말해 성의 노골적 반란이 혁명보다 더 폭력적인 이미지로 다가온다는 사실을 가장 민감하게 감지하는 주체는 권력이란 점에 주목해야 한다. 권력과 성의 야누스적 속성은 서로를 숨겨주고 경우에 따라 서로 숨어드는 전략 거점으로 상대의 약점을 충분히 이용할 터전이 된다. 권력을 뒤집으면 성 충동의 끈끈한 점액질과 거침없는 야욕의 편린이 묻어나고 또 다시 성의 치부를 가리면 근엄한 권력이 드러나는 그런 모습 말이다.

그러나 자신의 모습과 너무나 닮아 있음을 감지한 권력의 성 통제전략은 단순히 시기나 질투에 따른 심리적 견제를 넘어선다. 그건 결코 직접적이거나 즉각적이지 않다. 시점을 필요로 하고 반드시 명분을 요구한다는 점에서 이는 정치적이다. 이 점에서 그들 서로는 양성을 공유한다. 여기서 정치적이란 무엇을 뜻하는가. 그건 언제든 자신의 치부를 가리기 위한 대안을 권력이 찾고 법을 이용해 그 동기를 충족시키려 들 때 본연의 사적 의지는 은폐된다는 사실을 의미한다.

아울러 성행위의 노골적 현시가 권력을 무색하게 하거나 나아가 그 충격이 자신의 환부까지 고스란히 비출 때 통제 범위와 강도는 적극 결정되게 마련이다.[3] 권력이 언제 그리고 어떻게 통제할 것인지는 철저한 계산과 대중적 반응을 고려한 다음 결정된다. 그리고 의도치 않은 문화 반발이 집단행위로 연결될 것인지 여부 또한 신중히 고려한다. 여기서 권력이 숨기려 애쓰는 자신의 신중성은 그대로 노출된다. 자신을 닮은 대타적 존재가 필요하던 중 대상이 나타나자마자 이를 철저히 붙잡으려는 건 너무나 당연하다. 영화의 성행위 묘사와 노골적 영상 반란이 시작될 때 이들은 권력에게 더 없이 좋은 통제 명분이 된다. 여기서 영화의 성정치적 고려는 예술적 명분이나 미학적 동기로 변명되고 흔히 거론하는 사회적 책임은 의심스러워진다.[4] 결국 문제는 영화와 권력 사이에 늘 담보되는 일정량의 폭력으로 모아진다. 영화 공급 진영은 한쪽에서 사회적 책임을 늘 의식하지만 이 때

---

3) Tom Dewe Mathews, *Censored : What They Didn't Allow You To See, And Why?* (London : Chatto & Windus, 1994) ; Mark Kermode and Julian Petley, "Road Rage," in *Sight and Sound*, Vol. 7, Issue 6 (June 1997), pp. 16–18.

4) Patrick McGee, *Cinema, Theory, and Political Responsibility in Contemporary Culture* (Cambridge : Cambridge University Press, 1997).

문에 흥미와 자본, 예술적 상상을 잃으려 하지 않는다. 나아가 권력의 위협이나 이로 인한 예비 공포에도 별다른 관심을 기울이지 않는다. 만일 영상이 권력의 엄포나 준엄한 규범에 늘 매료되어 있었다면 얘긴 크게 달라졌을 것이다.

영화는 권력을 두려워하지 않는다. 아니 권력이 영화를 두려워한다. 모든 것을 그대로 드러낼 수 있고 또 고스란히 역사 속으로 끌고 들어갈 수 있다는 효과를 권력은 이미 충분히 학습한 다음이기 때문이다. 영화가 세상의 문화 저력을 키우고 나아가 불붙일 수 있다는 사실은 이처럼 세속권력과 성을 도구화할 가능성을 늘 함축한다. 그리고 이들을 적절히 배합하거나 숨기며 새로운 긴장과 감흥을 준비한다.

결국 성 통제를 명분으로 한 권력의 영화 검열은 영화의 정치화를 자극하는 직접적 계기만 제공할 뿐, 원천적 공포의 확산은 기대할 수 없다.[5] 이때 양 진영 사이의 문화 긴장은 결국 일반대중들이 즐기며 바라보는 또 하나의 사회현상으로 부각된다. 변덕스런 대중의 사회심리는 종종 검열당하는 영화를 향해 동정적 반응을 보인다. 하지만 그들이 직접 문제를 해결하거나 긴장과 갈등을 해소시킬 수 있는 것도 아니다. 따라서 긴장을 이완시켜야 할 최종 역할은 당사자의 몫으로 귀결될 수밖에 없다.

5) Ruth Petrie, ed., *Film and Censorship*, intr., by Sheila Whitaker (London : Cassell, 1997) ; Richard S. Randall, *Censorship of the Movies : the Social and Political Control of a Mass Medium* (Madison, Wisconsin : University of Wisconsin Press, 1970).

영화적 상상을 자극하여 정치성과 예술성의 어느 한 극단만 고집하지 않도록 영상 자체가 사회적 순기능을 발휘하길 기대하기란 그만큼 어렵다. 어느 작품이든 이데올로기의 좌우 편향 사이에서 이용당하거나 영화정치적 전략 거점으로 채택될 수 있는 기회는 의외로 넓다. 의도하지 않은 영화의 폭력화. 권력의 의도적인 폭력 현시(혹은 誇張) 욕구와 잠재적 위협. 영화정치적 긴장 확대와 문화갈등의 편재. 이는 이제 어느 한 단위의 강력한 의지만으로 배제할 수 없을 만큼 보편의 영화문화로 자리 잡았다.

영화사에서 이 현상은 언제 어떻게 본격화될까. 캐긴과 드레이 등은 권력이 영화에 간섭할 명분을 발견한 시기는 1970년대였다고 못 박는다.[6] 그러나 이 시기는 영화 메이저로 미국이 안고 있던 정치적 상황 논리, 즉 월남전 확산과 종결, 보수 정치권의 타락과 정치적 프론티어십의 좌절, 뉴 레프트의 확산과 새로운 아메리칸 드림 등으로 압축된다. 따라서 이같은 정치적 사단을 경험하던 미국이 영화에 어떤 내용을 담는지 거꾸로 추적하는 일은 효율적 단서가 된다.

성의 본격 개방, 마약 · 폭력의 탐닉, 록큰롤의 확산, 밥 딜런이나 우드스탁 페스티발을 거론하지 않아도 지난 시대 미국의 젊음이 고뇌하고 저항했던 일련의 정치적 니힐리즘은 또렷하다. 고민의 편린들이 음악과 영화로, 문학과 미술로 어떻게 분화했는지도 분명히

6) Seth Cagin and Philip Dray, *Hollywood Films of the Seventies : Sex, Drugs, Violence, Rock'n'Roll and Politics*(New York : Harper & Row, 1984).

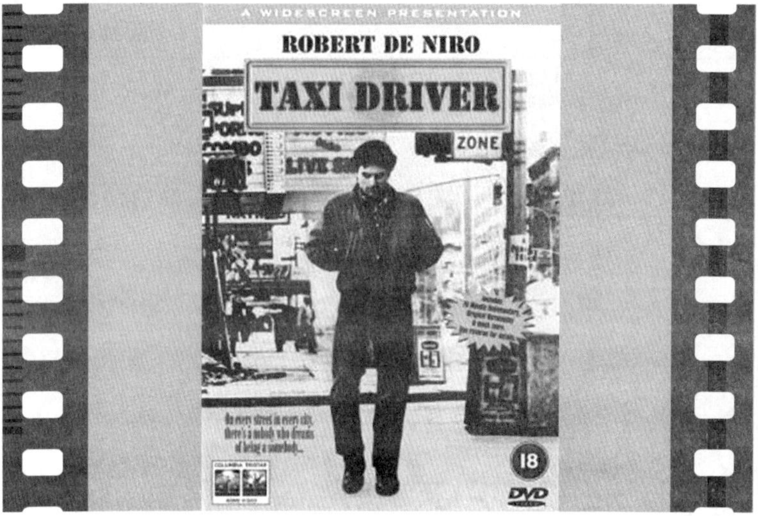

〈「택시 드라이버」/ 마틴 스콜세즈(1976)〉

기억하는 우리다. 영상을 활자매체로 압축한다는 건 상당한 한계를 안지만 필모그라피를 통한 영화사 정리와 정치적 함의 추적을 위해 불가피한 일이다. 그들은 70년대(반드시 70년 이후에 제작된 것들만은 아니지만) 헐리웃 영화가 세계 영화 보편의 준거가 된다고 강조하진 않는다. 다만 70년대의 시대 투쟁과 관련, 미국이 겪은 정치적 고뇌나 충격 파장은 의외로 길었다는 사실을 다시 강조한다.

당대 미국 영화의 정치적 성격을 여섯 가지로 나눈 그들의 방식을 살펴보자. 이를 체계적으로 압축시켜 본 게 다음 표다(여기서는 각 범주별 영화제목과 제작년도 그리고 제작사만 밝혀둔다).

범주(정치적 성격)	제목	연도	제작사
자율성의 추구	*Pathe of Glory*	1957	United Artists/Bryna
	Lolita	1962	M G M/Seven Arts
	Dr. Strangelove	1964	Columbia
	Fail Safe	1964	Columbia
	Ride the High Country	1962	M G M
	A Fistful of Dollars	1964	United Artists
	Bonnie and Clyde	1967	Warner Bros./Seven Arts
	The Graduate	1967	Embassy Pictures
	2001 : A Space Odyssey	1968	M G M
정치적 전복/저항	*Rebel Without A Cause*	1955	Warner Bros.
	The Wild Angels	1966	American International
	The Trip	1967	American International
	Easy Rider	1969	Columbia/Pando/Raybert
관음과 쾌락/ 세상이 보고 있다	*Five Easy Pieces*	1970	Columbia/BBS
	Alice's Restaurant	1969	United Artists
	Bob & Carol & Ted & Alice	1969	Columbia
	Love Story	1970	Paramount
	Carnal Knowledge	1971	Avco Embassy
	Blow Up	1966	M G M
	Medium Cool	1969	Paramount
	Woodstock	1970	Warner Bros.
	Gimme Shelter	1970	Cinema V
	Putney Swope	1969	Cinema V/Herald
	If	1969	Paramount/Memorial Enterprises
	Getting Straight	1970	Columbia
	The Strawberry Statement	1970	M G M
	Zabriskie Point	1970	M G M
	The Last Picture Show	1971	Columbia/BBS
	Hearts and Minds	1974	Rainbow Pictures/

			Warner Bros.
시대의 서사	*M*A*S*H* *Patton* *Little Big Man* *Slaughterhouse Five* *Cabaret* *The Wild Bunch* *Straw Dogs* *A Clockwork Orange* *The Godfather* *The Godfather II*	1970 1970 1970 1972 1972 1969 1971 1971 1972 1974	20th Century Fox 20th Century Fox National General / Cinema Center Universal Allied Artists Warner Bros. Cinerama/ABC Warner Bros. Paramount Paramount
환멸	*American Graffiti* *The Exorcist* *Klute* *The Parallax View* *Joe* *Dirty Harry* *Billy Jack* *Death Wish* *The Conversation* *Chinatown* *One Flew Over the Cuckoo's Nest* *Jaws* *Shampoo* *Nashville* *Taxi Driver* *All the President's Men*	1973 1973 1971 1974 1970 1971 1971 1974 1974 1974 1975 1975 1975 1975 1976 1976	United Artists Warner Bros. Warner Bros. Paramount Cannon Warner Bros. Warner Bros./National Student Film Corp. Paramount Paramount Paramount United Artists/ Fantasy Films Universal Columbia Paramount Columbia Warner Bros./Wildwood
	Annie Hall *The Turning Point* *An Unmarried*	1977 1977 1978	United Artists 20th Century Fox 20th Century Fox

시대의 종말	*Woman* *Kramer VS Kramer* *Coming Home* *The Deer Hunter* *Apocalypse Now* *Reds*	 1979 1978 1978 1970 1981	 Columbia United Artists Universal United Artists Paramount

〈 표 16. 1970년대 미국 영화의 정치화/필모그라피 〉[7]

이들의 노력이 새삼 중요해지는 건 작품을 유형화한 종합적 안목 때문이다. 이들 여섯 가지 잣대는 당대 미국뿐 아니라 세계적으로 파급된 정치 열병의 징후를 진단하는 기준이기도 했다. 일상의 실망과 비상구 없는 절망은 종말론의 전파를 자극하고 폭력과 저항, 환멸로부터의 일탈을 추구하는 독자적 정치행동을 영화 중심에 올려놓는다. 이 작품들은 당대 미국정치와 권력을 이해하는 좋은 도구가 된다. 이들은 제작 당시의 정치사회환경을 극명하게 대변한다. 그들 대부분은 정치폭력과 그에 대한 저항으로 영화폭력이 어떻게 변모해 나가는지를 잘 보여준다. 여기서 영화폭력이란 생생한 정치폭력과 비교할 때(예외적인 경우도 있지만) 예술적으로 순치된 개념이다. 그러나 이들이 사회 전체적으로 동원한 저항의 잠재력은 가늠할 수 없을 정도였다.

비록 혁명적 집단행동이나 가시적 충돌을 야기하진 않았으나 영화의 정치화 과정에 드러난 비판과 불의에 관한 집중적 사타이어

---

7) *Ibid*.

는 권력의 각성을 촉구하고 나아가 그들의 신경을 건드리기 충분했다. 그러나 70년대가 갖는 영화정치학적 의미는 다른 곳에서 새롭게 커가고 있었다. 그것은 무엇이었을까.

2
Queer Politika
포르노의 정치화

영화에서 성적 소수자 문제가 다루어진지는 얼마 되지 않는다. 이들이 '존재하고 있다'는 문제보다 사회적으로 중요한 건 이들을 (전도된 성 정체의 인정 여부에 관해) 어떻게 받아들일 것인지에 관한 정치노선의 선택이었다. 양성공유자의 인권문제도 관심의 또 다른 핵을 이룬다. 뿐만 아니라 성은 이제 생식과 쾌락기능 외에 소수 집단이 기대려는 본능의 기초로까지 인식되기 이른다. 생래적으로 부여받은 원초적 성성(性性)을 인위적 욕망체계로 대체할 수 있는지도 문제다. 한 인간의 성적 욕망체계만이 문제가 아니라 동성애의 향유와 사회적 공개, 복장도착자와 관음주의 유포 등 이제 성적 일탈이 육체적 차별을 어떻게 초월 · 교차하는지 거론된 지는 오래다.

문제는 사회적 공존 여부에 관한 법의학 논쟁이나 정책 빈곤을 질타하는 비판보다 그들을 있는 그대로 받아들일 것인지 여부였다. 대중의 인식은 그러나 그들 스스로 겪는 정체성 혼란보다 더 복잡하고 힘든 문제를 수반한다. 남성과 남성의 항문성교, 여성과 여성의 격렬한 질구(膣口) 마찰, 남성의 여성복 착용과 여성의 남장, 그리고 가학적 · 피학적 성본능을 동시 추구하는 이성애자들의 일탈. 이러한 일련의 기이한 듯 보이는 행태들은 누구에게나 잠재하는 성충동과 이를 억제하는 심리 조절기능이 일상 궤도를 일탈하거나 충동구조 자체를 변형시킬 때 나타나는 일들이다. 또한 이들을 비정상적 인간군으로 내모는 이른바 정상인들의 차별이 유난히 두드러졌던 결과이기도 하다.

이들의 행동을 어떻게 볼 것인지는 따라서 심각하지 않다. 그것은 인간의 성정체성이 성기 외형에서 비롯된다는 오랜 관행을 고집했기 때문에 나타난 혼란의 결과다. 다시 말해 성성 구분 이전에 성기의 차별만 배제한다면 문제는 크게 줄어들 것이다. 남성과 여성이기 이전에 한 인간이었다는, 아니 지금 그들도 인간이란 극히 평범한 사실을 유난스레 배제하는 전략을 포기하고 말이다. 차별전략에 따라 그들의 행동은 어느덧 저들의 괴이한 몸짓으로 변하고 음울한 움직임의 연속은 자칫 하드코어 포르노에서 신물 나게 반복되는 작위적 방출이나 의식적 교성(嬌聲)과 중복되는 양, 왜곡된 모럴을 지속적으로 요구해 왔다. 영화에서 성정치학이 관심의 초점이 된지도 최근이다. 그렇다고 무슨 대단한 사건이나 구체적 계기가 있은 다음부터 나타난 일도 아니다. 그래서 성의 영화화에 무슨 효시니 획기적 사건이니 하는 시간적 추론은 사실 무의미하다.

영화와 성이 자연스레 결합한 것은 결국 권력의 숨은 욕망이 약속이나 한 듯 자본과 눈 맞출 때부터였다. 그들도 처음부터 그리 원색적이거나 노골적인 영상 공습을 시도했던 건 아니다. 영상에서 성의 현시는 성기 노출이나 성행위의 반복을 통한 흥분효과를 노린 게 아니다. 암시와 은유 그리고 유인효과를 통해 플롯 자체를 튼튼하게 유지하려는 의도에서 채택된 것이다.

그러나 포르노의 출현은 이같은 초기 전략을 무자비하게 파괴한다. 포르노의 문법에서 은유와 암시 그리고 간접 유인이란 한낱 감질나고 쓸데 없는 허울에 불과하기 때문이다. 이같은 허울의 배제가 그 자체로 강력한 정치반항의 이미지를 표방하는지 혹은 비판적 텍스트가 될 수 있는지 가늠할 판정기준도 현재 우리에겐 없다. 어디까지나 그것은 인식과 판단의 문제이기 때문이다.

포르노그라피에서 퀴어 컬처는 단순한 도착이나 반사회성만을 표방하지 않는다. 그 속에는 늘 기존의 이성애와 무의식적 성관행에 대한 저항을 통해 독립적 자아를 표출하려 애쓰는 고뇌의 단면들이 더 많이 숨어든다. 하지만 성애에 관한 이성애의 염증이나 권태를 벗

〈 「지옥화」(地獄花)/신상옥(1958) 〉

〈「해피 투게더」/ 王家衛(1997) 〉

어나기 위한 최후의 육체적 선택이 그것은 아니다. 새로운 존재 상태를 향한 몸부림. 대안의 자아형성을 위한 일상의 권태 극복. 두 가지 인식론은 대중사회가 거부하는 새로운 정체성으로 괴상하고 이해하기 어려운 문화로 발전한다. 그래서 성적인 영상이라면 고작 담배연기 자욱하고 흐느적거리는 재즈 속에서 술에 취한 채 응시대상을 잃고 고혹적으로 취객들을 유혹하던 느와르 속 여인[1]이나 60년대엔 기대하기 어려웠던 타이트 실루엣을 거침없이 연기하던 최은희의 「지옥화」(地獄花) 정도가 고작이지만 상황은 이후 크게 달라진다.

1) Jim Cook and Mike Lemington, eds., *Images of Alcoholism* (London : BFI, Educational Advisory Service, 1979).

양조위의 등 뒤에서 미친 듯이 애욕을 즐기는 장국영이나(*Happy Together* 1997) 살아 있는 인간이라고 볼 순 없는 로잔나 아께뜨를 부셔진 자동차 안에서 기발한 체위로 탐닉하는 홀리 헌터(*CRASH* 1996)를 읽을 수 있는 영화. 굳이 왕가위나 크로넨버그 혹은 신상옥 같은 이들을 특화하려는 게 아니다. 이제 어느 작품이든 성행위를 영화의 부분 미학으로 다루지 않고 인간의 중심 언어로 다루게 되었다는 걸 한 번 더 강조하려는 것뿐이다.

〈 홍콩과 중국? 동포라서 사랑하는 게 아니다. 그저 사랑하니까 사랑하는 거다 〉

이같은 사실은 성묘사가 작품 중추를 지배하며 이외의 요소는 주변적 의미만 반영한다고 자칫 왜곡될 여지를 갖는다. 그리하여 오로지 성적인, 너무나 성적인 움직임과 배설의 쾌락만 남을 뿐이라는 극도의 범성(凡性)주의도 입지점을 넓힐지 모를 일이다. 게다가 단순 배설의 쾌락만이 아니라 일련의 도착주의 또한 극단에서 자기중심적 둥지를 틀 소지마저 키우고 있는 게 오늘의 현실이다. 성중심주의가 영화연구에서 어떤 모습으로 뿌리내리기 시작했는지도 추적은 쉽지 않다. 그 역시 스며들고 은연중 물들어간 토픽이기 때문이다. 이 주제는 페미니즘 · 페티시즘 · 레즈비어니즘 · 게이즘 · 호모 섹슈얼리즘 등 다양한 합성절차에 따라 개념의 소용돌이를 헤쳐 나가는 중이다.

섹슈얼리즘이 분화하는 과정 역시 형용하기 어려울 만큼 복잡하다. 특히 영화연구에서 그 담론들을 어떻게 체계적으로 이론화할지도 쉬운 일은 아니다. 이는 기존 연구[2]를 토대로 한 단계 발전시켜야 한다는 퀴어 인정(認定)론과 부정적 이론화의 갈래로 나누어진다는 점도 주목할 필요가 있다. 70년대가 60년대의 열병과 시대 투쟁을 거친 다음 반동의 여파를 고스란히 수용해야 했던 시기였음은 살펴본 바와 같다. 그에 따른 과잉기대와 참여의 폭발이 또 다른 정치적 부담을 권력에 강요하던 그런 때가 70년대였다. 레즈비언과 게이가 출현하고 이들과 끝내 권력이 타협할 수 있었던 이유도 이같은 측면에서 찾을 수 있다.[3]

그렇다고 영화에서 성의 유포가 70년대에 이르러서야 가능했다고 보는 '후퇴론'에도 동의할 수 없다. 성의 암시와 삽입은 이전부터 가능했고 초보적 유혹이라도 매춘을 통한 극적 효과는 1910년대부터 도모되었기 때문이다.[4] 문제는 화면에 얼마나 많은 나신(裸身)과 성애

2) Richard Dyer, *Now You See It : Studies On Lesbian and Gay Film*(London : Routledge, 1990), pp. 228–235.

3) Joan Mellen, *Women and Their Sexuality in the New Film*(London : Davis–Poynter, 1973).

장면들이 겹쳐지는지가 아니다. 그보다는 성의 채택이 갖는 정치효과와 지배전략의 전모를 규명하는 일이다.

1. 영화의 성정치학에서 규범 논리가 강요하는 절제와 자동조절 기제가 작동하리라고 기대하긴 힘들다. 이 가설은 사실로 입증되었고 그같은 맥락의 영화 정치화는 앞으로도 계속될 전망이다. 여기서 영화생산 진영과 소비부문 그리고 통제(검열) 당국 삼자 간의 전략적 제휴는 언제든 왜곡될 가능성이 높다.
2. 영화가 주변의 어느 장르와 강한 친화력을 발휘할 것인지도 논란대상이다. 영화가 문학의 한 분과인지 아니면 사진과 회화, 의상과 조명, 조각과 색채, 음악과 공연예술, 나아가 기하학과 광학(光學) 등 비동시적으로 결합된 복잡하고 애매한 통합예술인지도 문제다. 무엇보다 영화가 가장 먼저 의존할 수밖에 없는 부문은 사진과 조명이다. 그러나 이같은 친화력이 상대의 독자성을 해치거나 고유 가치를 폄훼할 명분은 거의 없다.
3. 사진과 조명의 영화적 친화는 철저한 인과론으로 이해할 수 있다. 운명적 보완으로 그 관계를 포섭할 수도 있다. 왜냐하면 영화의 정지화면은 포토그래핑이고 반대논리 또한 얼마든지 가능하기 때문이다. 따라서 영화와 사진의 직접 결합이나 역할갈등을 조절할 수 있는 기제의 폭은 매우 넓다.[5]

4) James Robert Parish, *Prostitution in Hollywood Films : Plots, Critiques, Casts and Credits for 389 Theatrical and Made-for-Television Releases* (Jefferson, North Carolina : Mc-Farland & Co., 1992).

4. 쟁점의 강도를 높이는 주제는 외설과 예술의 한계설정을 둘러싸고 진행된다. 이때 판정을 가름하는 법적 근거는 물론 권력을 정당화하는 조항들과 긴밀하게 연관된다. 예술과 외설의 경계를 정지화면 형태로 부각시키는 일이 사진에서도 가능하다는 건 거듭 강조할 필요가 없다. 다만 사진의 영화적 친화가 외설판정 시비과정에 늘 담보되고 일정한 부담요인으로 작용한다는 사실을 인지하는 일은 늘 중요하다.[6]

---

5) 양 진영의 예술적 통합을 시도하는 대표적 경우는 미국의 Nan Goldin이다. Goldin은 *The Ballad of Sexual Dependency* (New York : Aperture, 1986) ; *The Other Side* (Manchester : Cornerhouse Publications, 1992) ; Nan Goldin & David Armstrong, *A Double Life* (Zurich : Scalo, 1993) 등을 출간하여 사진의 영화적 가능성을 강하게 암시한 바 있다. 사진이 영화작업에서 전혀 장애요인이 되지 않음을 입증한 몇몇 경우도 영화연구에서 주목대상이다. 다음 영화작품 속에 나타난 그녀의 역할에 주목할 것 : *Empty Suitcases* (1980) –Dir. Bette Gordon (Cast) ; *I Shot Andy Warhol* (1996) –Dir. Mary Harron (Special Photography) ; *Variety* (1983) –Dir. Bette Gordon (Cast) ; *Working Girls* (1986) –Dir. Lizzie Borden (Credits) ; *You Are Not I* (1981) –Dir. Sara Driver (Cast). 한편 Goldin 작업 가운데 영화적 상상을 자극하는 방대한 접근으로는 다음 참조할 것. *I'll Be Your Mirror* (Zurich : Scalo, 1996). Araki와의 공동 작업으로는, *Tokyo Love* (Zurich : Scalo, 1995).

6) 체코의 Jan Saudek과 일본의 Nobuyoshi Araki(荒木經惟)는 여기서 특히 중요하다. 개방은 하였으되 검열권을 전가(傳家)의 보도(寶刀)처럼 여기는 몇몇 나라에 그들 작품을 사회적으로 부각시킨다는 건 아직 꿈꾸지 못할 일이다. Jan Saudek 작품 가운데 특히 다음 참조. [*The Life* (1966) ; *Destiny Walks Down to the River* (1971) ; *Monique* (1988) ; *Who Cares?* (1987) ; *Those Fabulous Schloss Sisters* (1987) ; *Pavla Poses for the First and Last Time* (1987)] in Jan Saudek, *PHOTOGRAPHS 1987–1997* ; *The Knife in Jan Saudek, Love, Life, Death & Other Such Trifles* (Amsterdam : c/o Art Unlimited, 1993) Book Cover on, Lynda Hart, *Fatal Women : Lesbian Sexuality and the Mark of Aggression* (London : Routledge, 1994). 아라끼의 작품을 언어로 표현하기란 퍽 어렵다. 아무리 그의 작업이 예술을 가장한 외설이라 하든 아니면 그 반대로 말하든 그걸 고스란히 믿기란 쉽지 않기 때문이다. 특히 다음

5. 성정치적 고려에 의해 마련된 영화와 권력간 긴장을 해소하는 데 관객들은 기능적 역할을 수행하지 못한다. 관객의 정치성은 불확실하고 가변적이다. 그들은 다만 예술을 외설로 향유하거나 외설(인지 아닌지도 모른 채)을 예술로 오인 · 호도하는 여러 문화 함정을 곁에 둔 채 양자의 경계를 바삐 넘나들 뿐이다.[7]

6. 영화정치학과 성정치학의 결합이 다시 논쟁대상으로 떠오를 가능성은 적지 않다. 특히 퀴어와 포르노의 공존은 끝없는 논쟁을 자극한다. 그들은 이제 정책과 입법으로도 방어할 수 없는 세력으로 성장, 평등과 인간다운 생활을 할 권리를 주장하는 유권자로 자신의 정체를 드러낸다. 문제는 퀴어와 포르노의 존재를 무의식적으로 거부하려는 보수주의와 이에 맞서는 강한 움직임이 뚜렷해지고 있다는 점이다. 양 진영의 잠재적 격돌 가능성이 활성화되고 있는 것이다.

한국은 이같은 현상이 문화의 본류를 침해할 만큼 아직 강하지 않다는 막연한 안도감에 젖어 있다. 그만큼 심각하지 않다고 보는 것이다. 그러나 그들이 분명 세상에 존재하고 있고 일정한 수요의 경제학을 형성하고 있건만[8] 껄끄럽다는 이유를 들어 평등 욕구를 말살하

주목할 것. *ARAKI : TOKYO LUCKY HOLE* (Köln : Taschen, 1997).

7) Yosefa Loshitzky, *The Radical Faces of Godard and Bertolucci* (Detroit, Michigan : Wayne State University Press, 1995), Ch 5.

8) 아직도 음모(陰毛)를 지우거나 자극적 신체부위를 가리는 따위의 성기 콤플렉스에서 벗어나지 못하는 이 나라 당국이 퀴어 영화제 공개를 통제하려 했던 건 오히려 당연했을 것이다. 관련기사로 다음 참조할 것. 《서원대신문》 제360호

〈「크래쉬」/ 데이빗 크로넨버그(1996) 〉

려는 게 오늘 이 땅의 권력이 취하는 자세다. 그것은 분명 문화적 전체주의에 다름 아니다. 성은 타협하지 않는다. 아니 타협되지도 않는다. 그것은 덧없는 도피처를 강력히 요구할 뿐 힘없이 돌아설 만큼 약하지도 않다. 우리는 이 지점에서 또 하나의 그림을 그린다. 그것은 양 극단 사이에 퀴어와 포르노의 입지점을 설정하는 일이다. 그리고 이를 가로지르는 주위의 문화도구로 영화와 문학 그리고 다른 장르들이 이들과 어떻게 공존할 수 있는지 세밀하게 살펴볼 일이다.

포르노에 비해 퀴어의 존재는 아직 약하다. 그리고 커밍아웃의 단서도 포르노의 무자비한 공습에 비하면 얌전한 셈이다. 그러나 슬

(97/09/23 · 火 · 〈12면〉) ; 제361호(97/10/23 · 木 · 〈16면〉).

프지만 불행한 것만은 아니라는 소극적 메시지로부터 절대자유의 선택권은 성적 경계 용해에서 극대화된다는 생각에 이르기까지 퀴어의 이데올로기 분화도 만만치 않다. 또한 외형규모가 포르노에 비해 작다는 단서가 반드시 양자를 대립적 상황으로 몰고 갈 근거가 될 수도 없다. 이들 양자는 영화형식으로 표현할 수 있는 대표적 성 정치현상이며 동시에 비교론적으로 다룰 수도 있다는 점에서 비중은 막강하다.

페미니즘은 성평등 이데올로기를 실천적으로 담보하고 국가별 편차에도 불구하고 남성 우월주의를 크게 후퇴시킨다. 그러나 페미니즘 안에는 투쟁과 거부를 목표로 하는 급진성과 타협이나 공존을 모색하는 점진성 양자가 여전히 위험스레 동거한다. 따라서 자칫 그들이 의도하는 바가 반남성주의로 호도될 수 있는 공백을 허용하고 있어 본연의 민주적 목표를 실현하는 데는 많은 함정이 도사리고 있다. 무엇보다 페미니즘의 전진을 위해 포르노그라피나 퀴어의 존재는 부담스럽다. 그렇다고 그들이 페미니즘 성장을 위해 스스로 길을 터줄 조짐조차 보이지 않는 게 오늘의 현실이다.

영화연구에서 페미니즘이 차지하는 학문적 비중도 포르노나 퀴어 연구에 비해 결코 가볍지 않다.[9] 극도의 배타성이나 그에 따른 성적 자기중심주의를 뛰어넘고 여성우월론 마저 강요하지 않는다는

---

9) Maggie Humm, "Is the Gaze Feminist? Pornography, Film and Feminism," Gary Day and Clive Bloom, eds., *Perspectives On Pornography : Sexuality in Film and Literature*(London : Macmillan, 1988), pp. 69–82.

중용의 지혜까지 페미니즘 영화에 요구한다는 건 사실 무리다. 그러나 페미니즘 본연의 목표가 민주화와 이를 위한 성평등에 있다고 보면 포르노와 퀴어의 문화 단층 사이에 내재하는 사회 긴장을 해소하는 데 페미니즘 영화의 역할은 크다.[10] 하지만 이러한 필요가 실제 현장에서 늘 성공을 거둘 것인지는 미지수다.

페미니즘이 문화 긴장의 중재자로 기능할 것인지 아니면 또 다른 이기주의의 이론적 방어벽으로 변모할지도 불분명하다. 사람들은 페미니즘을 마치 인식론적 순결의 우위를 점하는 양 이해하기 때문이다. 페미니즘 전파에 문화 편견을 유도한 장르들은 이들(포르노그라피 · 페미니즘 · 퀴어) 주변에 수없이 널려 있다. 영화와 주변 장르들은 때로 포르노와 은밀히 교섭하거나 퀴어와 야합하기도 하고, 심지어는 필요한 만큼 페미니즘의 가면을 쓰고 정체의 일부를 호도하기도 한다. 그런 경우는 비일비재하고 장르 경계 역시 무제한적으로 녹아 없어지는 실정이다. 미술과 조각, 음악과 공연예술(연극 · 무용 · 행위예술 등),[11] 의상과 조명 그리고 사진 등에서 이러한 전략 운용과 자기중심적 성정치화 논리가 실로 무성한 게 오늘의 현실이다.

포르노와 퀴어의 문화 반격도 단순히 성 정치학이란 개념 안에서만 이루어질 일은 아니다. 그것은 대체 개념으로 '몸의 정치학'

10) Maggie Humm, *Feminism and Film* (Edinburgh : Edinburgh University Press, 1997).

11) Peggy Phelan, *Mourning Sex : Performing Public Memories* (London : Routledge, 1997) ; Rebecca Schneider, *The Explicit Body in Performance* (London : Routledge, 1997).

(Body Politics)이란 용어와 함께 복합적으로 다루어진다. 페미니즘의 중재나 아니면 격렬한 충돌의 메커니즘을 통과하면서 육체를 오브제로 한 성의 문화 논리는 끝이 보이지 않는 세포분열 중에 있다. 굳이 형용하자면 포르노그라픽 페미니즘 · 안티 섹슈얼 포르노그라피즘 · 포스트 페미니즘 · 안티 페미니즘 · 포스트 포르노그라피 · 포스트 포른 모더니즘[12] · 포스트모던 페미니즘 … . 가없는 개념의 이합과 의미의 집산은 또 하나의 추상과 불가해한 언어분열까지 재촉한다. 페미니즘의 반격과 역습은 영화정치학 논의에서 이미 고전이다.[13] 뿐만 아니라 포르노의 합법화나 성정치적 타협도 문화담론의 한 축을 이룰 만큼 이 문제는 앞으로 나아가고 있다.[14] 아울러 영화에서 페미니즘이나 포르노 그리고 퀴어에 관한 접근은 이제 거부할 수 없는 조류로 가시화되고 있다.[15]

그러나 권력은 늘 뒤쳐진 상태거나 전략적 무관심의 그늘 안에 숨어 있는 형국이다. 영화의 성정치적 실제를 단순 분류하고자 할 때

12) Annie Sprinkle, *Annie Sprinkle : Post-Porn Modernist* (Amsterdam : Torch Books, 1991).

13) Andrea Dworkin, *Pornography : Men Possessing Women* (London : Women's Press, 1981) ; *Life and Death* (London : Virago, 1997) ; Nigel Farndale, "The Body Politics," *The Sunday Telegraph Magazine* (21. Sep. 1997), pp. 12-16.

14) Brian McNair, *Mediated Sex : Pornography & Postmodern Culture* (London : Arnold, 1996).

15) 포르노가 창녀의 초상이란 기존 담론이 계속 옳다면 다음 작업은 영화제작에서 사진이 얼마나 막강한 위력을 발휘하는지 예리하게 암시한다. Erika Langley, *The Lusty Lady : Photographs and Texts* (Zurich : Scalo, 1997).

에도 페미니즘, 포르노그라피 그리고 퀴어는 강하게 부각되지만 아직은 페미니즘이 강하고 영화이론과 실천에서도 평등주의를 지향하는 목소리는 기왕의 권력과 사회 보편의 분위기에 강한 메시지를 던지는 실정이다.[16] 또한 가부장적 권위주의와 정치적 귀족주의의 잔재가 포르노의 사회적 온존을 은근히 독려하는 원인이 된다든지 이를 묵인하는 관음 역시 논의대상이 되고 있음을 잊어선 안 된다.[17]

포르노가 영화 범주에 포함되는지 여부나 그에 대한 권력의 간접 옹호가 어떤 함의를 갖는지도 물론 중요하다. 그러나 그보다 중요한 점은 이에 관한 선입견의 배제와 인식의 정돈일 것이다.[18] 이를 해

---

16) 다음 영화들은 페미니즘 영화의 좋은 준거가 된다. Humm(1997), *op. cit.*, pp. 218–225 ; *Klute*–Dir. Alan J. Pakula(1971) ; *Variety*–Dir. Bette Gordon(1983) ; *Dead Ringer*–Dir. David Cronenberg(1988) ; *A Question of Silence*–Dir. Marleen Gorris(1982) ; *Broken Mirrors*–Dir. Marleen Gorris(1983) ; *Last Island*–Dir. Marleen Gorris(1989) ; *Antonia's Line*–Dir. Marleen Gorris(1994) ; *Daughters of the Dust*–Dir. Julie Dash(1991) ; *Orlando*–Dir. Sally Potter(1992).

17) Gary Day, "Looking At Women : Notes Toward A Theory of Porn," Day and Bloom, eds.(1988), *op. cit.*, pp. 83–100.

18) Jennifer Wicke, "Through A Gaze Darkly : Pornography's Academic Market," in Pamela Church Gibson and Roma Gibson, eds., *Dirty Looks : Women Pornography Power*(London : BFI Publishing, 1994), pp. 62–80 ; Richard S. Randall, *Freedom and Taboo : Pornography and the Politics of A Self Divided*(Berkeley, CA.: University of California Press, 1989) ; Linda Williams, *Hard Core : Power, Pleasure, and the "Frenzy of the Visible,"* (London : Pandora Press, 1990) ; Lynn Hunt, ed., *The Invention of Pornography : Obscenity and the Origins of Modernity 1500–1800*(New York : Zone Books, 1993) ; Helena Goscilo, *New Members and Organs : the Politics of Porn* (Pittsburgh, PA.: Center for Russia & East European Studies, University of Pittsburgh, 1993) ; I. Hunter, D. Saunders, and D. Williams, *On Pornography : Literature,*

소하지 않은 채 숱한 비판과 논쟁적 담론들을 헤아리는 일은 소모적이기 때문이다.

이러한 작업은 퀴어에 관해서도 반복될 필요가 있다. 퀴어의 사회현상은 영화적 접근이나 독자적 문화세력의 정치적 가능성에 앞서 다양하게 분화하는 집단별 정체와 그들의 호칭부터 논의대상이 되기 때문이다.[19] 게이와 레즈비언의 성 의식 차이와 이들을 둘러싼 영화적 접근의 다양성, 그리고 호모 섹슈얼리티의 성 정체 확립을 모색하기 위한 퀴어 집단의 세력화 등은 전환시대의 또 다른 담론구조를 이룬다.[20]

Sexuality and Obscenity Law(Basingstoke : Macmillan, 1992) ; A. W. B. Simpson, *Pornography and Politics : the Williams Committee in Retrospect*(London : Waterlow Publishers, 1983) ; Robert J. Stoller, Porn : *Myths For the Twentieth Century*(New Haven, Conn. : Yale University Press, 1991) ; Daniel Linz and Neil Malamuth, *Pornography*(Newbury Park, CA. : SAGE, 1993) ; Lynne Segal and Mary McIntosh, eds., *Sex Exposed : Sexuality and the Pornography Debates*(London : Virago, 1992) ; Dulan Friar Barber, *Pornography and Society*(London : Skelton, 1972) ; Alison Assiter, *Pornography, Feminism and the Individual*(London : Pluto, 1989) ; Gordon Hawkins, Franklin E. Zimring, *Pornography in A Free Society*(Cambridge : Cambridge University Press, 1988) ; David Hebditch and Nick Anning, *Porn Gold : Inside the Pornography Business*(London : Faber, 1988).

19) William Stewart, *Cassell's Queer Companion : a Dictionary of Lesbian and Gay Life and Culture*(London : Cassell, 1995) ; *Cassell's PINK Directory : Lesbian and Gay Organizations, Business, and Services in the U.K. and Eire*(London : Cassell, 1994).

20) *The Bent Lens : a World Guide To Gay and Lesbian Film*(St. Kilda Victoria : Australian Catalogue Company, 1997) ; Carol C. Gould, ed., *Gender : Key Concepts in Critical Theory*(Atlantic Highlands, N.J. : Humanities Press, 1997) ; Liz Gibbs, ed., *Daring To Dissent : Lesbian Culture From Margin To Mainstream*(London : Cassell,

성 역할 전도와 여성의 정치적 전진은 페미니즘을 키운다. 그러나 페미니즘 성장이 곧 성평등을 정착시킨 절대 근거는 아니다. 아울러 의도하지 않은 행위의 결과로 성정치적 불일치까지 동시에 예견 · 조절할 만한 문화적 힘의 원천일 수도 없었다. 페미니즘이 모더니즘 이후의 영화적 상상을 자극한 중요한 배경[21]일 수 있었으되 성

1994) ; Fred Pfeil, *White Guys : Studies in Postmodern Domination and Difference* (London : Verso, 1995) ; William Burgwinkle, Glenn Man and Valerie Wayne, eds., *Significant Others : Gender and Culture in Film and Literature East and West* (Honolulu, Hawaii : College of Languages, Linguistics and Literature, University of Hawaii and the East-West Center, 1993) ; Valerie Mason-John, ed., *Talking Black : Lesbians of African and Asian Descent Speak Out* (London : Cassell, 1995) ; D. N. Rodowick, *The Difficulty of Difference : Psychoanalysis Sexual Difference and Film Theory* (London : Routledge, 1991) ; Lynda Hart, *Fatal Women : Lesbian Sexuality and the Mark of Aggression* (London : Routledge, 1994) ; Elspeth Probyn, Outside Belongings (New York : Routledge, 1996) ; Carl Miller, *Stage of Desire : Gay The-atre's Hidden History* (London : Cassell, 1996) ; John Champagne, *The Ethics of Marginality : a New Approach to Gay Studies* (Minneapolis, Minnesota : University of Minnesota Press, 1995) ; Clare Whatling, *Screen Dreams : Fantasising Lesbians in Film* (Manchester : Manchester University Press, 1997) ; Susan Rubin Suleiman, *Subversive Intent : Gender, Politics, and the Avant-Garde* (Cambridge, MA. : Harvard University Press, 1990).

21) Elizabeth Bronfen, *Over Her Dead Body : Death, Femininity and the Aesthetic* (Manchester : Manchester University Press, 1992) ; Helen Baehr and Ann Gray, eds., *Turning It On : a Reader in Women and Media* (London : Arnold, 1996) ; Sue Thornham, *Passionate Detachments : an Introduction to Feminist Film Theory* (London : Arnold, 1997) ; E. Ann Kaplan, *Looking For the Other : Feminism, Film, and the Imperial Gaze* (New York : Routledge, 1997) ; Jacqueline Bobo, *Black Women : As Cultural Readers* (New York : Columbia University Press, 1995) ; Ramona Curry, *Too much of A Good Thing : Mae West As Cultural Icon* (Minneapolis, Minnesota : University of Minnesota Press, 1996) ; Marian Meyers, *News Coverage of Violence Against Women : Engendering Blame* (Newbury Park, CA. : SAGE, 1997) ; Pat Kirkham and

정치적 긴장구조를 누그러뜨릴 만한 강력한 문화 이데올로기로 기능하지 못했던 이유도 여기에 있다. 이같은 성정치적 불평등과 문화적 저항수단으로 영화적 표현이 비서구 사회의 성본능 표출에서 어떤 함의를 갖는지는 현재로서 풀기 매우 어렵다. 특히 한국을 비롯한 아시아 사회, 그것도 유교국가군에서 성의 절대평등을 추구한다는 건 사회적 설득력을 얻기 어려운 실정이다.

Janet Thumim, eds., *Me Jane : Masculinity, Movies and Women*(London : Lawrence and Wishart, 1995) ; Lynda Hart and Peggy Phelan, eds., *Acting Out : Feminist Performances*(Ann Arbor, Michigan : University of Michigan Press, 1993) ; Meaghan Morris, *The Pirate's Fiancée : Feminism, Reading, Postmodernism*(London : Verso, 1990) ; Liz Stanley and Sue Wise, *Breaking Out Again : Feminist Ontology and Epistemology*(London : Routledge, 1993) ; David Deitcher, ed., *Over the Rainbow : Lesbian and Gay Politics in America Since Stonewall*(London : Boxtree, 1995) ; Michelangelo Signorile, *Queer in America : Sex, the Media, and the Closets of Power*(London : Abacus, 1993) ; Leigh W. Rutledge, *The Gay Fireside Companion*(Boston, Mass. : Alyson Publication, 1989) ; Dennis Altman, *Homosexual : Oppression and Liberation* (New York : New York University Press, 1993) ; Terry Sanderson, *How To Be A Happy Homosexual : A Guide For Gay Men*(London : GMP Publishers, 1989) ; Lorraine Trenchard, *Being Lesbian*(London : GMP Publishers, 1989) ; Hall Carpenter Archives Lesbian Oral History Group, *Inventing Ourselves : Lesbian Life Stories* (London : Routledge, 1989) ; Hall Carpenter Archives Gay Men's Oral History Group, *Walking After Midnight : Gay Men's Life Stories*(London : Routledge, 1989) ; Patrick Higgins, *A Queer Reader*(London : Fourth Estate, 1993) ; Katie Roiphe, *The Morning After : Sex, Fear, & Feminism*(London : Hamish Hamilton, 1993) ; Bell Hooks, *Ain't I A Woman : Black Women and Feminism*(London : Pluto Press, 1982) ; Naomi Wolf, *Fire With Fire : The New Female Power and How It Will Change the 21st Century*(London : Vintage, 1994) ; Delia Jarret-Macauley, ed., *Reconstructing Womanhood, Reconstructing Feminism : Writings On Black Women*(London : Routledge, 1996) ; Neil Lyndon, *No More Sex War : The Failures of Feminism*(London : Man-

그러나 상상과 인식의 극한을 넘나들며 온갖 성정치적 공략을 구사한 「크래쉬」(*CRASH*)[22]나 그만큼 저돌적이진 않지만 장 유안(Zhang Yuan : 張元)처럼 아란과 공안(公安)의 성정치적 긴장을 통해 사회와 권력의 허구를 공박하는 중국의 경우[23]에 다시 유념하게 된다. 비록 이미지 전달은 다르지만 한국의 「내일로 흐르는 강」도 예외는 아니다.

〈「東宮西宮」/ 張元(1996) 〉

darin, 1992) ; Rosemarie Tong, *Feminist Thought : a Comprehensive Introduction* (London : Routledge, 1989).

22) Chris Rodley, "CRASH," *Sight and Sound*, Vol. 6, Issue 6 (June 1996), pp. 6–11 ; Screenplay (London : Faber & Faber, 1996).

〈「내일로 흐르는 강」/ 박재호(1995)〉

성적 긴장과 끝없는 갈등 속에 문화의 근본을 비교하거나 불가피한 차이를 견주어 보는 일은 그다지 중요하지 않다. 그보다는 아무리 평등주의를 강조하고 또 이를 승인해도 이들 현상을 끝없이 이상스럽게만 바라보고 원색의 함성으로 무장한 살의 향연으로만 쳐다보려는 자세가 여전히 문제다.

그 결과 관음의 덧없음과 그 지울 수 없는 기괴함에서 답답함의 단면들을 찾으려고만 든다. 선입견의 골에서 스스로 헤쳐 나오지 않

23) Tony Rayns, "Provoking Desire," *Sight and Sound*, Vol. 6, Issue 7 (July 1996), pp. 26–29. 「크래쉬」도 마찬가지지만 「동궁서궁(東宮西宮)」이 검열 없이 아시아 전역에서 공개될 수 있는 시기가 언제일지 예측하기란 무망하다. 〈*DONG GONG, XI GONG/EAST PALACE, WEST PALACE*. Dir. Zhang Yuan (張元)/ Hu Jun, Si Han/China/1996/90분〉

고 인습과 편견 속에 안주하는 한, 성평등과 이를 향한 노력의 과정은 고단할 수밖에 없을 것이란 예측도 얼마든지 가능하다. 괴상하다고 알려진 현상을 괴이하다고만 보며 멀리 여기는 그 기운이 사라지지 않는 한, 성적 불평등은 사라지지 않을 것이다. 영화적 상상의 풍요도 물론 그만큼 지체될 것이다.

VI

한국 정치의 영화화와 한국 영화의 정치화

1
정치의 과대성장과 영화정치화의 지체

퀴어에 대한 무관심과 포르노에 관한 홀대를 탓하며 한국 영화의 한계를 얘기한다면 오류다. 그건 핑계지 문제의 본질이 아니다. 차라리 여기까지 관심가져야 한다는 모종의 당위가 영화 본류의 허약함을 호도하는 명분으로 악용될 수도 있다는 점에서 비극은 계속되고 있다. 정치폭력의 성통제까진 거론하지 않더라도 영화와 권력의 끝없는 길항은 국가의 모든 현상을 영화화할 수 있다는 사실과 그 대결구도를 그대로 반영한다.

그러나 정작 중요한 건 두 진영의 문화 긴장에 있지 않았다. 통제를 의식한 권력을 탓하기 전에 그리고 영화외적 환경을 걸고넘어지기 전에 영화는 그들 내부에서 얼마나 성실한 반성과 노력을 계속했는지 진작 자문해야 했다.

한국 영화의 과제는 무엇인가. 한국 영화의 한계는 어디서 어떻게 커가고 있는가. 이 두 물음은 이 나라 영화를 둘러싸고 지금도 계속되는 담론의 기둥이다. 이제까지 한국 영화 비관론은 영화외적 한계가 영화 본연의 기능을 저해했다는, 즉 환경이 영화 발전을 지연시켰다는 '외인론'에서 벗어나지 못했다. 따라서 한쪽의 저발전은 다른 진영의 압도적 힘의 우위의 결과였다는 논리가 우세했다. 이같은 편파적 문화결정론은 적어도 영화진영과 외부의 관계가 무엇을 의미하는지조차 천착하지 못하게 했다. 특히 권력의 영화통제가 당연시되어 왔던 점을 감안하자면 모순의 고리는 강한 회의의 대상이자 사회발전의 족쇄로 작용한다.

한국 영화는 왜 정치적 비판도구가 되지 못했던 걸까. 이를 가로막았던 문화의 장벽은 무엇일까. 이 물음들은 앞선 담론의 하위영역으로도 작동하지 못했다. 그건 주로 영화를 비롯한 문화예술 총체를 끼 많은 '쟁이(匠人)들'의 활동으로 비하시킨 관습의 탓도 탓이려니와 영화의 인습적 종속성 때문이기도 했다. 문화가 권력을 이끌지 못하고 권력이 문화를 조종한 한국에서 영화의 정치적 순기능을 기대했다면 그건 차라리 호사스런 욕망이었으리라. 문화적 악순환의 고리는 권력으로 하여금 영화를 비롯한 온갖 예술 구성단위들을 만만한 대상으로 오인시킨다. 그렇다면 남는 문제는 뭘까. 영화와 예술의 정치적 종속? 인종(忍從)과 예속? 전략적 공존과 기회주의적 공생? 탐조의 논리는 얼마든지 재생산될 수 있을 것이다.

하지만 권력의 통제와 조종 기제가 아무리 막강했다 해도 그것이 곧 문예적 저항이나 비판의 힘을 늘 배제할 수 있었던 건 아니다.

여기서 그간의 한국 영화가 정치 저항과 비판 주체로 기능하지 못하고 동조와 회피 속에서 스스로 잠자고 있던 과거를 감지한다. 문화가 권력을 견인할만한 저력을 갖지 못하고 봉사와 수식 도구로밖에 존재할 수 없었던 역사 속에서 살아 있는 정치문화를 꿈꿀 수 없었던 건 극히 당연했다. 기껏해야 영화가 뉴스 전달 도구밖에 안 되거나 권력 일상에 관한 설명기제로 인식되는 상황 속에서 영화문화란 있을 수 없었다.

이같은 상황 논리로 한국 정치와 한국 영화의 관계를 가정해 본다면 그것은 다음과 같이 체계화될 수 있을 것이다.

1. 영화의 정치화가 뒤처진 궁극의 원인은 권력에 대한 영화 주체의 공포 혹은 그 예비에 있었다. 영화의 정치화가 곧 영화의 정치적 저항을 뜻하는 건 아니었기 때문이다. 한국 현대사에서 영화의 정치적 저항을 기대하긴 힘들었다. 저항은 그만두고 소극적 비판조건조차 영화는 구비하지 못하고 있었다.
2. 한국의 영화 주체가 지니는 비정치화 경향은 외견상 정치적 무관심을 표방한다. 그러나 실제 영화가 정치저항과 비판의 무능을 보인 원인은 현실적 무관심에 있지 않았다. 관심은 컸으나 비판과 저항이 야기할 궁극의 두려움[1]을 내다본 합리적 선택이었다.

1) 이를 방증할 고백조차 이젠 필요 없는 일일 터이다. 하지만 임권택의 다음 술회는 귀담아 둘만 하다. "70년대에 나는 고통이고 뭐고 아무 것도 느낄 수 없었습

3. 영화의 정치적 관심이 현실로 드러나지 못한 배경에는 이같은 모순이 자리한다. 적응하면 보상받고 일탈하면 제재받는다는 일련의 사회통제 효과는 영화의 정치화 지체에도 어김없이 적용된다. 여기서 영화의 사회과학이 정착하기 어려웠던 토양도 이해하게 된다.

4. 한국 정치와 영화의 단절은 곧 한국 정치영화의 숙성을 저해한다. 뿐만 아니라 영화의 사회화나 사회영화 제작을 가로막은 결정적 이유 가운데 하나다. 정치영화와 사회영화의 제작 지체는 그만큼 문화의 권력 견제가 쉽지 않았고 도리어 정치의 문화침투가 심했다는 사실을 반증한다.

정치영화가 독자적 장르로 뿌리내리지 못했다는 사실이 곧 역사 자체의 부재를 말하는 것이 아님은 이미 지적한 바 있다. 그러나 과연 역사의 실재를 언제부터 증거할 수 있을지는 단순한 문제가 아니다. 특히 영화사 자체의 시대구분조차 합의되지 않은 상황에서 한국 정치영화의 자리매김을 시도한다는 건 더더욱 어렵다. 모든 영화가 정치적 영화라면 한국 영화사와 정치영화의 관계는 자명해진다.[2]

니다. 우리 집이 좌익 운동을 하다 연루되어 참 어렵게 지냈지요.('그것이야 온 세상 사람들이 알고 있는 것'이라고 황 작가가 거들었다) 집안이 몰락할 때 내가 좌익 운동할 나이였겠습니까만 나는 완전히 주눅이 들어 살았어요. 영화에 무슨 메시지를 담는다는 생각은 더더군다나 없었지요. 군부가 통제하는 70년대 암흑기를 그렇게 보냈습니다." ; "임권택과 황석영, 세상을 말하다(下)," 《조선일보》04/08/16(月), 제26018호(A5)면.

2) 정치영화에 관한 언급은 빈곤하지만 유현목의 노력은 인프라의 기둥 하나를 세우는 데 매우 유의미하다. 유현목, 『유현목의 한국 영화발달사』(서울 : 책누리, 1997) ; 김화, 『새로 쓴 한국 영화전사』(서울 : 다인미디어, 2003) ; 김기덕, "정보

그러나 우리 영화의 대중적 기반을 바탕으로 재해석한다면 영화의 정치성은 그만큼 불분명하다. 효시의 추적과 작품분류도 다양한 준거를 필요로 할 것이다. 한국 영화연구에서도 해법은 아직 묘연하다. 특히 19세기 이후 한국 정치에서 강한 영향력을 행사한 저항 민족주의의 우위를 감안하면 영화의 정치화 역시 정확하게 그려내기란 쉽지 않다.

잦은 역사 단절과 외세의 폭력으로 인한 문화충격은 영화의 정치화를 혼돈스럽게 했다. 크게 줄이자면 80년대 이후에 이르러서야 끝내 영상화의 실마리를 찾을 수 있었다. 그것은 외견상 정치적 민주화의 필연적 결과인 양 비칠 수 있다. 하지만 한국 영화의 정치화 역시 제3세계처럼 혹독한 대가를 지불한 다음에야 가능했다는 점에서 예외는 아니다. 이러한 고비용 부담 원칙은 영화정치학의 일반 이론처럼 광범위한 위력을 갖는다. 현실을 그대로 퍼담는 막강한 미디어로 영상매체를 장악하려는 권력의 숨은 의도는 생존의 문제와 맞닿는다.

결국 권력의 영상통제는 공포를 견제하기 위한 또 다른 공포의 예시에 다름 아니다. 자신을 고스란히 드러낼 수 있는 저력을 갖는 상대와 그에 대한 공포. 가능한 한 이를 사전 차단하려는 힘의 발동

화시대의 역사학 : '영상의 사회학'을 제창한다," 김기덕(책임기획) · 김덕묵 · 김현숙 · 이문웅 · 임세권 지음, 『우리 인문학과 영상 : 인문학과 영상의 다섯 가지 만남』(서울 : 푸른역사, 2002), pp. 17-49 ; 김현숙, "영상사회학의 발전과 영역의 확대," 같은 책, pp. 103-140.

은 이미 단순한 충동을 넘어서는 문제였다. 권력 중심에 폭력이 자리하듯 영상 한가운데에는 폭력 이상의 힘이 내재한다. 그 힘은 정치와 영화라는 거대담론의 축 안에 매력적인 괴력을 숨긴다. 서로는 서로를 비추며 때로 이용하고 때로 숨어드는 대피공간으로 상대를 유인 · 견제했다고 보면 이제 이해 틀은 분명해질까.

국가를 파괴하기 위해 국가 폭력기제를 이용한 과거 사회주의 전략처럼 정치와 영화는 각자의 공포를 분쇄하기 위해 상대의 공포를 활용해 나간다. 이때 렌즈와 폭력의 충돌이 일으키는 문화의 불꽃이 국가마다 서로 어떻게 달리 일렁거렸는지는 영화연구의 흥미로운 주제들 가운데 하나다. 이렇게 보면 90년대는 80년대의 유제를 고스란히 물려받은 채 여전한 기대상승과 참여의 폭발을 관리해야 할 역사의 부담을 안는다. 뿐만 아니라 새로운 세기의 전환이 전략인지 아니면 상승인지 또 다른 선택을 강요한 긴장의 시기이기도 했다. 이 점에서 정치적 부담은 컸다.

90년대를 기점으로 한국 영화와 정치의 문화갈등을 분석할 때 기존 연구들은 해답의 작은 실마리를 제공한다. 우선 왜 하필 90년대인가라는 역사 시점과 이로부터 파생하는 여러 의문들을 제기한다. 특히 해방 후 현대사에 투영된 과잉정치화와 대조적으로 문화예술의 총체적 빈곤부터 개별 작품의 정치성까지 쟁점의 소재는 다양하게 펼쳐진다. 90년대는 80년대의 정치적 민주화가 경제사회적 민주화와 조절되지 못한 누진적 위기의 시대로 압축된다. 특히 민주화 추세가 아무리 성숙해 가고 있었다 해도 그것은 정치 외 변수들과 균형 있는 관계를 유지하지 못한 채 형식요건의 강화와 가치배분의 불균형으로 새로운 모순을 잉태한다. 그것은 분배의 절대평등을 목표로 사회적 과잉열기를 만들어낸다.

90년대는 이처럼 누진적 위기와 과잉기대의 조건을 숙성시킨다. 하지만 위기를 해소하기 위해 위기 그 자체를 이용할 수도 없는 새로운 딜레마의 시기였다. 이를 극복하는 데 한국 영화는 성공하지 못한다. 대신 그들은 희화적 장르와 이를 차용한 정도로 만족[3]했고, 관객 또한 스스로 집단화하거나 정치화하여 모순구조의 외곽만이라도 허물려는 노력조차 동원하지 못한다. 한국 영화의 정치화 부재가 권력에 대한 공포와 소극적 대응 차원에서 계속 머무를지는 여전히 미지수다. 그러나 영화가 권력을 비판하지 못하고 80년대의 부분적 정치화 조건마저 지탱해나갈 뒷심이 약했다는 사실은 치명적 한계로 남는다.

80년대의 민주화가 90년대에 어떤 유제를 남겼는지 논의의 초점을 맞추는 데까지 한국의 영화연구는 일단 성공한다. 이러한 자극의 뿌리가 해방 후 정치발전 지체와 이념 균열에서 비롯, 사회 저항심리를 빌려 자라나기 시작했던 것도 재론의 여지는 없다. 따라서 90년대 이전의 한국 영화연구는 영화진영 내부의 정치화 빈곤을 비판하는 데 계속 실패한다. 고작해야 당대 권력이 의도한 문화통제나 검열에 대한 저항 혹은 맹아적 비판수준에 머무는 정도다.[4]

---

3) 여전히 위세 떨치는 조폭과 양아치 그리고 코미디의 영화적 비중도 이런 맥락에서 이해해야 하지 않을까.

70년대 한국 영화연구에서 정치비판을 통한 체제 도전이나 이념적 저항은 발견되지 않는다. 다만 초보적 형식의 도전, 즉 권력의 영화통제를 비판하는 단계에서 문제는 다루어지기 시작한다.[5] 80년대 민주화가 민중부문의 정치적 신장과 경제의 잉여배분에 따른 상대적 풍요에서 가능했다면 그 속에 스민 세속의 한계를 지적해내는 도구 역할조차 한국 영화는 담보하지 못한다. 역사의식으로 무장한 영화적 리얼리즘이나 이를 바탕으로 한 평가 역시 가시화된 건 90년대 이후의 일이다. 비용지불을 최소화하려는 합리적 선택과 정치질서의 민주적 이행단계 안에 가능한 한 편승하려 했던 계산 결과였다.

한국 영화의 학문적 인프라가 영화 실제보다 더 빈곤하다는 사실도 여러 경로로 지적된 바 있다. 특히 지적 대외의존도가 절대수준에 이르는 한국 영화학의 한계는 영화 자체가 수입된 문화양식이란 점을 감안해도 그대로 면책되긴 어렵다. 이론이 현실을 이끌지 못하는 정치현장만큼 영화세계에서도 이론의 무게중심은 약하다. 그 속에서도 90년대 한국 영화연구가 이데올로기와 정치질서 변화를 의식, 지적으로 대응하고자 했던 건 고무적이다.[6]

---

4) 대학원 학위과정에서 영화학 박사학위과정 개설 자체가 순연되어 왔던 사실만으로도 영화연구의 지적 추동이나 주변의 문화적 견인이 얼마나 빈곤했는지는 거꾸로 추론할 수 있다.

5) 왕규원, "한국 영화제약의 변천," 이화여자대학교 대학원 신문방송학과 석사학위논문(1972) ; 이신복, "영화에 대한 사회적 제통제에 관한 연구," 경희대학교 대학원 신문방송학과 정치학 석사학위논문(1979) ; 황현규, "한국 영화검열에 관한 연구," 이화여자대학교 대학원 신문방송학과 석사학위논문(1981).

영화사 연구방법을 자발적으로 모색한 경우[7]나 성적 문제의식을 바탕으로 한 몇 가지 연구[8] 역시 한국 영화연구의 빈곤과 극복을 생각하는 데 유의미하다. 그러나 몇몇 학위논문과 이들이 포진하는 학문 중심, 그리고 주변의 지적 층위는 그리 두텁지 않다. 발생론적으로 볼 때 영화가 갖는 절대적 서구편향과 그로 인한 일방의 문화중첩은 재론의 여지가 없다. 이같은 영화예술의 지정학적 우위가 신식민주의의 번창을 눈감아 주는 도구로 악용되어 온 사실에 주목한다면 아시아, 특히 한국 영화의 문예적 대외종속도 만만하게 면책되긴 힘

6) 학위논문으로 이를 일별한다면 다음 참조할 것. 고유경, "바이마르 시기의 독일 노동자 영화운동 : 민중영화협회(Volksfilmverband : 1928-1932)를 중심으로," 이화여자대학교 대학원 사학과 석사학위논문(1993) ; 김익상, "사회변혁과 민족영화운동연구 : 영화 「파업전야」의 사례에 의거하여," 성균관대학교 대학원 신문방송학과 석사학위논문(1990) ; 박제균, "영화의 대중조작기능연구 : 소련 · 독일의 사례를 중심으로," 중앙대학교 대학원 연극영화학과 석사학위논문(1987) ; 신희준, "사회변혁운동으로서의 영화에 대한 연구," 동국대학교 대학원 연극영화학과 석사학위논문(1990) ; 이승무, "소비에트 초기영화정책과 산업연구," 동국대학교 대학원 영극영화학과 석사학위논문(1993) ; 지동하, "한국의 영화산업 규제정책에 관한 연구," 서울대학교 행정대학원 행정학 석사학위논문(1992) ; 한영옥, "사회비평으로서의 전후 폴란드 영화의 주제의식에 관한 연구," 동국대학교 대학원 석사학위논문(1989).

7) 김미현, "영화사 서술방법론에 대한 고찰," 중앙대학교 대학원 영화학과 석사학위논문(1996) ; 윤태희(1993), 앞의 논문.

8) 김보경, "한국 영화에 나타난 성애표현의 연구 : 1981년-1989년의 작품들을 중심으로," 한양대학교 대학원 석사학위논문(1992) ; 박윤창, "성 역할태도와 공격적 영화가 공격성에 미치는 영향," 연세대학교 대학원 심리학과 석사학위논문(1987) ; 이광일, "남성주류영화와 페미니스트 대안영화의 동일시 연구 : 알프레드 히치콕(Alfred Hitchcock)과 샹딸 아께르만(Chantal Akerman)의 텍스트를 중심으로," 동국대학교 대학원 연극영화학과 석사학위논문(1991).

들다.

끝없이 도입되는 외국 영화들을 여과할 만한 문화 탄력이 마련되지 않고 거의 공격적으로 밀려오는 저들의 기세 앞에 설 자리를 잃고 있었다는 점은 더 큰 문제다. 지적 대응은 고사하고 정책적으로도 거의 무방비였던 한국은 정치와 영화 사이의 문화 균열을 다시 확인시켜 주는 좋은 전거였다. 그 속에서 영화가 취한 대응은 고작 갈증과 기호를 조절하려는 작품 도입과 소개 그리고 시장 점유를 둘러싼 일련의 상업주의적 사고들이다. 이론의 자율화 과제 앞에서 한국 영화학이 부딪친 최고의 난제는 외국 영화와 한국 영화 사이의 문화 간극 조절이었다. 물론 여기서 한국 영화학과 한국 영화제작이란 교과서적 관계가 이론으로 풀릴 문제인지는 새삼 궁금해진다. 어차피 이론이 현실을 이끌지 못한다면 이론은 왜 존재하는지가 그 첫째이고, 영화현실은 한국 영화이론 발전과 관계없이 얼마나 앞서고 있는지가 다음일 것이리라.

한국 영화이론이 대외의존성을 보인다는 사실이 곧 한국 영화제작의 모순을 면책하는 빌미가 될 수는 없다. 그것은 곧 내부 불성실과 무능을 자책, 반성하는 혹독한 계기로 재인식할 필요가 있다. 한국 영화이론의 불모도 물론 문제겠으나 토니 레인즈의 말처럼 "한국엔 왜 후샤오시엔(候孝賢)이나 에드워드 양(Edward Yang) 혹은 짜이밍량(蔡明亮) 같은 감독이 없는가"란 물음이 제기된다.[9] 역사 · 인식 방

9) Tony Rayns, "Cinephile Nation," *Sight and Sound*, Vol. 8, Issue 1 (January 1998),

법과 표현능력 차이란 물론 비교우위 차원에서 측정할 수 없다. 저들 역시 뛰어넘지 못하는 영화적 한계의 벽이 낮지 않기 때문이다.

그러나 현대사의 굴곡과 고뇌를 다루는 그들의 정치적 감각만 보아도 대만의 경우는 한국과 다르다.[10] 저들 못지않게, 아니 실제 정치적 고뇌의 체감 부피는 대만을 능가하는 한국이 문제의식 표출에서 적잖은 편차를 보이는 진짜 이유는 먼 데 있지 않다. 자본과 기술에 종속당하고 권력을 의식하면서 체질화된 영화문화 관행을 깨지 못하는 기형적 신중론에서 벗어나지 못하기 때문이다.

이제 사회 전체의 지나친 정치화와 대조적으로 영화의 정치화가 지체된 새로운 까닭들과 저항의 빈곤을 유도한 배경을 달리 이해할 필요가 있다. 이와 관련해 살펴볼 또 다른 위기가 비판의 과잉이다. 그것은 이론화 과정에서 피할 수 없는 자극요인이 될 때도 있지만 비판이 이론의 풍요를 견인하는 적극적 기능을 담보하는 경우란 거의 없었다. 대신 그것은 시기와 질투 혹은 비평을 명분으로 한 일방공격이나 감상주의적 과잉방어가 주축을 이룬다. 지식이 현실을

pp. 24-25.

10) 중국의 경우만 해도 우리에겐 늘 좋은 사례로 다가온다. 저들이 언제 조건 좋고 자본이 많아 영화의 정치화 작업에 서슴없었던 걸까. 이에 관해서는 다음 몇 가지 연구들을 참조할 것. 이종희, 『중국 영화의 어제, 오늘, 내일』(서울 : 책세상, 2000) ; 후지이 쇼조 지음/김양수 옮김, 『현대중국, 영화로 가다 : 지난 백년간의 중국인의 삶과 역사』(서울 : 지호, 2001) ; Rey Chow, *Primitive Passion : Visuality, Sexuality, Ethnography, and Contemporary Chinese Cinema* (New York : Columbia University Press, 1995).

계도하기 어려웠던 한국 사회에서 영화도 예외는 아니었다.

모든 비평은 찬양과 공격의 이유를 갖게 마련이다. 이같은 요건을 구비하지 못하면 비평일 수 없고 무의식적 비판을 전제로 한 맹목적 이미지를 배제하기 어렵기 때문이다. 과잉비판과 자학적 방어에는 대신 공허한 논리가 자리한다. 하지만 그 이유는 모호했다. 왜 비판받고 왜 칭찬받아야 하는지 극히 불투명한 상황은 비평의 현장을 오래도록 지배하고 있었다. 영화의 전선(前線)에 서 있는 이들이 현실을 보다 높은 수준으로 끌어올릴 용기를 보이는 대신 과잉공격과 감상주의적 방어로 일관했던 경우는 다음 예에서 잘 찾을 수 있다.

공격의 발단은 김성수의 「런어웨이」에 관한 평론가 이정하의 혹평에서부터였다.

> 열심히 만들었지만 느낌이 없는 영화. 이것이 「런어웨이」를 본 다음 맨 처음 떠오른 생각이었다. 열심히 만들었다는 건 우리 영화 환경에 대한 이해에 바탕하고 있다. 아마 이 말의 의미를 모르는 영화관계자는 없을 것이다. 김성수 감독은 신인이다. 그런데 느낌이 없다는 건 순수 관객의 입장에서다. 만든 사람 입장에서는 전자의 후의를 순식간에 잊을 만큼 야멸차고 모욕적인 평가일 것이다. 이처럼 모순되는 느낌을 가져야 하는 게 지금 내 처지다. 곤란하고도 비겁하게도. 이 모순은 얼마나 심각한가. 열심히 만들었다는 것은 패거리로서의 동정을 표현하는 데 반해 느낌이 없다는 것은 평론가로서 책임을 회피하는 것이다(그런데 왜 평론가는 모든 것에 책임을 져야 하는가. 심지어는 무책임하기 짝이 없는 영화에조차 말이다). … 김성수의 다음 영화에서는 「런어웨이」와는 정반대의 느낌을 받고 싶다(그런데 왜 영화감독은 자

살하지 않는 것일까. 가객들은 저렇게 죽어가고 있는데).[11]

차라리 죽는 게 낫지 않느냐고 간접 주문하는 이정하의 칼날에 다른 톱날로 응수한 장본인은 정작 김 감독이 아니었다. 이현승은 같이 영화 찍고 고민하는 동지애를 넘어 이유 있는 대리전 담지자로 링 저편에 자리한다. 하지만 그의 자리는 평화유지군 역할로 메워지지 않는다. 오늘 우리에게 평론은 별 보탬 안 되는 짓거리이자 어줍잖은 현학의 포로로 존재한다는 것. 특별한 바람도 원망도 없이 중요한 건 영화 만드는 이들의 현실을 제대로 바라보라는 것. 인식의 자유가 무책임의 원인일 수 있다면 애당초 칼의 방향과 날의 각도는 다른 곳을 벼려야 했을 것이란 점. 바로 그런 것들이었다.

아무리 우리 사회가 다리가 무너지고 백화점이 무너져 수백 명이 죽어가도 몇 백 명 죽이고도 뻔뻔스럽게 단식투쟁하며 자신을 강변하는 죽음에 무감각한 사회라 할지라도 작정하고 무슨 죄를 지은 것도 아닌데 감독에게 자살 운운하는 것은 그것이 아무리 실제 죽음을 의미하지 않는다 해도 경악을 금할 수 없다. 그는 짧은 지면의 영화평에 자신의 한국 영화에 대한 애정 그리고 고뇌에 찬 결단을 피력하는 변명조 말로 거의 지면의 삼분의 일을 사용한 뒤 나머지는 비판도 하고 난데없이 칭찬도 하며 읽는 사람에게 혼란

11) 이정하, "도시가 사라진 도시영화 : 영화적 수사학만 남은, 그러나 열심히 만든 「런어웨이」," 『씨네 21』(96/01/16–01/23 · 제37호), p. 74.

> 을 주다가 자살하라는 말로 끝맺고 있다. 이것이 영화평론인가. … 이제는 정말 평론의 잣대를 객관화해야 하며, 평론가는 자신의 정확한 평론 틀에 기초하여 글을 써야 하고 저널리즘 비평과 전문 글쓰기를 구별할 필요가 있다. 영화가 검열을 받듯 영화평론도 검열을 받아야 하는 것 아닌가 하는 엉뚱한 생각이 자꾸 머릿속 맴돌지 않도록 영화평론가라는 직함이 영화에 관한 글쓰기의 면죄부처럼 되지 않도록 제대로 된 영화평들이 나왔으면 한다. 이정하의 글을 읽은 소감을 몇 사람에게 물으니 나처럼 충격받은 사람이 있는가 하면 좀 심하긴 하지만 뭐 넘어가야지 좋은 게 좋은 거 아니냐고 얘기하는 사람들도 있었다. 그렇다면 그들에게 다시 묻고 싶다. 영화평론가 · 제작자 · 기획자 · 스태프 · 배우들이 왜 자살하지 않느냐고 총구의 방향을 튼다면 그래도 그렇게 무감각할 수 있을까? 광주에서 자기 부모가 자식이 친구가 죽지 않았다고 쉽사리 전두환 · 노태우를 용서하고 화해하라고 얘기할 수 있을까.[12]

이정하의 반응은 의외였다. 일상의 삐짐이나 논리의 되튕김도 아니었다. 절필 혹은 평론의 포기. 그가 이 한 건 때문에 영화평론가 그만두고 전업할 것인지는 별로 중요하지 않았다. 굳이 그걸 확인할 필요도 없었다. 다만 그의 응대가 화답은 아니었다는 점과 이것만으로 이 나라 영화 논의가 만개하긴 글렀다는 비관을 접지 못한다는 사

12) 이현승, "영화가 살아 있는 평론을 만나고 싶다," 『씨네 21』(96/01/23–01/30 · 제38호), p. 90.

실만큼은 주목해야 했다.

그는 이렇게 말한다.

쓸까말까 하다가 쓴다. 쓰는 김에 생각한 대로 쓰겠다. 가슴이 아프다. 이현승 감독에게 분노를 삭이지 못하게 한 점이 가슴 아프고 그 말고도 여러 감독들에게 충격을 주어 가슴 아프고 그 분노와 충격이 내 뜻과는 다른 성격의 것이라는 점이 가슴 아프고 또 이로 하여 내가 지금 이 글을 써야 하는 꼬락서니가 가슴 아프다. 자업에 자득이다. 이현승 감독이 문제의 내 글에 대해서만 분노하고 나의 평소 글 쓰는 방식, 잘못된 내용, 평론의 관점 등만 비판했다면 이 글을 안 쓰거나 마지막 문단만 쓰고 말았을 것이다. 그런데 그는 동업자들을 사정없이 공격한다. 느닷없이 나로 하여 도마에 오르게 된 동업자들 때문에 또 가슴이 아프다. 지금의 영화평단에 대해 그가 비판한 것들 중 많은 부분에 동의한다. 그러나 그는 왜 정확하게 겨냥하여 비판하지 않는가. 그는 평론가 일반이 교언영색하고 표리부동하며 잘난 체하다가도 기회주의자가 되고 불리하면 자기변명에 급급한 인간으로 모는데 이 점은 내 견해와 일치한다. 그런데 나의 경우에 그것은 평론가 일반이 아니라 특정 평론가에 대한 것이다. 그는 나다. 그래서 동의하는 것이다. 또 그가 평론가들을 싸잡아 하이에나 평론 운운한 것도 말이 되지 않는다. 외국 영화와 한국 영화에 대한 평론 태도의 차이를 말했지만 나는 외국 영화보다 도리어 한국 영화에 대해 감싸고 도는 글들이 많다는 이야기를 더 자주 들었다. 내게 그런 이야기를 해준 사람들도 누구의 글이 그렇다는 말은 하지 않았다. 그저 '영화평론들을 보면'이라고 하기 일쑤였다. 그런 경우 나는 꼭 물어보는 편이다. 그게 누구냐고? 하이에나 평론이란 말도 나에게 어울릴 것이다.

> 그런데도 그는 전두환 · 노태우에 대한 하이에나 언론의 태도를 평론가에게까지 덮어씌운다. '심하다 심하지 않다'의 차원이 아니라 그것은 옳은 지적이 아니라고 본다(그리고 내 생각으론 영화감독이 하이에나 평론가에게 뜯어먹힐 만큼 그렇게 허약하지 않다고 본다). … 이번 사건과 관계없이 나는 이미 내 이름 석자에서 영화평론가라는 직함을 떼어버리려는 결심을 굳히고 있었다. … 나는 영화평론가 이정하가 싫다.[13]

이런 식이었다. 이정하는 결코 자신의 글이 질책이나 권력은 아니라고 강변한다. (그렇다면 뭐였는가. 그는 끝까지 자신의 주장이 평론이라는 형식에 갇혀있는 자기 주관과 철학의 파편들이었던 것으로 인식하고 싶은 모양이다.) 어쨌든 해야 할 말이 있었고 지금도 있고 그러나 문제가 자신에게만 있는 게 아니라 전체에게 있는 양 호도되었으니 여기서 그만두는 게 모두에게 좋을 것이란 형국으로 싸움은 끝난다.

자살을 권유하다 스스로 자살해 버리고 마는 현상. 이건 대체 뭔가. 공격과 비판의 톤을 한껏 농축시킨 다음 되돌아올 울림의 책무를 의식해서였을까. 아니면 이 나라에서 영화평론을 한다는 일이 너무 버겁다는 그만의 여운을 남기고 싶어서였을까. 그는 어떤 대답도 유보한다. 하지만 그는 대답했어야 했다. 왜 이 땅에서 영화평론을 그만두려는 것인지.

---

13) 이정하, "영화평론, 이제 그만두겠다," 『씨네 21』(96/01/30–02/06 · 제39호), p. 90.

화살촉 끝에 묻은 신인 감독의 살점과 핏방울이 안쓰럽다던 이현승처럼 필자는 평론의 죽음과 영화적 자살을 고백하는 이정하의 일갈은 유서치곤 너무 짧았다고 본다. 양 이(李) 씨에 대한 양비론도 장황하게 늘어놓고 싶지 않다. 어차피 영화는 정치의 한 수단이며 정치 또한 영화적 수식에서 한 치 두 뼘 밖으로 도망갈 수 없기에 그같은 작업은 전혀 필요치 않을 것이리라(이정하가 자신의 글은 평론이었지 질책이나 권력은 아니었다고 아무리 강조해도 그건 어쩔 수 없다).

하지만 대체 이것이 뭔가 말이다. 정색하고 한번 되묻자. 그(이정하)가 죽어야 할 이유는 어디 있는가. 총알 스쳤으니 아프고 칼 맞았다고 쓰라리면 대관절 전쟁은 누가 하겠는가 말이다. 전쟁 자체를 안 하겠다면 모르겠으되 그들 가운데 누가 빠진다 해도 전쟁이란 게 끝나는 것인가 말이다. 이대로라면 난 빠질 테니 너희끼리 싸워보라는 얘기밖에 안 된다. 그래도 싸움은 진행되리라. 평론과 제작. 즉 쓰기와 만들기가 전혀 관계없는 정치적 단절로 확인된다면야 그건 이정하 말대로 권력도 질책도 될 수 없는 것이겠지만.

두 사람의 영화적 난타와 막상 침묵하는 김성수 사이의 고요. 이것이 세기말 한국 영화의 한 단면이자 삐딱한 옆얼굴이다. 이는 물론 이 나라 영화현장의 지배적 명세가 아니다. 하지만 전체를 대표하지 않는다 하여 그대로 용서한다면 전체 그 자체도 건강할린 만무다. 한 번의 용서도 끝없는 용서를 담보하는 면피의 신호로 변질될 수 있기 때문이다.

세기가 바뀌어 한 세대 지나도록 이같은 현상은 사라지지 않는다. 영화적 편견과 독한 부정은 계속되고 있었다. 모처럼 영화로 업종 바꿔 기계와 허구를 섞어 세계를 제패하겠다는 전직 코미디언의 야망은 2007년 이 땅을 달구고 팬들과 평론 진영을 확연히 둘로 가른다. 심형래의 「디 워」를 놓고 벌인 쟁론 진영은 문자 그대로 불과 얼음의 대결이었다.

위의 대결 구도가 죽음과 삶의 그것이라면 이 경우는 곧 잔혹과 두둔의 모습으로 선연히 갈라진다. 극찬의 아우라는 생략하고 대신 혹독한 비판의 총구를 주목해 보자. 동업자였으되 전혀 다른 시각으로 영화를 본 이송희일은 공격의 방아쇠를 처절하게 당긴다.

> 막 개봉한 「디 워」를 둘러싼 요란한 논쟁을 지켜보면서 최종적으로 느낀 것은 막가파식으로 심형래를 옹호하는 분들에게 「디 워」는 영화가 아니라 70년대 청계천에서 마침내 조립에 성공한 미국 토스터기 모방품에 가깝다는 점이다. 헐리우드적 CG의 발전, 미국 대규모 개봉 등 영화 개봉 전부터 「디 워」를 옹호하는 근거의 핵심 축으로 등장한 이런 담론들과 박정희 시대에 수출 역군에 관한 자화자찬식 뉴스릴 사이에는 아무런 차이가 없다. 여기는 여전히 70년대식 막가파 산업화 시대이고 우리의 일부 착한 시민들은 종종 미국이란 나라를 발전 모델로 삼은 신민식지 반쪽 나라의 훌륭한 경제적 동물처럼 보일 뿐이다. 이야기는 엉망인데 현란한 CG면 족하다고 우리의 게임 시대 아이들은 영화와 게임을 혼동하며 애국심을 불태운다. 더 이상 영화는 없다. 이 영화가 참 거시기하다는 평론가들 글마다 주렁주렁 매달려 악다구니를 쓰는 애국애족의 벌거숭이 꼬마들을 지켜보는 건 정말 한여름 공포다. 그 놈의 열정 좀 그만 이야기해라. 「디 워」의 제작비 700억이면 맘만 먹으면 난 적어도 350개 혹은 퀄리티를 높여 100개의 영화로 매번 그

열정을 말할 수 있겠다. 제발 셧업 플리즈. 밥도 못 먹으면서 열정 하나만으로 영화 찍는 사람들 수두룩하다. 700억은커녕 돈 한 푼 없이 열정의 쓰나미로다 찍는 허다한 독립영화들도 참 많다는 소리다. 신용불량자로 추적 명단에 오르면서 카드빚 내고 집 팔아서 영화 찍는 아주 미친 열쩡의 본보기에 관한 예를 늘어놓을 것 같으면 천일야화를 만들겠다. 언제부터 당신들이 그런 열정들을 챙겼다고 … 참 나. 심형래 씨는 700억 영화짜리 말미에 감동의 다큐와 감동의 아리랑을 삽입하고 TV 프로그램마다 나와서 자신의 열정을 무시하지 말라고 말하는데 사실은 아예 그럴 기회조차 없는 사람들이 고지깔 안 보태고 영화판에 몇 만 명은 족히 존재할 게다. 지구가 존재한 이래 충무로에서 가장 많은 돈을 받아서 영화를 찍어놓고 누가 누구를 천대했다는 건지 참 나. 충무로가 심형래를 무시한다고? 정작 심형래를 바보로 영구화하고 있는 건 그렇게 말하는 사람들이다. 충무로라는 영화판은 대중문화 시대를 살아가는 소비자들에게 애증의 욕망대상이다. 스타들을 좋아하지만 반면 끊임없이 스타들을 증오하는 두 가지 배반된 욕망의 투영물인 셈. 이는 스펙터클화되어 있는 정당정치에 대해 시민들이 갖는 이중의 배리되는 시선과 닮아 있다. 예를 들어 기존 정당정치에서 배제된 듯 보이는 바보 노무현은 잘 살고 거짓말을 일삼는 기존 정치인들에 대한 유일한 대항점으로 시민들에게 비춰지면서 대권을 잡는 데 성공했다. 심형래는 이와 다르지 않다. 충무로에서 지속해서 배척된다고 가정된 바보 심형래에 대한 시민들의 지지는 심형래의 아우라와는 하등 상관이 없다. 그저 기존 충무로에 대한 환멸이 투영되어 있으며 바보는 여전히 바보로서 시민들에게 충무로에 대한 환멸의 근거를 제공할 뿐이다. 여기에서 우리가 간과하는 것은 예나 지금이나 바보 전략은 바보 아닌 것들을 비난하며 서로를 바보, 바보 애정스럽게 부르다가 끝내는 정말 바보가 되어 선거함에 투표용지를 몰아넣거나 친절하게 호주머니를 털어 영화 티켓 값으로 교환해 주는 바보놀이, 즉 아주 수완 좋은 훌륭한 마케팅이라는 것이다. 심형래와 기타노 다케시의 차이가 무엇이라고 생각하는가. 코미디언 출신이면서 B급 영화들을 만들어낸 두 사람의 차이 말이다. 열정의 차이? CG의 기술력의 차이? 애국심의 차이? 헐리웃에 대한 맹목적인 신뢰의 차이? 딱 하나 있다. 영화를 영화적 시간과 공간 내에서 사유하는 방식에 대한 차이다. CG가 중요한 것도 와이어 액션이 중요한 것도 단검술과 권격술의 합의 내공이 중요한 것도 아니다. 내가 무엇을 말하려고 하는지 스스로조차 정리가 안 되어 있다면 그 아무리 입술에 때깔 좋고 비싼 300억짜리 루즈 발랐다고 해도 아름다운 이야기가 되는 것은 아니다. 좀 적당히들 했으면 좋겠다. 영화는 영화이지 애국심의 프로파겐다가 아니다. 하긴 도처에 난립하고 있는 온갖 징후들로 추측해 보면 이 하수상한 민족주의 프로파겐다의 계절은 꽤나 유의미한 악몽의 한 철로 역사의 페이지에 기록될 게 분명하다. 아, 덥다 더워.[14]

이 정도면 이 나라가 이제 무슨 유교국가의 잔재로 지탱되는 아시아의 보수진영 국가라느니 전통과 복고의 이미지로 전진을 거부하는 예절문화의 보고쯤으로 한반도를 연상하는 일은 자제해야 할 정도다. 혹여 '비판'과 '비난'을 구분하지 못하여 발생하는 인식의 혼돈은 마치 '정치'와 이른바 '운동'을 동일시할 때 감수해야 할 오

14) http://www.maxmovie.com/movie_info/news_read.asp?idx=MI0051809426

해와 맞먹는 이치이기도 하다. '시위'와 '변혁'이 같지 않고 '혁명'과 '저항'이 동의어일 수 없듯.

평론의 장을 달굴 만한 작품들은 어느 소재를 중심에 놓든 결과적으로 갈라지고 자칫 대립할 가능성을 품는 게 사실이다. 특히 정치적으로 민감한 주제를 중심축에 올려놓을 때 시각적 충돌은 감안하고 보아야 할 일이다. 게다가 정치영화의 빈곤으로 영화문화의 균형추가 심하게 편파적이었던 이 땅에서라.

광주민중항쟁을 다룬 모처럼의 정치영화 「화려한 휴가」가 개봉되었을 때만 해도 평단의 반응은 갈라진다. 영화의 정치적 관심이 억제된 만큼 지체된 표현의 폭발과 그에 대한 반론의 화학작용도 만만치 않았기 때문이다. 이는 곧 이 땅의 이념지평에 한 차례 좌우 이데올로기의 광풍이 휘몰아치고 그 정서적 앙금과 감각의 여운이 만만치 않게 지탱되고 있음을 반증하는 일이었다.

이성과 합리적 판단보다 뜨거운 가슴이 먼저일 수밖에 없는 우리네 정서에서 모더니즘 찾고 영화마저 냉정과 중립을 가장하여 엄숙하게 바라보기란 죽기만큼 어려운 일인지 모른다. 민감한 주제를 다룰수록 관객들은 감독이 자신과 같은 이념의 눈높이를 달려주길 바라고 있는 게 아닐까.

하지만 모두의 감각과 의지의 대강을 그것도 영화로 맞추기란 차라리 어느 한 꼭지점 위에 현란한 자기언어로 고백의 출사표를 던지는 것보다 훨씬 못한 일일 것이다. 정치적 감각과 의식의 표현에 무슨 평균값과 중용의 미학을 앞장세울 일이겠는가 말이다. 다만 찌르고 쏘는 강도(强度)가 과녁의 본질과 두께를 더하고 혹여 과감히 넘어서니 문제였지만.

소설가 손홍규는 영화 「화려한 휴가」에 관한 자신의 유감을 압축한다.

> 십여 년 전, 영화 「꽃잎」을 보았을 때 나 역시 기꺼이 박수를 보냈다. 명작이어서가 아니다. 광주를 스크린에 옮겨놓았다는 사실만으로도 감격할 수 있던 시대였다. 그래서 「꽃잎」에도 아쉬운 점이 많았지만 첫 테이프를 끊었을 뿐이라며 서로를 위무할 수 있었다. 조만간 광주에 대한 새로운 조명이 이뤄지고 오랫동안 파묻혔던 진실들이 하나 둘 기지개를 켜며 세상에 나올 것이라 여겼다. 그러나 예상과 달리 「꽃잎」 이후 「화려한 휴가」가 나오기까지 꼬박 11년이라는 세월이 걸렸다. 그 사이 「박하사탕」이 있었지만 광주를 화두로 삼은 영화는 「꽃잎」 이후 「화려한 휴가」가 처음이다. 오래 기다린 만큼 기대가 컸던 탓일까. 유감스럽게도 「화려한 휴가」는 광주를 다룬 영화가 아니다. 광주를 후경으로 삼은 멜로드라마다. 저 자리에 광주 시민 대신 의병장 곽재우와 그의 연인을, 강감찬 장군과 그의 연인을 갖다놓아도 손색이 없을 듯하다. 「화려한 휴가」가 판타지에 머물게 된 건 광주민중항쟁의 또 다른—어쩌면 진정한—주역들이었던 구두닦이, 중국집 배달부, 건달, 날품팔이, 가사노동자, 성노동자, 공장노동자와 같은 이들이 전면에 그려지지 않아서만은 아니다. 그보다 더 중요한 판타지의 특징은 선과 악의 대립구도가 확실하다는 데 있다. 그래서 관객들은 자신을 자연스럽게 선에 위치시키게 된다. 선악이 확정되는 순간 의문은 불필요한 것이 된다. 해석되길 기다리는 살아 있는 역사가 아니라 무엇이 옳고 무엇이 그른지가 명확해 더는 고찰해 볼 가치가 없는 화석이 된다. 이런 이유로 「화려한 휴가」에서 광주는 판타지의

세계가 되었다. 그러나 과연 광주민중항쟁은 화석으로 취급되어도 좋을 만큼 풍부하게 해석되어 왔던가. 물론 문학, 좀 더 좁혀 소설의 경우에는 어느 정도 이뤄졌다고 말할 수 있다. 심지어 오일팔 소설가라는 소리를 들을 만큼 광주민중항쟁에만 천착해 온 이들도 있을 정도니 말이다. 그러나 여전히 소설에도 감당해야 할 몫이 있다. 그건 바로 진상규명이라는 역사적 책무이다. 망월동에 국립묘역이 들어서고 항쟁 관련자들이 국가 유공자가 된 것으로 만족한다면 광주가 판타지가 되어도 상관없겠지만 여전히 우리는 광주민중항쟁의 진실 혹은 사실이 무엇인지조차 알지 못한다. 광주민중항쟁을 이미 밝혀진 더는 의문을 가질 필요가 없는 명백한 역사적 사건이라 여긴다면 「화려한 휴가」에 만족할 수 있을 것이다. 나 역시 그런 날을 바라마지 않는다. 그러나 내가 선뜻 「화려한 휴가」를 권하지 못하고 외려 유통기한이 지나버린 황석영의 「죽음을 넘어, 시대의 어둠을 넘어」를 권할 수밖에 없는 건 아직 광주는 화석으로 취급되어서는 안 된다고 여기기 때문이다. 광주는 풍부하게 해석되어 오지 않았다. 여전히 저 지하에는 자신들이 왜 죽어야 했는지 알려주길 기다리는 고혼들이 있다. 항쟁 당시 계엄군이 물러간 며칠 동안 광주는 일종의 코뮨이었다. 물론 당사자들이 그런 사실을 제대로 인식하고 있었다고 장담하긴 어려우나 광주민중항쟁은 가족 아닌 사람들이 가족이 되어버린 현대사에서 찾아보기 힘든 예라는 점만은 분명하다. 광주가 가족주의만으로 해석되지 않는 이유도 그 때문이다. 그러나 안타깝게도 영화는 이 모든 걸 가족주의와 국가주의로 환원해 버렸다. 판타지로 그려지기엔 조금 이르지 않은가. 「꽃잎」 이후 십여 년이 흘렀다. 다시 우리가 광주를 다룬 영화를 만나기 위해서는 앞으로 얼마나 더 기다려야 할지 모른다. 조금 더 정확히 말하자면 용대(박원상 扮)와 같은 조연과 단역들이 주연으로 등장하는

> 영화를 만나기 위해서는 십 년 혹은 그보다 더 긴 세월을 기다려야 할지도 모른다. 우리의 흥미와 취향은 끈질기지 못하다. 「화려한 휴가」가 극장에 걸렸으니 제 아무리 용감한 감독이라 해도 당분간은 광주를 스크린으로 옮길 엄두조차 내지 못하리라. 그래도 언젠가 다시 광주가 영화로 우리를 찾아오는 날이 있을 게다. 그러나 먼 훗날 조연이 아니라 주인공이 된 용대를 만난다 하더라도 이미 늦은 일이 되고 말 것이다. 이 엇박자가 못내 서럽다.[15]

그렇다면 대체 이 땅에서 '영화 만들기'와 만든 영화 '보고 쓰기'란 무엇인가. 비판 없는 시대의 비평? 평론? 영화평론? 논쟁 없는 시대의 문화 쟁론? 영화적 상상의 빈곤과 현학적 수식의 풍요? 질타의 과잉과 이론의 부재?

15) "광주, 아직 화석화할 때 아니다," : http://www.hani.co.kr/arti/culture/movie/227506.html

2
한국 영화의 반정치성과 역사의 중재
과거로 숨어들기

비평이 영화연구와 한국 영화발전의 핵심축이란 논리는 설득력이 없다. 굳이 꼬집자면 평론은 창작을 담보하지 못하는 이들의 영원한 업이거나 아니면 요리는 못 하면서 맛만 보며 음식 탓하는 작업으로 환원시킬 수도 있으리라. 한국의 영화평론은 지적 긴장이나 문예적 균형감각을 도모할 태세가 아직 끝나지 않았다. 단순화시키자면 일방매도나 편향적 상찬으로 양분된 평론현실에서 그 극성을 치유할 내면의 조절능력은 아직 빈곤하다.

이는 비판의 과잉과 이론의 부재 사이에서 조성된 자연스런 결과다. 거듭되는 외화 도입과 이로 인한 자극이 영화현장을 고무시킨 정도보다 평론영역을 진작시킨 크기는 훨씬 작다. 그만큼 영화평론의 세계는 주관이 강하고 특히 균형 있는 문예감각의 발굴과 지탱은 극히 어렵다. 이같은 풍토에서 건설적 논쟁은 불붙기 쉽지 않다. 소모적 논란들만 무성할 따름이다. 이를 극복할 능력이 한국 영화학자들 사이에 자율적으로 마련될 것인지도 아직 불투명하다. 내면의 극단과 문화충격에서 비롯되는 외향적 편향을 피할 무게중심 역시 아직 그들 내부에서 기대하긴 어렵기 때문이다.

그렇다면 영화의 실제 발전을 담보할 힘은 어디서 끌어낼 것인가. 그것은 결국 영화제작 주체에게 집중된다. 정치영화 같은 독립 장르가 마련되기 어려웠던 이 땅에서 그 이론적 기초가 조성되길 바랐다면 그건 사치였을 것이다. 이 기형의 공간 속에서 영화가 지식세계에 새로운 충격으로 다가서야 한다는 당위론도 이젠 전혀 이상하지 않다.

영화가 정치사회적으로 어떤 의미를 갖는지 역시 여전히 생소할 뿐이다. 영화가 오락적 도구일 뿐이란 기왕의 주장에 덧붙여 존재론적 고뇌 총체를 반영하는 훌륭한 예술적 수단이란 사실을 염두에 두어야 하는데도 말이다. 이러한 담론의 당위를 권력이 스스로 이해해 주기 바라거나 어느 단계에 이르러 자동 수용될 것이라고 낙관할 수도 없었다는 점에서 이 땅은 비극의 공간이었다.

비극은 지금도 계속되고 있다. 지식과 권력의 암묵적 연결고리를 끊어버릴 영화 내면의 탄력은 극히 약한 게 사실이고 절연한 단절을 연상하기도 어려운 것이 오늘의 현실이다. 영화가 권력의 통제와 검열대상으로 전락하기 쉬웠던 한계는 이미 지적한 바 있다. 이러한 한계가 서구 영화의 과잉정치화와 너무나 대조적이라는 사실도 오늘 더욱 새삼스럽다.

영화 주변의 정치문화와 이를 결정한 보수성(혹은 이중성)은 영화가 정치적 담론의 결정체란 사실을 계속 거부하게 만든다. 그래서 영화는 현실을 계도하거나 비판하는 도구여서도 안 되고 더욱이 정치권력을 공격하는 수단일 수도 없다는 왜곡된 믿음을 영화사 초기부터 뿌리깊이 내면화한다. 뿐만 아니라 영화가 현실의 문화적 견인 주체라거나 과거를 다시 해석할 수 있는 도구란 사실도 제대로 파악할 수 없었다. 이러한 영화문화가 야기한 결과는 영화가 지배권력의 장식 기능을 담보할 뿐이란 사실을 용인하는 일이다. 아울러 영화가 권력 중심부를 응찰하거나 여유 있게 딴 곳을 조망할 수도 없었다는 슬픈 역사를 재확인시킨다.

이 땅의 영화는 그저 현실을 희화화하거나 있는 그대로 묘사하는 전달수단이 아니다. 슬픈 역사의 현재를 그리되 이를 넘어서는 주체적 도구도 아니고 이를 방조 · 묵인한 명분으로만 존재하였을 것이다. 그리하여 영화란 눈물 나게 처연한 현실의 자조적 방편이거나 아니면 적당히 건드리다 도망가는 환상의 그림자 정도로 폄하시킨 무책임이 다음의 죄라면 죄였을 것이리라. 영화는 분명 지상에 존재하는 모든 이미지를 합쳐도 도저히 채울 수 없는 벽참을 늘 포섭한다. 그리고 이를 끝없이 변화시키며 넓은 지평을 영상화하도록 해야 한다. 영화제작 주체가 담지해야 할 최종 책임은 결국 그 속에서 얼마나 강한 용기와 역사의식으로 무장, 정치적 비판능력을 발휘할 수 있을 것인지로 모아진다.

얼마나 많은 정치영화가 제작되었는지 보다 중요한 건 한국 정치가 영화 속에서 어떻게 다루어졌는지 천착해 보는 일일 것이다. 왜냐하면 영화는 기본적으로 권력이 최대한 활용하려 애쓰는 선전기능을 거부하고 객관적 비판과 공격적 비유수단으로 이해할 필요가 있기 때문이다. 여기서 말하는 객관적 비판과 공격적 비유란 영화가 독특한 정치도구란 점을 감안할 때 떠 올릴 개념들이다. 정치권력이 영화의 공격적 비유나 패러디로 실제 얼마나 많은 변화를 경험하는지는 영화정치학 탐구에서 풀기 어려운 과제다. 본질적으로 권력은 폭력을 은폐할 뿐만 아니라 힘을 행사하는 과정에서 어떤 대상도 좀체 두려워하지 않기 때문이다. 권력이 스스로 도취하여 자신의 입지를 망각하거나 본연의 존재와 목적을 상실할 때 이를 공격할 현실의 무기는 매우 다양하게 산재한다.

정치영화는 이때 누구도 감행할 수 없는 압축 혁명 주체이자 그 결과로 자신을 변용 · 표출한다. 여기서 영화의 정치비판(혹은 공격적 은유) 능력과 역사의식 표출은 특히 중요하다. 두 가지 요소는 서로를 필요로 하며 동시성을 요구한다. 역사의식 없이 정치비판은 불가능하며 정치적 비판의지 없이 역사의식은 동원하기 어렵기 때문이다. 정치영화는 양자의 의식적 연계 위에서 다른 장르들과 매개되는 새로운 결과물이다. 정치영화를 만드는 과정에서 감독이 발휘하는 역사의식의 변용, 즉 상상력 범주는 무제한적이다. 이때 역사의 실제와 해석의 틈새에서 용납될 수 있는 탄력 정도는 물론 논란대상이 된다. 역사의 자의적 해석이나 임의 변조는 상당한 책임을 감수해야 하기 때문이다. 그러나 영화의 역사 개입과 이를 토대로 한 대중적 인식에서 제작단위들은 사실 유무에 지나치게 구속받을 필요가 없다. 왜냐하면 정치영화는 역사에 스스로를 얽매는 장르가 아니기 때문이다.

한국의 정치영화가 이같은 원론적 주문이나 엄격한 기준에 합당한지는 아직 제기할 단계가 아니다. 하지만 1장에서 살펴보았듯 (해방 후 정치격변과 단절의 현대사까진 아직 본격적으로 다루지 못해도) 왕조국가의 기본이나 그 변혁을 의식한 영화들이 이미 제작되었음은 그나마 고무적이다. 현대사의 굴곡과 그 속에 스민 폭력을 해부하고 대중적 호응이나 예술적 열정을 끌어낼만한 잠재적 조짐은 아직 약하다. 이는 한국 사회과학이 당면한 전반적 위기와 영화학이 부딪친 한계들과 직결된다. 사회과학 분과가 각자의 영역만 고집하지 않고 영화에까지 관심을 가지려면 넘어야 할 벽은 높다. 뿐만 아니라 역사학도 이에 눈 돌릴 만큼 탄력적이지 않다. 이들의 학제 간 노력이 영화학자들의 그것과 연계될 만한 징후도 현재로선 미미하다.

지상에 존재하는 모든 영화가 일정량의 정치적 함의와 대중적 설득력을 갖는다면 영화 메시지는 관객들에게 영향력을 행사할 것이다. 시간의 편차는 있을지라도 그 크기는 언젠가 그에 상응하는 의식화 작업에 힘을 가할 것이다. 해방 전후 이 땅에 명멸했던 영화는 모두 일정량의 정치적 함의를 갖고 있고 그것이 실제 대중사회에 미친 영향력도 제각각 달랐다. 따라서 작품들 각기의 정치적 함량을 따지고 시대별로 비교·분석한다는 일은 한국 영화정치학의 기초 연구를 위해 중요하다. 문제는 그들 가운데 과연 누가 언제 얼마나 진지했고 또 강한 영화적 상상력을 고취시켰는지 헤아리는 일일 것이다.

그러나 시대적 투쟁을 방관하지 않고 그에 상응한 목소리를 낸 감독들이 몇이나 있었는지는 더 중요한 문제로 남는다. 모두가 현실정치에 한 목소리를 낼 수는 없었을 것이다. 아니 그럴 필요도 없다.

단지 이 땅의 정치현실을 영화로 비추기 위해 성큼 다가서고 진솔히 후벼파며 질곡의 한가운데로 카메라와 함께 걸어 들어갈 만한 뜨거운 감독들이 아쉬운 것이다. 그 대신 '역사'는 불안과 불만의 현실을 영화로 씻지 못하는 이들을 받아준 무한의 대피소였다. 숨기 좋고 기대기 편안한 세월의 골들은 이 땅 곳곳에 기억과 추억의 이름을 빌려 끝도 없이 퍼져나갔기 때문이다. 과거는 그만큼 기대기 좋은 영화의 안식처였다.

남는 문제는 이제 감독을 비롯한 영화제작 주체들의 용기와 열정으로 모아진다. 그리고 주변 장르와 정치영화가 얼마나 긴장관계를 유지해 나갈 것인지 관심은 집중된다. 한국의 영화감독들은 지금 무엇을 하고 있는가. 영화의 정치화가 불가피하다면 정치의 영화화 역시 피할 수 없는 명제임을 아는가 모르는가. 의지를 현실로 옮길 능력이나 정열은 어디 숨어 있는가. 저항하자마자 더 크게 솟구칠 두려움 떨칠 준비도 이제 마쳐가고 있는가.

VII

한국의 영화정치학을 위하여

***

다음 몇 가지는 이 책에서 건진 수확들이다. 그것은 무엇보다 영화정치학이란 분과를 새롭게 의식할 수 있는 계기였다.

첫째, 정치와 영화는 모두 권력이란 자원을 속에 숨긴 채 지배 전략을 구사한다. 이때 정치권력은 우위적 힘을 고수하면서 문화의 균형논리를 파괴하려 든다. 이 땅에서도 영화는 사회세력의 한 단위로 급성장한다. 정치와 영화의 권력화 혹은 정치의 영화화는 모두 견제와 균형의 메커니즘에서 도출된다.

둘째, 영화의 정치화와 정치의 영화화가 눈에 뜨인 역사는 짧다. 그러나 급격한 문화변동은 영화의 현대사 역시 또 다른 고전의 세계로 변모시킨다. 정치와 영화가 근접조우한 시기는 70년대 중반이며 장르의 대표는 혁명영화였다. 18세기 말 실제 혁명이 촉발, 19세기 전 기간에 걸쳐 확산된 사실과 20세기 후반 혁명영화가 집중 제작되는 역사의 편차는 설명할 근거가 없다. 70년대 후반의 혁명영화 역시 대상은 20세기 것이었다는 데 유념하면 그 설명도 더욱 어렵다.

셋째, 영화사에서 모더니즘의 종말과 포스트모더니즘의 출발을 예고하는 획기적 계기는 따로 없었다. 포스트모더니즘은 모더니즘이 끝나자 새로 나타난 문화사조도 아니고 모더니즘에서 이탈하기 위해 스스로 변신한 이데올로기도 아니다. 여기서 포스트모더니즘은 영화 밖 예술과 같은 궤적을 밟는다. 그것은 오히려 모더니즘과 공존하는 사조로 세기전환의 역사성을 공유한다.

넷째, 자본과 기술 축적의 경제논리는 자본주의 영화발전에서도 예외가 아니었다. 영화가 자본과 기술의 결정체였다는 사실은 모더니즘 예술이 당면한 공동의 위기와 깊은 관계가 있다. 영화의 정치경제학도 국가별 편차는 심했다. 미국을 정점으로 영화의 양적 우위는 '프랑스-영국-이탈리아-독일-스페인-체코슬로바키아(분리독립 이전)-일본-캐나다-러시아(연방해체 이전)' 순으로 세기말까지 이어진다. 새로운 밀레니엄의 출발에도 불구하고 미국 우위의 세계 영화문화는 바뀌지 않는다. 다만 국가별 제작 순위의 변화만이 뒤따라 그 우열은 21세기 초 미국에 이어 '프랑스-영국-이탈리아-독일(통일 이전)-스페인-캐나다-인도-(통일)독일-일본' 순으로 나타난다. 정치영화의 영향력이 국가별로 어떻게 차별화되는지는 이에 따른 연구과제로 남는다.

다섯째, 성과 폭력은 영상의 정치효과를 극대화시키는 자원으로 인식된다. 그것은 곧 성이 새로운 상품으로 급속히 권력화하고 있다는 사실을 반증한다. 아울러 권력의 실체를 고스란히 벗겨보고 싶은 성정치적 고려의 자연스런 결과였다. 이제껏 성정치학과 영화정치학을 연계시킬 황금의 도구는 없었다. 그러나 그 실험 계기로 퀴어의 세력화와 그들의 성욕에 관한 영화적 시도는 새로운 관심대상이 된다.

여섯째, 한국 정치의 영화화와 한국 영화의 정치화란 화두는 서로 단절되어 있다. 이는 이 나라 영화정치학이 풀어야 할 궁극의 과제로 남는다.

책에서 피할 수 없었던 한계 역시 짚어야 할 또 다른 문제로 남는다. 이 책은 권력 메커니즘과 정치영화의 관계를 입체적으로 다루지 않았다. 구체적인 작품분석을 목표로 삼지도 않았다. 대신 거시 분석과 이론적 진단이 주안점이었다. 영화를 다루면서도 정작 영화적 감동은 맛볼 수 없었고 권력과 정치를 거론하면서도 그 입체적 박진감은 작업 안으로 끌어들이지 못했다. 끝없는 작품분석만이 영화연구의 필수는 아니라는 게 책의 기본 믿음이었다. 권력과 영화 혹은 영상과 정치의 내밀한 관계 맺기를 새삼 이해해야만 영화의 문화지평이 보다 넓어질 것이란 생각을 줄곧 잊지 않고서 말이다.

❊ 참고문헌 ❊

I. 단행본

곽한주 엮음.『컬트영화, 그 미학과 이데올로기』(서울 : 한나래, 1995).
구회영.『영화에 대하여 알고 싶은 두세 가지 것들 : 에이젠스테인에서 홍콩 느와르까지』(서울 : 한울, 1991).
권중운 편역.『뉴미디어 영상미학』(서울 : 민음사, 1994).
권택영.『영화와 소설 속의 욕망이론』(서울 : 민음사, 1995).
김경욱.『바그다드 카페에는 커피가 없다』(서울 : 고려원, 1996).
김대식.『여자와 사진』(서울 : 눈빛, 1997).
김성곤.『문학과 영화』(서울 : 민음사, 1997).
김소영.『시네마, 테크노 문화의 푸른 꽃』(서울 : 열화당, 1996).
김수남.『한국 영화의 쟁점과 사유 : 영상시대의 영화철학/권력의 이동 문화의 이동』(서울 : 문예마당, 1997).
김수용.『영화를 뜨겁게 하는 것들』(서울 : 대원, 1995).
김수용.『예술가의 삶』(서울 : 혜화당, 1993).
김익상.『할리우드 감독 51 : 오늘의 미국 영화를 움직이는 주역들』(서울 :

열화당, 1996).
김정룡. 『우리 영화의 미학 : 한국 영화 감독론』(서울 : 문학과 지성사, 1997).
김지석. 『아시아 영화를 다시 읽는다』(서울 : 한울, 1996).
라우드, 리차드 지음/한상준 옮김. 『장 뤽 고다르 : 소비사회의 영화와 이데올로기』(서울 : 예니, 1991).
라이언, 마이클 더글라스 켈너 지음/백문임 · 조만영 옮김. 『카메라 폴리티카 上 : 현대 할리우드 영화의 정치학과 이데올로기』(서울 : 시각과 언어, 1996).
랩슬리, 로버트 마이클 웨스틀레이크 지음/이영재 · 김소연 옮김. 『현대 영화이론의 이해』(서울 : 시각과 언어, 1995).
마르크 페로 지음/주경철 옮김. 『역사와 영화』(서울 : 까치, 1999).
박성수 · 전수일 · 이효인 지음. 『영화 이미지의 미학』(서울 : 현대미학사, 1996).
박종성. 『정치와 영화 : 영상의 지배전략과 권력의 계산』(일산 : 인간사랑, 1999).
박종성. 『포르노는 없다 : 권력에 대한 복잡한 반감의 표현』(일산 : 인간사랑, 2003).
박종성. 『한국의 매춘 : 쾌락의 실재와 구원의 부재』(서울 : 인간사랑, 2001).
박지연. 『KINO MUSIK』(서울 : 혜성문화사, 1995).
백문임. 『줌-아웃 : 한국 영화의 정치학』(서울 : 연세대학교 출판부, 2001).
버거, 존 · 장 모르 지음/차미례 옮김. 『제7의 인간』(서울 : 눈빛, 1992).
볼리비아 우카마우 집단(지음) · 양윤모(편역). 『혁명영화의 창조』(서울 : 한겨레, 1988).
사드 지음/황수연 · 심효림 옮김. 『소돔 120일/上 · 下』(서울 : 새터, 1991).
스토리, 존 지음/박 모 옮김. 『문화연구와 문화이론』(서울 : 현실문화연구, 1994).
앤드류, 더들리 지음/김시무 · 곽동훈 · 김소연 · 이순진 옮김. 『영화이론의 개념들』(서울 : 시각과 언어, 1995).
에이락시넨, 티모 지음/박병기 · 장정렬 옮김. 『사드의 철학과 성 윤리』(서울 : 인간사랑, 1997).

유현목. 『유현목의 한국 영화발달사』(서울 : 책누리, 1997).

이론과 실천. 『레디고』(서울 : 이론과 실천, 1989).

이명원. 『영화는 지금 혁명중』(서울 : 영웅, 1989).

이세룡. 『CINEMA EROS : 영화 100년 스크린 속의 비너스들』(서울 : 가교, 1996).

이정국. 『구로사와 아키라』(서울 : 지인, 1994).

이효인. 『영화여 침을 뱉어라』(서울 : 영화언어, 1995).

조엣, G. J. 린튼 지음/김훈순 옮김. 『영화 커뮤니케이션』(서울 : 나남, 1994).

톰슨, D. I. 크리스티 엮음/임재철 옮김. 『마틴 스콜세지 : 영화로서의 삶 비열한 거리』(서울 : 한나래, 1994).

피에르 파올로 파졸리니 지음/박명욱 · 오명숙 옮김. 『폭력적인 삶』(서울 : 세계사, 1995).

한국 영화학회 엮음. 『영화연구』 한국 영화학회지 10호(서울 : 영화언어, 1995).

荒木經惟 寫眞全集 1. 『顔寫』 2. 『裸景』 3. 『陽子』 5. 『少女性』 6. 『東京小說』 7. 『旅情』 8. 『私日記 過去』 9. 『私日記 世紀末』 11. 『廢墟』 14. 『猥褻寫眞 墨汁綺譚』 17. 『花』 18. 『緊縛』 19. 『A 愛人』(東京 : 平凡社, 1994-1997).

Airaksinen, Timo. *The Philosophy of the Marquis de Sade* (London : Routledge, 1995).

Alpert, Hollis., and Andrew Sarris, eds. *Film 68/69 : an Anthology by the National Society of Film Critics* (New York : Simon and Schuster, 1969).

Altman, Dennis. Homosexual : *Oppression and Liberation* (New York : New York University Press, 1993).

Araki, Nobuyoshi. *ARAKI : TOKYO LUCKY HOLE* (Köln : Taschen, 1997).

Assiter, Alison. *Pornography, Feminism and the Individual* (London : Pluto, 1989).

Austin, Guy. *Contemporary French Cinema : an Introductory* (Manchester : Manchester University Press, 1996).

Baehr, Helen., and Ann Gray, eds. *Turning It On : a Reader in Women and Media* (London : Arnold, 1996).

Barber, Dulan Friar. *Pornography and Society* (London : Skelton, 1972).

Barnard, Timothy., and Peter Rist, eds. *South American Cinema : a Critical Filmography, 1915–1994*(New York : Garland, 1996).

Berry, Chris. ed. *Perspectives on Chinese Cinema*(London : BFI, 1991).

Besas, Peter. *Behind the Spanish Lens : Spanish Cinema Under Fascism and Democracy*(New York : Arden Press, 1986).

Blumer, Herbert. *Movies and Conduct*(New York : Macmillan, 1933).

Bobo, Jacqueline. *Black Women : As Cultural Readers*(New York : Columbia University Press, 1995).

Bourne, Stephen. *Brief Encounters : Gays and Lesbian in British Cinema 1930–71*(London : Cassell, 1996).

Bright, Susie., and Jill Posener, ed. *Nothing But the Girl : the Blatant Lesbian Image A Portfolio and Exploration of Lesbian Erotic Photography*(London : Cassell, 1996).

British Film Institute. *World Cinema : Diary of a Day A Celebration of the Centenary of Cinema in conjunction with bfi*(London : Mitchell Beazley, 1994).

Bronfen, Elizabeth. *Over Her Dead Body : Death, Femininity and the Aesthetic*(Manchester : Manchester University Press, 1992).

Browne, Nick. ed. *Refiguring American Film Genres : History and Theory*(Berkeley, CA.: University of California Press, 1998).

Browne, Nick., Paul G. Pickowicz, Vivian Sobchack, and Esther Yau, eds. *New Chinese Cinemas : Forms, Identities, Politics*(Cambridge : Cambridge University Press, 1994).

Buchsbaum, Jonathan. *Cinema Engage : Film in the Popular Front*(Urbana–Champaign, Ill. : University of Illinois Press, 1988).

Buehrer, Beverley Bare. *Japanese Films : A Filmography and Commentary, 1921–1989*(Jefferson, North Carolina : McFarland & Co., 1990).

Burgwinkle, William., Glenn Man and Valerie Wayne, eds. *Significant Others : Gender and Culture in Film and Literature East and West*(Honolulu, Hawaii : College of Languages, Linguistics and Literature, University of Hawaii and the East–West Center, 1993).

Burnett, Ron. ed. *Explorations in Film Theory : Selected Essays From Ciné–Tracts* (Bloomington and Indianapolis, Indiana : Indiana University Press, 1991).

Burns, E. Bradford. *Latin American Cinema : Film and History* (Los Angeles, CA. : UCLA Latin American Center, 1975).

Burston, Paul. *What Are You Looking At? : Queer Sex, Style and Cinema* (London : Cassell, 1995).

Burton, Julianne. ed. *Cinema and Social Change in Latin America : Conversation with Filmmakers* (Austin, TX. : University of Texas Press, 1986).

Cagin, Seth., and Philip Dray. *Hollywood Films of the Seventies : Sex, Drugs, Violence, Rock'n'Roll and Politics* (New York : Harper & Row, 1984).

Campbell, Leon G., Carlos E. Cortés, and Robert Pinger. *Latin America : a Filmic Approach* (Latin American Studies Program : Film Series, No. 1) (Riverside, CA. : University of California, October 1975).

Campbell, Leon G., and Carlos E. Cortés, *Film As a Revolutionary Weapon : a Pedagogical Analysis* (Riverside, CA. : University of California Press, 1977).

Campbell, Russell. *Cinema Strikes Back : Radical Filmmaking in the United States, 1930–1942* (Ann Arbor, Michigan : UMI Research Press, 1982).

Case, Sue–Ellen., ed. *Split Britches : Lesbian Practice/Feminist Performance* (London : Routledge, 1996).

Casebier, Allan. *Film and Phenomenology : Toward A Realist Theory of Cinematic Representation* (Cambridge : Cambridge University Press, 1991).

Cassell's PINK Directory : Lesbian and Gay Organizations, Business, and Services in the U.K. and Eire (London : Cassell, 1994).

Champagne, John. *The Ethics of Marginality : a New Approach to Gay Studies* (Minneapolis, Minnesota : University of Minnesota Press, 1995).

Chanan, Michael. *The Cuban Image : Cinema and Cultural Politics in Cuba* (Bloomington & Indianapolis, Indiana : Indiana University Press, 1986).

Chapkis, Wendy. *Beauty Secrets : Women and the Politics of Appearance* (Boston, MA. : South End Press, 1986).

Chapkis, Wendy. *Live Sex Acts : Women Performing Erotic Labour* (London :

Cassell, 1996).

Chapple, Richard. ed. *Social and Political Change in Literature and Film : Selected Papers From the 16th Florida State University Conference on Literature and Film* (Gainsville, Florida : University Press of Florida, 1994).

Chow, Rey. *Primitive Passions : Visuality, Sexuality, Ethnography, and Contemporary Chinese Cinema* (New York : Columbia University Press, 1995).

Christensen, Terry. *Reel Politics : American Political Movies From Birth of A Nation To Platoon* (Oxford : Basil Blackwell, 1987). Cinemas in Britain (London : Humpries, 1994).

Clark, M. J. ed. *Politics and the Media : Film and Television For The Political Scientist and Historian* (Oxford : Pergamon, 1979. Published for the British Universities Film Council Ltd.).

Clark, Paul. *Chinese Cinema : Culture and Politics Since 1949* (Cambridge : Cambridge University Press, 1987).

Cohan, Steve., and Ina Rae Hark, eds. *Screening the Male : Exploring Masculinities in Hollywood Cinema* (London : Routledge, 1993).

Colter, Ephen Glenn., Wayne Hoffman, Eva Pendleton, Alison Redick, and David Serlin., eds. *Policing Public Sex : Queer Politics and the Future of AIDS Activism* (Boston, MA. : South End Press, 1996).

Combs, James E. *American Political Movies : an Annotated Filmography of Feature Film* (New York : Garland, 1990).

Combs, James E., and Sara T. Combs. *Film Propaganda and American Politics : an Analysis and Filmography* (New York : Garland, 1994).

Combs, James. ed. *Movies and Politics : the Dynamic Relationships* (New York : Garland, 1993).

Cooper, Emmanuel. *The Sexual Perspective : Homosexuality and Art in the Last 100 Years in the West* (London : Routledge, 1994).

Cook, Jim., and Mike Lemington, eds. *Images of Alcoholism* (London : BFI, Educational Advisory Service, 1979).

Corrigan, Timothy. *New German Film : the Displaced Image* (Bloomington & Indianapolis, Indiana : Indiana University Press, 1994).

Crowdus, Gary. ed. *Political Companion To American Film* (Chicago, Ill. : Fitzroy Dearborn Publishers, 1994).

Curry, Ramona. *Too much of A Good Thing : Mae West As Cultural Icon* (Minneapolis, Minnesota : University of Minnesota Press, 1996).

Darren, Alison. *The Lesbian Film Guide* (Sexual Politics) (London : Cassell, 1996).

Davies, Philip. et al. *Cinema, Politics and Society in America* (New York : St. Martin's Press, 1985).

Davies, Philip. et.al. *Politics and Society in America* (New York : St. Martin's Press, 1985).

DeFronzo, James. *Revolution & Revolutionary Movements*, 2nd ed (Boulder, Colorado : Westview Press, 1996), Selected Films and Videocassettes Files.

Deitcher, David. ed. *Over the Rainbow : Lesbian and Gay Politics in America Since Stonewall* (London : Boxtree, 1995).

Dennison, Stephanie., and Song Hwee Lim, eds. *Remapping World Cinema : Identity Culture and Politics in Film* (London : Wallflower, 2006).

Denzin, Norman K. *Images of Postmodern Society : Social Theory and Contemporary Cinema* (London : SAGE, 1991).

Denzin, Norman K. *The Cinematic Society : the Voyeur's Gaze* (London : SAGE, 1995).

Desser, David. *Eros Plus Massacre : an Introduction to the Japanese New Wave Cinema* (Bloomington & Indianapolis, Indiana : Indiana University Press, 1988).

Deveny, Thomas G. *Cain on Screen : Contemporary Spanish Cinema* (Metuchen, N.J. : Scarecrow Press, 1993).

Diawara, Manthia. *African Cinema : Politics & Culture* (Blacks in the Diaspora) (Bloomington & Indianapolis, Indiana : Indiana University Press, 1992).

Diawara, Manthia. ed., *Black American Cinema* (London : Routledge, 1993).

Dissanayake, Wimal. *Colonialism and Nationalism in Asian Cinema* (Bloomington & Indianapolis, Indiana : Indiana University Press, 1994).

Dixon, Wheeler Winston. ed., *Film Genre 2000 : New Critical Essays* (Albany,

NY. : State University of New York Press, 2000).

Downing, John D. H. ed. *Film and Politics in the Third World* (New York : Praeger, 1987).

Dubin, Steven C. *Arresting Images : Impolitic Art and Uncivil Actions* (London : Routledge, 1992).

Dubrow, Heather. *Genre* (London : Methuen, 1982).

Dworkin, Andrea. *Life and Death* (London : Virago, 1997).

Dworkin, Andrea. *Pornography : Men Possessing Women* (London : Women's Press, 1981).

Dyer, Richard. *Now You See It : Studies On Lesbian and Gay Film* (London : Routledge, 1990).

Dyer, Richard. *The Matter of Images : Essays on Representations* (London : Routledge, 1993).

Easthope, Antony. *Contemporary Film Theory* (London : Longman. 1993).

Eco, Umberto. *Das offene Kunstwerk*, tr. by G. Memmert (Berlin : Suhrkamp, 1977).

Edelman, Murray. *From Art To Politics : How Artistic Creations Shape Political Conceptions* (Chicago, Ill. : University of Chicago Press, 1995).

Edwards, Tim. *Erotics and Politics : Gay Male Sexuality, Masculinity and Feminism* (London : Routledge, 1994).

Ellwood, David. ed., *The Movies As History : Visions of the Twentieth Century* (Stroud : Sutton, 2000).

Falkowska, Janina. *The Political Films of Andrzej Wajda : Dialogism in Man of Marble, Man of Iron, and Danton* (Providence, RI. : Berghahn Books, 1996).

Ferro, Marc. *October 1917 : a Social History of the Russian Revolution* (London : Routledge & Kegan Paul, 1980).

Ferro, Marc. *Revoltes, Revolutions, Cinema* (Paris : Centre Georges Pompidou, 1989).

Forbes, Jill. and Michael Kelly, eds. *French Cultural Studies : an Introduction* (Oxford : Oxford University Press, 1995).

Franklin, Daniel P. *Politics and Film : The Political Culture of Film in the United States*(Lanham, Maryland : Rowman & Littlefield Publishers, 2006).

Freeland, Cynthia A., and Thomas E. Wartenberg, eds. *Philosphy and Film* (London : Routledge, 1995).

Friedberg, Anne. *Window Shopping : Cinema and the Postmodern* (Berkeley, CA.: University of California Press, 1993).

Friedman, Lester. ed. *Fires Were Started : British Cinema and Thatcherism* (Minneapolis, Minnesota : University of Minnesota Press, 1993).

Frith, Simon. and Howard Horne. *Art Into Pop* (London : Methuen, 1987).

Furhammer, Leif. and Folke Isaksson, tr. by., Kersti French. *Politics and Films* (London : Studio Vista, 1971).

Gaus, Helmut., and Jacqueline van Hoe, *Film and the Spirit of the Age (1939–2004) : Film Genres, Economic Long Waves and the Public Mood* (Ghent : Academic Press, 2006).

Gehring, Wes D. ed. *Handbook of American Film Genres* (New York : Greenwood Press, 1988).

Genovese, Michael A. *Politics and Cinema : an Introduction to Political Films* (Needham Heights, MA. : Ginn Press, 1987).

Georgakas, Dan., and Lenny Rubenstein, eds. *The Cineaste Interviews : On the Art and Politics of the Cinema* (Chicago, Ill. : Lake View Press, 1983).

Gever, Martha., John Greyson, and Pratibha Parmar, eds. *Queer Looks : Perspectives On Lesbian and Gay Film and Video* (London : Routledge, 1993).

Gibbs, Liz. ed. *Daring To Dissent : Lesbian Culture From Margin To Mainstream* (London : Cassell, 1994).

Gibson, Pamela Church., and Roma Gibson, eds. *Dirty Looks : Women Pornography Power* (London : BFI Publishing, 1993).

Giglio, Ernest D. *Here's Looking At You : Hollywood, Film and Politics* (New York : Peter Lang, 2002).

Gill, Carolyn Bailey., ed. *Bataille : Writing the Sacred* (London : Routledge, 1995).

Goldin, Nan. *I'll Be Your Mirror* (Zurich : Scalo, 1996).

Goldin, Nan. *The Ballad of Sexual Dependency* (New York : Aperture, 1986).

Goldin, Nan. *The Other Side* (Manchester : Cornerhouse Publications, 1992).

Goldin, Nan., and David Armstrong. *A Double Life* (Zurich : Scalo, 1993).

Goldin, Nan., and Nobuyoshi Araki. *Tokyo Love* (Zurich : Scalo, 1995).

Gordon, Robert S. C. *Pasolini : Forms of Subjectivity* (Oxford : Clarendon Press, 1996).

Goscilo, Helena. *New Members and Organs : the Politics of Porn* (Pittsburgh, PA. : Center for Russia & East European Studies, University of Pittsburgh, 1993).

Gould, Carol C. ed. *Gender : Key Concepts in Critical Theory* (Atlantic Highlands, N.J. : Humanities Press, 1997).

Goulding, Daniel J. ed. *Five Filmmakers : Tarkovsky, Forman, Polanski, Szabó, Makavejev* (Bloomington & Indianapolis, Indiana : Indiana University Press, 1994).

Grant, Barry K. *Film Genre Reader* (Austin, TX. : University of Texas Press, 1986).

Grant, Barry K. *Film Genre : Theory and Criticism* (Metuchen, N.J. : Scarecrow Press, 1977).

Gregg, Robert W. *International Relations on Film* (Boulder, Colorado : Lynne Rienner Publishers, 1998).

Grosz, Elizabeth., and Elspeth Probyn, eds. *Sexy Bodies : The Strange Carnalities of Feminism* (London : Routledge, 1995).

Gubar, Susan., and Joan Hoff, ed. *The Dilemma of Violent Pornography : For Adult Users Only* (Bloomington & Indianapolis, Indiana : Indiana University Press, 1989).

Gunden, Kenneth von. *Postmodern Auteurs : Coppola, Lucas, De Palma, Spielberg and Scorsese* (London : McFarland & Co., 1991).

Hall Carpenter Archives Gay Men's Oral History Group. *Walking After Midnight : Gay Men's Life Stories* (London : Routledge, 1989).

Hall Carpenter Archives Lesbian Oral History Group. *Inventing Ourselves : Lesbian Life Stories* (London : Routledge, 1989).

Hart, Lynda. *Fatal Women : Lesbian Sexuality and the Mark of Aggression* (London : Routledge, 1994).

Hart, Lynda., and Peggy Phelan, eds. *Acting Out : Feminist Performances* (Ann Arbor, Michigan : University of Michigan Press, 1993).

Harvey, Penelope., and Peter Gow., eds. *Sex and Violence : Issues in Representation and Experience* (London : Routledge, 1994).

Hawkins, Gordon., and Franklin E. Zimring. *Pornography in A Free Society* (Cambridge : Cambridge University Press, 1988).

Hayward, Susan. *Key Concepts in Cinema Studies* (London : Routledge, 1996).

Hebditch, David., and Nick Anning. *Porn Gold : Inside the Pornography Business* (London : Faber, 1988).

Higgins, Lynn A. *New Novel, New Wave, New Politics : Fiction and the Representation of History in Postwar France* (Lincoln, Nebraska : University of Nebraska Press, 1996).

Higgins, Patrick. *A Queer Reader* (London : Fourth Estate, 1993).

Higson, Andrew. ed. *Dissolving Views : Key Writings on British Cinema* (London : Cassell, 1996).

Hoogland, Renée C. *Lesbian Configurations* (Cambridge : Polity Press, 1997).

Hooks, Bell. *Ain't I A Woman : Black Women and Feminism* (London : Pluto Press, 1982).

Hooks, Bell. *Reel to Real : Race, Sex, and Class at the Movies* (London : Routledge, 1996).

Hopewell, John. *Out of the Past : Spanish Cinema After Franco* (London : British Film Institute, 1987).

Horne, Peter., and Reina Lewis, eds. *Outlooks : Lesbian and Gay Sexualities and Visual Cultures* (London : Routledge, 1996).

Horton, Andrew. ed. *The Last Modernist : the Films of Theo Angelopoulos* (Wiltshire : Flicks Books, 1997).

Huaco, George A. *The Sociology of Film Art* (New York : Basic Books, 1965).

Humm, Maggie. *Feminism and Film* (Edinburgh : Edinburgh University Press,

1997).

Hunt, Lynn. ed. *The Invention of Pornography : Obscenity and the Origins of Modernity 1500-1800* (New York : Zone Books, 1993).

Hunter, I., D. Saunders, and D. Williams. *On Pornography : Literature, Sexuality and Obscenity Law* (Basingstoke : Macmillan, 1992).

James, David E., and Rick Berg. eds. *The Hidden Foundation : Cinema and the Question of Class* (Minneapolis, Minnesota : University of Minnesota Press, 1996).

Jameson, Fredric. *The Geopolitical Aesthetics : Cinema and Space in the World System* (Bloomington & Indianapolis, Indiana : Indiana University Press, 1992).

Jarret-Macauley, Delia. ed. *Reconstructing Womanhood, Reconstructing Feminism : Writings On Black Women* (London : Routledge, 1996).

Jarvie, I. C. *Movies As Social Criticism : Aspects of Their Social Psychology* (Metuchen, N.J. : Scarecrow Press, 1978).

Jarvie, I. C. *Towards a Sociology of the Cinema : a Comparative Essay on the Structure and Functioning of a Major Entertainment Industry* (London : Routledge & Kegan Paul, 1970).

Jones, Chris and Genevieve Jolliffe. *The Guerilla Film-Maker's Handbook : Plus the Film Producer Legal Toolkit* (London : Cassell, 1996).

Jowett, Garth. *Film : the Democratic Art* (Boston, MA. : Little, Brown & Co., 1976).

Kaige, Chen., and Tony Rayns. *King of the Children & the New Chinese Cinema : an Introduction* (London : Faber and Faber, 1989).

Kaplan, E. Ann. *Looking For the Other : Feminism, Film, and the Imperial Gaze* (New York : Routledge, 1997).

Kenez, Peter. *Cinema and Soviet Society, 1917-1953* (Cambridge : Cambridge University Press, 1992).

Keough, Peter. *Flesh and Blood : The National Society of Film Critics on Sex, Violence, and Censorship* (San Francisco, CA. : Mercury House, 1995).

Kernan, Margot. *The Politics of Revolution : A Film Course Study Guide* (New York : Grove Press Film Division, 1974).

Kinder, Marsha. *Blood Cinema : the Reconstruction of National Identity in Spain* (Berkeley, CA. : University of California Press, 1993).

King, John. *Magical Reels : a History of Cinema in Latin America* (London : Verso, 1990).

Kirkham, Pat., and Janet Thumim, eds. *Me Jane : Masculinity, Movies and Women* (London : Lawrence and Wishart, 1995).

Kline, T. Jefferson. *Bertolucci's Dream Loom : a Psychoanalytic Study of Cinema* (Amherst, MA. : The University of Massachusetts Press, 1987).

Korean Motion Picture Corporation, *'97 KOREA CINEMA* (Seoul, 1997), Pp. 66.

Krzywinska, Tanya. *Sex and the Cinema* (London : Wallflower, 2006).

Kuhn, Annette. *Women's Pictures : Feminism and Cinema* (London : Verso, 1994).

Langley, Erika. *The Lusty Lady : Photographs and Texts* (Zurich : Scalo, 1997).

Lapsley, Robert., and Michael Westlake. *Film Theory : An Introduction* (Manchester : Manchester University Press, 1988).

Leach, Robert. *Revolutionary Theatre* (London : Routledge, 1994).

Lehman, Peter. *Running Scared : Masculinity and the Representation of the Male Body* (Philadelphia, Penn. : Temple University Press, 1993).

Lewis, Jon. *The Road To Romantic & Ruin : Teen Films and Youth Culture* (London : Routledge, 1992).

Linz, Daniel., and Neil Malamuth. *Pornography* (Newbury Park, CA. : SAGE, 1993).

Loshitzky, Yosefa. *The Radical Faces of Godard and Bertolucci* (Detroit, Michigan : Wayne State University Press, 1995).

Lotman, Iouri. *Semiotique et Esthétique du Cinema*, tr., by S. Breuillard (Paris : Edition socialle, 1977).

Lovell, Terry. *Pictures of Reality : Aesthetics, Politics and Pleasure* (London : BFI Publishing, 1980).

Luke, Timothy W. *Social Theory and Modernity : Critique, Dissent and Revolution* (Newbury Park, CA. : SAGE, 1990).

Lyndon, Neil. *No More Sex War : The Failures of Feminism* (London : Mandarin, 1992).

MacBean, James Roy. *Film and Revolution* (Bloomington and London : Indiana University Press, 1975).

Martin, Fran. *Situating Sexualities : Queer Representation in Taiwanese Fiction, Film and Public Culture* (Hong Kong : Hong Kong University Press, 2003).

Martin, Jorge Abdel. *Cine Argentino : Diccionario de realizadores contemporaneos* (Buenos Aires : Instituto Nacional de Cinematografia, 1987).

Mason-John, Valerie. ed. *Talking Black : Lesbians of African and Asian Descent Speak Out* (London : Cassell, 1995).

Mathews, Tom Dewe. *Censored : What They Didn't Allow You To See, And Why?* (London : Chatto & Windus, 1994).

Mayer, J. P. *Sociology of Film : Studies and Documents* (London : Faber & Faber, 1946).

McGee, Patrick. *Cinema, Theory, and Political Responsibility in Contemporary Culture* (Cambridge : Cambridge University Press, 1997).

McNair, Brian. *Mediated Sex : Pornography & Postmodern Culture* (London : Arnold, 1996).

Mellen, Joan. *Women and Their Sexuality in the New Film* (London : Davis-Poynter, 1973).

Metz, Christian. *Film Language : a Semiotics of the Cinema*, tr., by M. Taylor (New York : Oxford University Press, 1974).

Metz, Christian. *Psychoanalysis and Cinema : the Imaginary Signifier*, tr. by Celia Britton, Annwyl Williams, Ben Brewster and Alfred Guzzetti (London : Macmillan, 1982).

Metz, Christian. *The Imaginary Signifier : Psychoanalysis and the Cinema*, tr., by C. Britton, et. al., (Bloomington & Indianapolis, Indiana : Indiana University Press, 1982).

Meyers, Marian. *News Coverage of Violence Against Women : Engendering Blame* (Newbury Park, CA. : SAGE, 1997).

Michalczyk, John J. *Costa-Gavras : the Political Fiction Film* (Cranbury, N.J. : Associated University Presses, 1984).

Miller, Carl. *Stage of Desire : Gay Theatre's Hidden History* (London : Cassell, 1996).

Mirzoeff, Nicholas. *Bodyscape : Art, Modernity and the Ideal Figure* (London : Routledge, 1995).

Monaco, James. *How To Read a Film* (New York : Oxford University Press, 1977).

Morris, Meaghan. *The Pirate's Fiancée : Feminism, Reading, Postmodernism* (London : Verso, 1990).

Morrison, James., and Richard Blue. *Political Change : A Film Guide* (Minneapolis, Minnesota : University of Minnesota, Audio Visual Library Service, 1975).

Mulvey, Laura. *Death 24x A Second : Stillness and the Moving Image*(London : Reaktion Books, 2006).

Murray, Timothy. *Like a Film : Ideological Fantasy on Screen, Camera and Canvas* (London : Routledge, 1993).

Nau, Peter. *Zur Kritik des Politischen Films : 6 analysierende Beschreibungen und ein Vorwort Über Filmkritik* (Köln : DuMont Buchverlag, 1978).

Neale, Stephen. *Genre and Hollywood* (London : Routledge, 2001).

Neals, Stephen. *Genre* (Bloomington, IN. : Indiana University Press, 1980).

Neve, Brian. *Film and Politics in America : a Social Tradition* (London : Routledge, 1992).

Nolletti, Jr. Arthur., and David Desser, eds. *Reframing Japanese Cinema : Authorship, Genre, History* (Bloomington & Indianapolis, Indiana : Indiana University Press, 1992).

O'Neill, John. *The Poverty of Postmodernism : Social Futures* (London : Routledge, 1994).

Olson, Robert. *Art Direction For Film and Video* (London : Focal Press, 1993).

Orr, John. *The Art and Politics of Film* (Edinburgh : Edinburgh University Press, 2000).

Orr, John., and Nicholson, *Cinema and Fiction : New Modes of Adapting, 1950–1990*(Edinburgh : Edinburgh University Press, 1992).

Owens, Tuppy. *Politico Frou–Frou : Pornographic Art as Political Protest* (Dorset : Cassell, 1996).

Parish, James Robert. *Prostitution in Hollywood Films : Plots, Critiques, Casts and Credits for 389 Theatrical and Made–for–Television Releases* (Jefferson, North Carolina : McFarland & Co., 1992).

Parker, John. *De Niro* (London : Victor Gollancz, 1995).

Petrie, Ruth. ed. *Film and Censorship*, intr., by Sheila Whitaker (London : Cassell, 1997).

Pfeil, Fred. *White Guys : Studies in Postmodern Domination and Difference* (London : Verso, 1995).

Phelan, Peggy. *Mourning Sex : Performing Public Memories* (London : Routledge, 1997).

Pietropaolo, Laura., and Ada Testaferri, eds. *Feminisms in the Cinema* (Bloomington & Indianapolis, Indiana : Indiana University Press, 1995).

Polan, Dana B. *The Political Language of Film and the Avant–Garde* (Ann Arbor, Michigan : UMI Research Press, 1985).

Porton, Richard. *Film and the Anarchist Imagination*(London : Verso, 1999).

Power, Marcus., and Andrew Crampton, eds. *Cinema and Popular Geo–Politics* (London : Routledge, 2007).

Prince, Stephen. *Visions of Empire : Political Imagery in Contemporary American Film* (New York : Praeger, 1992).

Probyn, Elspeth. *Outside Belongings* (New York : Routledge, 1996).

Purkis, Jon. ed. *Twenty–first Century Anarchism* (London : Cassell, 1996).

Quart, Leonard. and Albert Auster. *American Film and Society Since 1945* (London : Macmillan, 1984).

Randall, Richard S. *Censorship of the Movies : the Social and Political Control of a Mass Medium* (Madison, Wisconsin : University of Wisconsin Press, 1970).

Randall, Richard S. *Freedom and Taboo : Pornography and the Politics of A Self*

Divided (Berkeley, CA. : University of California Press, 1989).

Reed, Joseph W. *American Scenarios : The Uses of Film Genre* (Hanover, NH. : University Press of New England, 1989).

Riches, David. ed. *The Anthropology of Violence* (Oxford : Basil Blackwell, 1986).

Richter, Hans. *The Struggle for the Film : Towards a Socially Responsible Cinema*, ed. by Jürgen Römhild, tr. by Ben Brewster (Aldershot : Scolar Press, 1986).

Robbins, T. *Taxi Driver* (London : Faber & Faber, 1994).

Rodowick, D. N. *The Crisis of Political Modernism : Criticism and Ideology in Contemporary Film Theory* (Berkeley, CA. : University of California Press, 1994).

Rodowick, D. N. *The Difficulty of Difference : Psychoanalysis Sexual Difference and Film Theory* (London : Routledge, 1991).

Rohdie, Sam. *The Passion of Pier Paolo Pasolini* (Bloomington & Indianapolis, Indiana : Indiana University Press, 1995).

Roiphe, Katie. *The Morning After : Sex, Fear, & Feminism* (London : Hamish Hamilton, 1993).

Rothman, Stanley. et al. *Hollywood's America : Social and Political Themes in Motion Pictures* (Boulder, Colorado : Westview Press, 1996).

Routledge, Leigh W. *The Gay Fireside Companion* (Boston, MA. : Alyson Publication, 1989).

Rowson, Simon. *The Social and Political Aspects of Films* [Extracts From a Paper Read to the British Kinematograph Society on January 9th, 1939] (London : British Kinematograph Society, 1939).

Rumble, Patrick. *Allegories of Contamination : Pier Paolo Pasolini's Trilogy of Life* (Toronto : University of Toronto Press, 1996).

Rumble, Patrick., and Bart Testa. *Pier Paolo Pasolini : Contemporary Perspectives* (Toronto : University of Toronto Press, 1994).

Rushing, Janice Hocker., and Thomas S. Frentz. *Projecting the Shadows : the Cyborg Hero in American Film* (Chicago, Ill. : University of Chicago Press, 1991).

Russell, Sharon A. *Revolutionary Films/Chicago, 76* (Chicago, Ill. : Film Center at the School of the Art Institute, 1976).

Ryan, Michael., and Douglas Kellner. *Camera Politica : the Politics and Ideology of Contemporary Hollywood Film* (Bloomington & Indianapolis, Indiana : Indiana University Press, 1988).

Römhild, Jürgen. ed. *Hans Richter, The Struggle for the Cinema : Towards a Socially Responsible Cinema*, tr. by Ben Brewster, foreword by A. L. Rees (Aldershot : Scolar Press, 1986).

Sanderson, Terry. *How To Be A Happy Homosexual : A Guide For Gay Men* (London : GMP Publishers, 1989).

Sarris, Andrew. *Confessions of A Cultist : On the Cinema, 1955–1969* (New York : Simon and Schuster, 1970).

Sarris, Andrew. *Hollywood Voices : Interviews With Film Directors* (Indianapolis, Indiana : Bobbs–Merrill, 1972).

Sarris, Andrew. *Interviews With Film Directors* (Indianapolis, Indiana : Bobbs–Merrill, 1968).

Sarris, Andrew. *Interviews With Film Directors* (New York : Avon Books, 1967).

Sarris, Andrew. *Movies and Morals* (Chicago, Ill. : Thomas More Association, 1972).

Sarris, Andrew. *Politics and Cinema* (New York : Columbia University Press, 1978).

Sarris, Andrew. *Primal Screen : Essays On Film and Related Subjects* (New York : Simon and Schuster, 1973).

Sarris, Andrew. *The American Cinema : Directors and Directions, 1929–1968* (New York : De Capo Press, 1996).

Sarris, Andrew. *The Film* (Indianapolis, Indiana : Bobbs–Merrill, 1968).

Sarris, Andrew. *The Films of Josef von Sternberg* (New York : Museum of Modern Art, distr. by Doubleday, Garden City, N.Y., 1966).

Sarris, Andrew. *The John Ford Movie Mystery* (London : Secker and Warburg for British Film Institute, 1976).

Saudek, Jan. *Love, Life, Death & Other Such Trifles* (Amsterdam : c/o Art Unlimited, 1993).

Schatz, Thomas. *Hollywood Genres : Formulas, Filmmaking, and the Studio System* (Philadelphia, PA. : Temple University Press, 1981).

Schneider, Rebecca. *The Explicit Body in Performance* (London : Routledge, 1997).

Schnitzer, Luda., Jean Schnitzer, and Marcel Martin, eds. *Cinema in Revolution*, tr. by David Robinson. (London : Secker & Warburg, 1973).

Schulte–Sasse, Linda. *Entertaining the Third Reich : Illusions of Wholeness in Nazi Cinema* (Duke University Press, 1996).

Screen, *The Sexual Subject : a Screen Reader in Sexuality* (London : Routledge, 1992).

Segal, Lynne., and Mary McIntosh, eds. *Sex Exposed : Sexuality and the Pornography Debates* (London : Virago, 1992).

Sen, Krishna. *Indonesian Cinema : Framing the New Order* (London : Zed Books, 1994).

Shapiro, Michael J. *Cinematic Political Thought : Narrating Race, Nation and Gender* (Edinburgh : Edinburgh University Press, 1999).

Sherzer, Dina., ed. *Cinema, Colonialism, Postcolonialism : Perspectives From the French and Francophone Worlds* (Austin, Texas : University of Texas Press, 1996).

Shohat, Ella. *Israeli Cinema : East/West and the Politics of Representation* (Austin, Texas : University of Texas Press, 1989).

Signorile, Michelangelo. *Queer in America : Sex, the Media, and the Closets of Power* (London : Abacus, 1993).

Simmon, Scott. *The Films of D. W. Griffith* (Cambridge : Cambridge University Press, 1993).

Simons, John D. ed. *Literature and Film in the Historical Dimension : Selected Papers From The 15th Florida State University Conference On Literature And Film* (Gainesville, FL.: University Press of Florida, 1994).

Simpson, A. W. B. *Pornography and Politics : the Williams Committee in Retrospect* (London : Waterlow Publishers, 1983).

Sitney, P. Adams. *Vital Crises in Italian Cinema : Iconography, Stylistics, Politics*

(Austin, Texas : University of Texas Press, 1995).

Smith, Paul. ed. *The Historian and Film* (Cambridge : Cambridge University Press, 1976).

Snead, James. *White Screens Black Images : Hollywood From the Dark Side* (London : Routledge, 1994).

Sobchack, Vivian Carol. *The Address of the Eye : a Phenomenology of Film Experience* (Princeton, N.J. : Princeton University Press, 1992).

Soderbergh, S. *Sex, Lies & Videotape* (London : Faber & Faber, 1994).

Sorlin, Pierre. *European Cinemas, European Societies 1939–1990* (London : Routledge, 1991).

Spivak, Gayatri Chakravorty. *In Other Worlds : Essays in Cultural Politics* (London : Routledge, 1987).

Sprinkle, Annie. *Annie Sprinkle : Post–Porn Modernist* (Amsterdam : Torch Books, 1991).

Stanley, Liz., and Sue Wise. *Breaking Out Again : Feminist Ontology and Epistemology* (London : Routledge, 1993).

Stead, Peter. *Film and the Working Class : the Feature Film in British and American Society* (London : Routledge, 1989).

Steven, Peter. ed. *Jump Cut : Hollywood, Politics, and Counter–Cinema* (New York : Praeger Publishers, 1986).

Stewart, William. *Cassell's Queer Companion : a Dictionary of Lesbian and Gay Life and Culture* (London : Cassell, 1995).

Stoil, Michael Jon. *Cinema Beyond the Danube : the Camera and Politics* (Metuchen, N.J. : Scarecrow Press, 1974).

Stoller, Robert J. *Porn : Myths For the Twentieth Century* (New Haven, Conn. : Yale University Press, 1991).

Suleiman, Susan Rubin. *Subversive Intent : Gender, Politics, and the Avant–Garde* (Cambridge, MA. : Harvard University Press, 1990).

Taylor, Richard. *Politics of the Soviet Cinema, 1917–1929* (Cambridge : Cambridge University Press, 1979).

Taylor, Richard. et al., *Inside the Film Factory : New Approaches to Russian and Soviet Cinema* (London : Routledge, 1994).

Tester, Keith. *Moral Culture* (London : SAGE, 1997).

The Bent Lens : a World Guide To Gay and Lesbian Film (St. Kilda Victoria : Australian Catalogue Company, 1997).

Thomas, Sari., ed. *Film/Culture : Explorations of Cinema in Its Social Context* (Metuchen, N.J. : Scarecrow, 1982).

Thornham, Sue. *Passionate Detachments : an Introduction to Feminist Film Theory* (London : Arnold, 1997).

Tong, Rosemarie. *Feminist Thought : a Comprehensive Introduction* (London : Routledge, 1989).

Trenchard, Lorraine. *Being Lesbian* (London : GMP Publishers, 1989).

Tudor, Andrew. *Image and Influence : Studies in the Sociology of Film* (New York : George Allen & Unwin, 1974).

Turim, Maureen. *The Films of Oshima Nagisa : Images of A Japanese Iconoclast* (Berkeley, CA. : University of California Press, 1998).

Turner, Graeme. *Film As Social Practice*, 2nd ed. (London : Routledge, 1993).

Vacche, Angela Dalle. *The Body in the Mirror : Shapes of History in Italian Cinema* (Princeton, N.J. : Princeton University Press, 1992).

Viano, Maurizio. *A Certain Realism : Making Use of Pasolini's Film Theory and Practice* (Berkeley, CA. : University of California Press, 1993).

Wayne, Mike. *Political Film : The Dialectics of Third Cinema*(London : Pluto Press, 2001).

Whatling, Clare. *Screen Dreams : Fantasising Lesbians in Film* (Manchester : Manchester University Press, 1997).

Whisman, Vera. *Queer By Choice : Lesbians, Gay Men, and the Politics of Identity* (London : Routledge, 1996).

Williams, Linda. *Hard Core : Power, Pleasure, and the "Frenzy of the Visible"* (London : Pandora Press, 1990).

Williams, Raymond. *The Politics of Modernism : Against the New Conformists*

(London : Verso, 1996).
Wilton, Tamsin. *Lesbian Studies : Setting An Agenda* (London : Routledge, 1995).
Wolf, Naomi. *Fire With Fire : The New Female Power and How It Will Change the 21st Century* (London : Vintage, 1994).
Young, Lola. *Fear of the Dark : Race, Gender and Sexuality in the Cinema* (London : Routledge, 1996).
Zavarzadeh, Mas'ud. *Seeing Films Politically* (New York : State University of New York Press, Albany, 1991).
Zizek, Slavoj. *For They Know Not What They Do* (London : Verso, 1989).
Zizek, Slavoj. *The Indivisible Remainder : an Essay on Schelling and Related Matters* (London : Verso, 1996).
Zizek, Slavoj. *The Metastases of Enjoyment : Six Essays on Woman and Causality* (London : Verso, 1995).
Zizek, Slavoj. *The Plague of Fantasies* (London : Verso, 1997).
Zizek, Slavoj. *The Sublime Object of Ideology* (London : Verso, 1995).
Zizek, Slavoj., ed., *Mapping Ideology* (London : Verso, 1995).

Ⅱ. **논문**(학위논문 포함)

고유경. "바이마르 시기의 독일노동자 영화운동 : 민중영화협회(Volksfilmverband : 1928-1932)를 중심으로," 이화여자대학교 대학원 사학과 석사학위논문(1993).
김경욱. "영상언어와 소설그리기," 『한국문학』(1997 여름) 계간 제25권 2호(통권 234호), pp. 324-334.
김미현. "영화사 서술방법론에 대한 고찰," 중앙대학교 대학원 영화학과 석사학위논문(1996).
김보경. "한국 영화에 나타난 성애표현의 연구 : 1981년-1989년의 작품들을 중심으로," 한양대학교 대학원 석사학위논문(1992).
김성곤. "영화 : 텍스트의 이동인가, 문학의 확장인가?를 엮으며," 『외국문학』 第34호(1993년 봄), pp. 6-14.
김영진. "영화의 작가에 대한 연구," 중앙대학교 대학원 연극영화학과 영화학전공 석사학위논문(1994), pp. 5-31.
김익상. "사회변혁과 민족영화운동연구 : 영화 「파업전야」의 사례에 의거하여," 성균관대학교 대학원 신문방송학과 석사학위논문(1990).
김종엽. "영화와 역사의식 : 다시 우리는 디즈니의 주문에 걸리고," 문화와 사회연구회(편), 『현대사회의 이해 : 이론 · 정치 · 문화』(서울 : 민음사, 1996), pp. 289-311.
데렌, 마야. "하나의 예술 형식으로서의 영화," 권중운 편역, 『뉴미디어 영상 미학』(서울 : 민음사, 1994), pp. 79-95.
도정일. "90년대 소설의 영화적 관심과 형식문제," 『시인은 숲으로 가지 못한다』(서울 : 민음사, 1994), pp. 185-202.
박윤창. "성 역할 태도와 공격적 영화가 공격성에 미치는 영향," 연세대학교 대학원 심리학과 석사학위논문(1987).
박제균. "영화의 대중조작기능연구 : 소련 · 독일의 사례를 중심으로," 중앙대학교 대학원 연극영화학과 석사학위논문(1987).
박종성. "아류와 비속의 성 정치학 : 황색매체의 편승전략과 소프트코어의 문화전술," 서원대학교 사회과학연구소(편), 『사회과학연구』 제15집(2002), pp. 1-34.
박종성. "정치가 포위한 영화, 영화보다 재미없는 정치 : 한국 영화문화의 '빈터'는 어디인가," 한국 영화문화정책연구소 주최/한국영상자료원 · 강제규 필름 후원 〈제9회 한국 영화문화세미나〉 발제논문, 04/11/09.
박종성, "한국 정치의 영화적 해석과 한국 영화의 정치적 이해 : 영화정치학 시론," 서원대학교 사회과학연구소(편), 『사회과학연구』 제14집(2001), pp. 87-130.
신희준. "사회변혁운동으로서의 영화에 대한 연구," 동국대학교 대학원 연극영화학과 석사학위논문(1990).
왕규원. "한국 영화제약의 변천," 이화여자대학교 대학원 신문방송학과 석사학위논문(1972).
윤태희. "헐리웃 B급 영화 연구 : 영화사적 의미와 영화미학적 가능성에 대하여," 동국대학교 대학원 연극영화학과 석사학위논문(1993).
이광일. "남성주류 영화와 페미니스트 대안영화의 동일시 연구 : 알프레드 히치콕(Alfred Hitchcock)과 샹딸 아께르만(Chantal Akerman)의 텍스트를 중심으로," 동국대학교 대학원 연극영화학과 석사학위논문(1991).
이승무. "소비에트 초기 영화정책과 산업연구," 동국대학교 대학원 연극영화학과 석사학위논문(1993).
이신복. "영화에 대한 사회적 제 통제에 관한 연구," 경희대학교 대학원 신문방송학과 정치학석사학위논문(1979).
이용관. "미국의 작가주의 1," 『한국영화학회지』(1989), pp. 19–24.
이정하. "도시가 사라진 도시영화 : 영화적 수사학만 남은, 그러나 열심히 만든 「런어웨이」," 『씨네 21』(1996. 1. 16–1. 23/제37호), p. 74.
이정하. "영화평론, 이제 그만두겠다," 『씨네 21』(1996. 1. 30–2. 6/제39호), p. 90.
이현승. "영화가 살아 있는 평론을 만나고 싶다," 『씨네 21』(1996. 1. 23–1. 30/제38호), p. 90.
이효인. "영화 기호학을 위한 새로운 관점(1) : 이미지와 서사의 관계 설정을 통한 한계 극복," 『공연과 리뷰』 Vol. 11 (1997/5–6), pp. 24–34.
이효인. "속류이론으로서 교직비평 서설 : 임권택의 작가문제와 「길소뜸」의 롱 테이크," 박성수 · 전수일 · 이효인 지음, 『영화 이미지의 미학』(서울 : 현대미학사, 1996), pp. 144–167.
제임슨, 프레드릭/김진경 옮김. "해석 없는 책읽기 : 포스트모더니즘과 비디오 텍스트," 『외국문학』 제34호(1993년 봄), pp. 39–56.
지동하. "한국의 영화산업 규제정책에 관한 연구," 서울대학교 행정대학원 행정학 석사학위 논문(1992).
최원기. "한국 영화에 나타난 가치관 변화에 대한 현상학적, 이해사회학적 연구," (1996. 10), 미발표원고.
친, 대릴/박소영 옮김. "할리우드 멜로드라마와 적/우방으로서의 한국인과 월남전의 재현문제," 『외국문학』 제34호(1993년 봄), pp. 57–79.
한영옥. "사회비평으로서의 전후 폴란드 영화의 주제의식에 관한 연구," 동국대학교 대학원 석사학위논문(1989).

허치언, 린다/육은정 옮김. "포스트모더니즘 영화?" 『외국문학』 제34호 (1993년 봄), pp. 25-38.

황인태. "PIER PAOLO PASOLINI 작가 연구," 중앙대학교 대학원 연극영화학과 석사학위논문(1992).

황현규. "한국 영화검열에 관한 연구," 이화여자대학교 대학원 신문방송학과 석사학위논문(1981).

Akrami, Jamsheed. "The Blighted Spring : Iranian Political Cinema in the 1970s," John H. Downing, ed., *Film and Politics in the Third World* (New York : Praeger, 1987), pp. 131-144.

Allouache, Merzak. "The Necessity of a Cinema Which Interrogates Everyday Life," John H. Downing, ed., *Film and Politics in the Third World* (New York : Praeger, 1987), pp. 93-99.

Ammar, Abdellatif Ben. "Putting Forward a Clear View on Life," John H. Downing, ed., *Film and Politics in the Third World* (New York : Praeger, 1987), pp. 109-117.

Barka, Souhail Ben. "A Cinema Founded on the Image," John H. Downing, ed., *Film and Politics in the Third World* (New York : Praeger, 1987), pp. 89-92.

Beloufa, Farouk. "Leaving Schematism Behind," John H. Downing, ed., *Film and Politics in the Third World* (New York : Praeger, 1987), pp. 101-107.

Berry, Chris. "Neither One Thing Nor Another : Toward a Study of the Viewing Subject and Chinese Cinema in the 1980s," Nick Browne, et. als., eds., *New Chinese Cinemas : Forms, Identities, Politics* (New York : Cambridge University Press, 1994), pp. 88-116.

Binford, Mira Reym. "The Two Cinemas of India," John H. Downing, ed., *Film and Politics in the Third World* (New York : Praeger, 1987), pp. 145-166.

Bordwell, David. "Contemporary Film Studies and the Vicissitudes of Grand Theory," David Bordwell and Noel Carroll, eds., *Post-Theory : Reconstructing Film Studies* (Madison, Wisconsin : University of Wisconsin Press, 1996), pp. 3-36.

Cham, Mbye Baboucar. "Film Production in West Africa, 1979-1981," John

H. Downing, ed., *Film and Politics in the Third World* (New York : Praeger, 1987), pp. 13–29.

Combs, James. "Introduction : Understanding the Politics of Movies," James Combs, ed., *Movies and Politics : the Dynamic Relationship* (New York : Garland, 1993), pp. 3–25.

Dagron, Alfonso Gumucio. "The Cinema of Jorge Sanjinés," John H. Downing, ed., *Film and Politics in the Third World* (New York : Praeger, 1987), pp. 247–255.

Day, Gary. "Looking At Women : Notes Toward A Theory of Porn," Gary Day and Clive Bloom, eds., *Perspectives On Pornography : Sexuality in Film and Literature* (London : Macmillan, 1988), pp. 83–100.

Downing, John D. H. "Four Films of Thomas Gutiérrez Alea," John H. Downing, ed., *Film and Politics in the Third World* (New York : Praeger, 1987), pp. 279–301.

Farndale, Nigel. "The Body Politics," *The Sunday Telegraph Magazine* (21. Sep. 1997), pp. 12–16.

Ferro, Marc. "The Fiction Film and Historical Analysis," Paul Smith, ed., *The Historian and Film* (Cambridge : Cambridge University Press, 1976), pp. 80–94.

Francia, Luis. "Philippine Cinema : The Struggle Against Repression," John H. Downing, ed., *Film and Politics in the Third World* (New York : Praeger, 1987), pp. 209–218.

Ghali, Noureddine. "An Interview With Sembéne Ousmane," John H. Downing, ed., *Film and Politics in the Third World* (New York : Praeger, 1987), pp. 41–54.

Giral, Sergio. "Cuban Cinema and the Afro–Cuban Heritage," John H. Downing, ed., *Film and Politics in the Third World* (New York : Praeger, 1987), pp. 267–277.

Gupta, Udayan. "New Visions in Indian Cinema," John H. Downing, ed., *Film and Politics in the Third World* (New York : Praeger, 1987), pp. 167–180.

Gustafson, Robert. "Film and Labor : What the Credits Mean," Sari Thomas, ed., *FILM/CULTURE : Explorations of Cinema in Its Social Context* (Metuchen, N.J. : Scarecrow Press, 1982), pp. 77–80.

Guzman, Patricio., and Julianne Burton. "Politics and the Documentary in People's Chile," John H. Downing, ed., *Film and Politics in the Third World* (New York : Praeger, 1987), pp. 219–246.

Heusch, Luc de. "The Cinema and Social Science : A Survey of Ethnographic and Sociological Films," (*Reports and Papers in the Social Sciences*, No. 16, UNESCO, 1962).

Hondo, Abid Med. "The Cinema of Exile," John H. Downing, ed., *Film and Politics in the Third World* (New York : Praeger, 1987), pp. 69–76.

Humm, Maggie. "Is the Gaze Feminist? Pornography, Film and Feminism," Gary Day and Clive Bloom, eds., *Perspectives On Pornography : Sexuality in Film and Literature* (London : Macmillan, 1988), pp. 69–82.

Hutcheon, Linda. "An Epilogue : Postmodern Parody : History, Subjectivity and Ideology," *Quarterly Review of Film and Video*, Vol. 12, No. 1–2 (May 1990), pp. 125–133.

Ilal, Ersan. "On Turkish Cinema," John H. Downing, ed., *Film and Politics in the Third World* (New York : Praeger, 1987), pp. 119–129.

Jameson, Fredric. "Postmodernism and Consumer Society," Hal Foster, ed., *Postmodern Culture* (London : Pluto, 1985).

Kermode, Mark., and Julian Petley. "Road Rage," *Sight and Sound*, Vol. 7, Issue 6 (June 1997), pp. 16–18.

McAllister, Elaine. "Film As Historical Text : Danton," in John D. Simons, ed., *Literature and Film in the Historical Dimension* (Gainsville, Florida : University Press of Florida, 1994), pp. 47–61.

Moeran, Brian. "The Beauty of Violence : Jidaigeki, Yakuza and Eroduction Films in Japanese Cinema," David Riches, ed. *The Anthropology of Violence* (Oxford : Basil Blackwell, 1986), pp. 103–117.

Mpoyi–Buatu, Th. "Sembéne Ousmane's Ceddo & Med Hondo's West Indies,"

John H. Downing, ed., *Film and Politics in the Third World*(New York : Praeger, 1987), pp. 55–67.

Parussa, Sergio. "Reluctantly Queer : In Search Of the Homoerotic Novel in Twentieth-Century Italian Fiction," Gary P. Cestaro, ed., *Queer Italia : Same-Sex Desire in Italian Literature and Film*(New York : Palgrave Macmillan, 2004), pp. 173–186.

Petri, Elio. "Cinema Is Not For an Elite, But For the Masses," Dan Georgakas and Lenny Rubenstein, eds., *The Cineaste Interviews : On the Art and Politics of the Cinema*(Chicago, Ill. : Lake View Press, 1983), pp. 53–63.

Quiquemelle, Kwok and M. C. Quiquemelle. "Chinese Cinema and Realism," John H. Downing, ed., *Film and Politics in the Third World*(New York : Praeger, 1987), pp. 181–198.

Rayns, Tony. "Cinephile Nation," *Sight and Sound*, Vol. 8, Issue 1 (January 1998), pp. 24–25.

Rayns, Tony. "Provoking Desire," *Sight and Sound*, Vol. 6, Issue 7(July 1996), pp. 26–29.

Rodley, Chris. "CRASH," *Sight and Sound*, Vol. 6, Issue 6(June 1996), pp. 6–11.

Rosenstone, Robert A. "Revisioning History : Contemporary Filmmakers and the Construction of the Past, A Review Article," *Comparative Studies in Society and History*, Vol. 32, No. 4 (October 1990), pp. 822–837.

Rowe, Kathleen K. "Class and Allegory in Jameson's Film Criticism," *Quarterly Review of Film and Video*, Vol. 12, No. 4 (September 1991), pp. 1–18.

Sarris, Andrew. "Notes on the Auteur Theory in 1962," Gerald Mast, Marshall Cohen, and Leo Braudy, eds., *Film Theory and Criticism : Introductory Reading*, 4th Ed. (New York : Oxford University Press, 1992), pp. 585–588.

Seubert, Emelia. "Native American Media in the United States : an Overviews," John H. Downing, ed., *Film and Politics in the Third World*(New York : Praeger, 1987), pp. 303–310.

Smihi, Moumen. "Moroccan Society as Mythology," John H. Downing, ed., *Film and Politics in the Third World*(New York : Praeger, 1987), pp. 77–87

Stam, Robert. "Blacks in Brazilian Cinema," John H. Downing, ed., *Film and Politics in the Third World*(New York : Praeger, 1987), pp. 257–265.

Stam, Robert. "The Auteur Theory," Gary Crowdus, ed., *Political Companion To American Film*(Chicago, Ill. : Fitzroy Dearborn Publishers, 1994), p. 31–33.

Thody, Philip. "I Wear, Therefore I Am," Icon Review (Spring 1997), pp. 2–3.

Tung, Timothy. "The Work of Xie Jin : A Personal Letter to the Editor," John H. Downing, ed., *Film and Politics in the Third World*(New York : Praeger, 1987), pp. 199–207.

Vieyra, Paulin Soumanou. "Five Major Films By Sembéne Ousmane," John H. Downing, ed., *Film and Politics in the Third World*(New York : Praeger, 1987), pp. 31–39.

Weigall, Arthur. "The Influence of the Kinematograph Upon National Life," *Nineteenth Century*(April 1921), pp. 661–672.

Wicke, Jennifer. "Through A Gaze Darkly : Pornography's Academic Market," Pamela Church Gibson and Roma Gibson, eds., *Dirty Looks : Women Pornography Power*(London : BFI Publishing, 1994), pp. 62–80.

Wurzer, Wilhelm S., and Hugh J. Silverman. "영화 : 사유의 명문화," 휴 실버만 엮음 · 윤호병 옮김, 『포스트모더니즘 : 철학과 예술』(서울 : 고려원, 1995), pp. 249–267.

Ⅲ. INTERNET 자료

http://fii.chadwyck.co.uk/film/search

http://www.chosun.co.kr/w21data/html/news/200408/200408030035.html

http://www.hani.co.kr/arti/culture/movie/227506.html

http://www.maxmovie.com/movie_info/news_read.asp?idx=MI0051809426

http://www.munhwa.com/culture/200408/03/2004080301012830072004.html

Ⅳ. 신문 · 잡지자료

어수웅 기자. "'정치영화' 인가, '영화정치' 인가," 《조선일보》 05/01/26, (A5) 면.

임근혜. "한국 영화, 고사 위기의 음반 · 출판 전철 밟나?," 『신동아』 통권541호, 04/10, pp. 552–559.

최지향 기자. "현대사 영화 쏟아지지만 정통 정치물은 아직 없어," 《한국일보》 05/01/22, (26) 면.

Ⅴ. 통계자료

Korean Motion Picture Corporation, *'97 KOREA CINEMA* (Seoul, 1997).

Korean Film Council, *Korean Cinema 2007* (Seoul : KOFIC, 2007).

※ 찾아보기 ※

[ㅈ]

[ㅊ]

| 박종성 |

한양대학교 정치외교학과 졸업(정치학사)
서울대학교 대학원 정치학과 석사과정 졸업(정치학 석사)
서울대학교 대학원 정치학과 박사과정 졸업(정치학 박사)
서원대학교 정치행정학과 교수

저서
- 혁명이론의 재구성에 관한 연구 : 비교역사사회학적 방법론을 중심으로(신정사, 1982)
- 혁명의 이론사 : 그 연구는 아직 끝나지 않았다(인간사랑, 1991)
- 박헌영론 : 한 조선혁명가의 좌절과 꿈(인간사랑, 1992)
- 정치는 파벌을 낳고 파벌은 정치를 배반한다(한울, 1992)
- 한국의 매춘 : 쾌락의 실재와 구원의 부재(인간사랑, 1994)
- 왕조의 정치변동 : 조선조의 국가존속과 농민의 정치적 저항(인간사랑, 1995)
- 권력과 매춘 : 억압의 음모와 도피의 흉계(인간사랑, 1996)
- 강점기 조선의 정치질서 : 忍從과 저항의 단층변동(인간사랑, 1997)
- 인맥으로 본 한국정치(한울, 1997)
- 정치와 영화 : 영상의 지배전략과 권력의 계산(인간사랑, 1999)
- 한국정치와 정치폭력 : 해방 후 권력과 민중의 충돌(서울대학교출판부, 2001)
- 백정과 기생 : 조선천민사의 두 얼굴(서울대학교출판부, 2003)
- 포르노는 없다 : 권력에 대한 복잡한 反感의 표현(인간사랑, 2003)
- 문학과 정치 : 억압과 우울의 나날, 그리고 病든 근대(인간사랑, 2004)
- 조선은 법가의 나라였는가 : 죄와 벌의 통치공학(인간사랑, 2007)
- 한국 성인만화의 정치학 : 性愛, 유혹과 그 소멸의 향기(인간사랑, 2007)

편저
- 민주주의와 학교교육(일신사, 1991)
- 갑오동학농민혁명의 쟁점(집문당, 1994)
- 性 · 權力 · 政治(법문사, 1995)
- 한국영화문화(월인, 2005)

씨네 폴리틱스
-영화는 다 정치적이다-

초판1쇄 / 2008년 10월 3일

지은이 **박종성**
펴낸이 **여국동**
펴낸곳 **도서출판 인간사랑**
인 쇄 **백왕인쇄**
제 본 **은정제책사**

출판등록 1983. 1. 26. / 제일 3호
(411- 815) 경기도 고양시 일산구 백석동 1178-1
TEL (031)901-8144, 907-2003
FAX (031)905-5815
e-mail/igsr@yahoo.co.kr / igsr@naver.com

정가 19,000원

ISBN 978-89-7418-259-5 93340